中公新書 2533

河上麻由子著

古代日中関係史

倭の五王から遣唐使以降まで

中央公論新社刊

はじめに

六六六年正月。唐《とう》（六一八〜九〇七年）の第三代皇帝である高宗《こうそう》（在位六四九〜六八三年）は、中国第一の名山である泰山《たいざん》で、天地を祭る封禅《ふうぜん》の儀式を行った。

中国の史書によれば、この儀式には、皇后であった則天武后《そくてんぶこう》、文武百官はもちろん、支配者層の人びとが参列した。また中央アジア草原地帯の覇者であった突厥《とっけつ》、西アジアで長く覇権を保ったササン朝ペルシャ、中央アジアからインドへ至る要所を押さえていたカーピシー・ウッディヤーナ、そしてインドといった中央・南アジアの国々の使者、さらには新羅《しらぎ》・百済《くだら》・耽羅《たんら》・高句麗《こうくり》といった東アジアの国々の使者とともに、日本の使者も参加していたという。

この三年前、六六三年には、日本・百済遺民連合軍が、唐・新羅連合軍と朝鮮半島の白村《はくそん》江《こう》で戦っていた。六六〇年に滅んだ百済の復興を目指す戦いであったが、結果は日本・百済連合軍の大敗に終わった。さらに唐は、封禅があった年の冬には、高句麗征討に向けて動きはじめる。
封禅の儀式には、激動するアジア情勢のなかで唐の国威を周囲の国々すべてに強調するという意図があった。唐・新羅連合軍に敗れたばかりの日本は、泰山で、大国唐の圧倒的なプレゼンスをまざまざと見せつけられたのである。唐の意向に反した日本への威嚇《いかく》であり、脅《おど》しであった。

ところで、江戸時代以前の日本にとって、中国は大国であり、憧《あこが》れの対象であり続けた。古代から近世まで、中国の文物が貴顕《きけん》——古代であれば皇族や貴族、中世であれば武士、近世であれば有力商人へと、中国の文物をもてはやした層は広がるが——に熱狂的に受け入れられたことは、大国中国への憧憬《しょうけい》を端的に物語っている。

しかし、日本は古代のある時期以降、中国と対等の関係を築き、それ以降は中国を単純に大国とみなすことはなかったという説が根強くある。

それは六〇七年に派遣された日本の遣隋使《けんずいし》が、隋（五八一～六一八年）の煬帝《ようだい》（在位六〇四～六一八年）に送った書状の書き出し、「日出《ひい》ずる処《ところ》の天子《てんし》、書《しょ》を日没《ひぼっ》する処《ところ》の天子に致《いた》す」（『隋書』東夷《とうい》伝、倭国《わこく》条）を主たる根拠とするものである。「日出処《ひいずるところ》」とは日本、「日没《ひぼっする》処《ところ》」とは隋を指す。両国の君主に同じく「天子」の称号を用いるからには、日本は両者が対等であると主張したに違いないというわけである。

遣隋使を日本古代対外交渉史上の画期とする説は、近代に入り教科書に採用された。太平洋戦争中には、戦線が拡大し戦況が悪化するにつれて、聖徳太子《しょうとくたいし》を称讃する文言も付け加えられていった。「たいそう勢が強く、まわりの国々を見くだして、いばって」（『初等科国史上』一九四三年発行）いた隋に対し、対等関係を主張した聖徳太子の姿勢が、列強との戦争に突き進んだ政府が国民に要求する姿勢と合致したからである。だが敗戦後、聖徳太子への称讃に関する記述は、突如としてトーンダウンする。これは、歴史教育を通じた道徳教育の必要性が急激に低下したことと無関係ではない。

現在では、高校の歴史教科書からは、遣隋使が中国との対等を主張したという説は姿を消した。ところが、記述はずいぶんとあっさりしたものの、義務教育の教科書ではいまだに遣隋使から対等な立場での日中交渉が開始されたとの表現が残るものがある。一般向けの書物もまた同様である。遣隋使が中国との対等な立場を主張したという説は、二一世紀に入った今日でも常識として社会に共有されている。

では、実際には古代の日本は、中国をどのように認識し、どのような交渉を行ったのか。本書は、大国中国の存在を常に身近に感じていた古代の日本が、いかなる手段・方針・目的をもって中国と交渉したのかを実証的に描いていく。それにより、先の「常識」とは異なる姿がみえてくるだろう。

具体的な対象は五世紀、いわゆる「倭の五王」と呼ばれる大王たちが淮河《わいが》より南の中国江《こう》南《なん》の地にあった宋《そう》(四二〇~四七九年)に使者を派遣した時代から、九世紀末葉の平安時代初期、菅原道真《すがわらのみちざね》の建議によって最後の遣唐使派遣計画が沙汰止みとなるまでとする。

倭の五王から始めるのは、隋の時代に対等な立場での交渉を求めた日本の認識変化の萌芽《ほうが》を、この時代に求める傾向があるためである。終わりを最後の遣唐使派遣計画に置くのは、これ以降、国としての交渉が打ち切られるからである。ただし、国としての交渉が再開されなかった背景について触れるためにも、平安時代中期、中国でいえば五代十国《ごだいじっこく》(九〇七~九六〇年)から北宋《ほくそう》(九六〇~一一二七年)初期までの人的交流には言及する。これと同時に、日中交渉史を読み解くという作業の前提として、交渉相手たる中国の社会・政治・文化の動きも詳しく論じていく。

対象とする領域についても、少し触れておきたい。本書は日中交渉を中心としつつ、東アジア・中央アジア・南アジア・東南アジアと中国との交渉を視野に入れる。日中交渉の歴史は、その他アジア地域の歴史と密接に関連しながら展開したためである。

六六三年の白村江の戦いの後日談を例にみてみよう。六六八年に新羅と協力して高句麗を滅ぼした唐は、新羅の国域を含めた朝鮮半島全域に唐の統治機構を置いてしまう。新羅は強く反発し、両国で戦争が始まった。この戦争は、六七五年に新羅の粘り勝ちで終わる。当時の唐は、シルクロード貿易の利益をめぐり、中央アジアの覇権を吐蕃《とばん》と争っていた。戦線としての重要性はこちらのほうが上と判断した唐は、朝鮮半島経営から撤退した。

アジアの重大事件は常に、玉突き的に他地域へと波及し、新たな状況が各地に誕生した。そのような変化が及ぶたびに、日本は、対中国交渉を開始、あるいは停止・再開した。また新情勢に対応するべく、対中国交渉の方法を更新することもあった。アジア史へと視野を広げることで、日本古代の対中国交渉を、より興味あるものとして描くことが可能になるだろう。

なお、古代日本の諸問題は、朝鮮半島諸国との交流やそこで得た文物を抜きにして考えることはできない。ただし日本と半島諸国の関係もまた、中国を中心としたアジアのうねりのなかにあったことを重視し、本書では日中交渉史にスポットをあてた。

それでは、日本古代の対中国交渉をアジア史の枠組みから見直すことで、どのようなことがみえてくるのか。通説を乗り越える試みを始めていこう。

目次

古代日中関係史関連 天皇系図（＊は女帝）

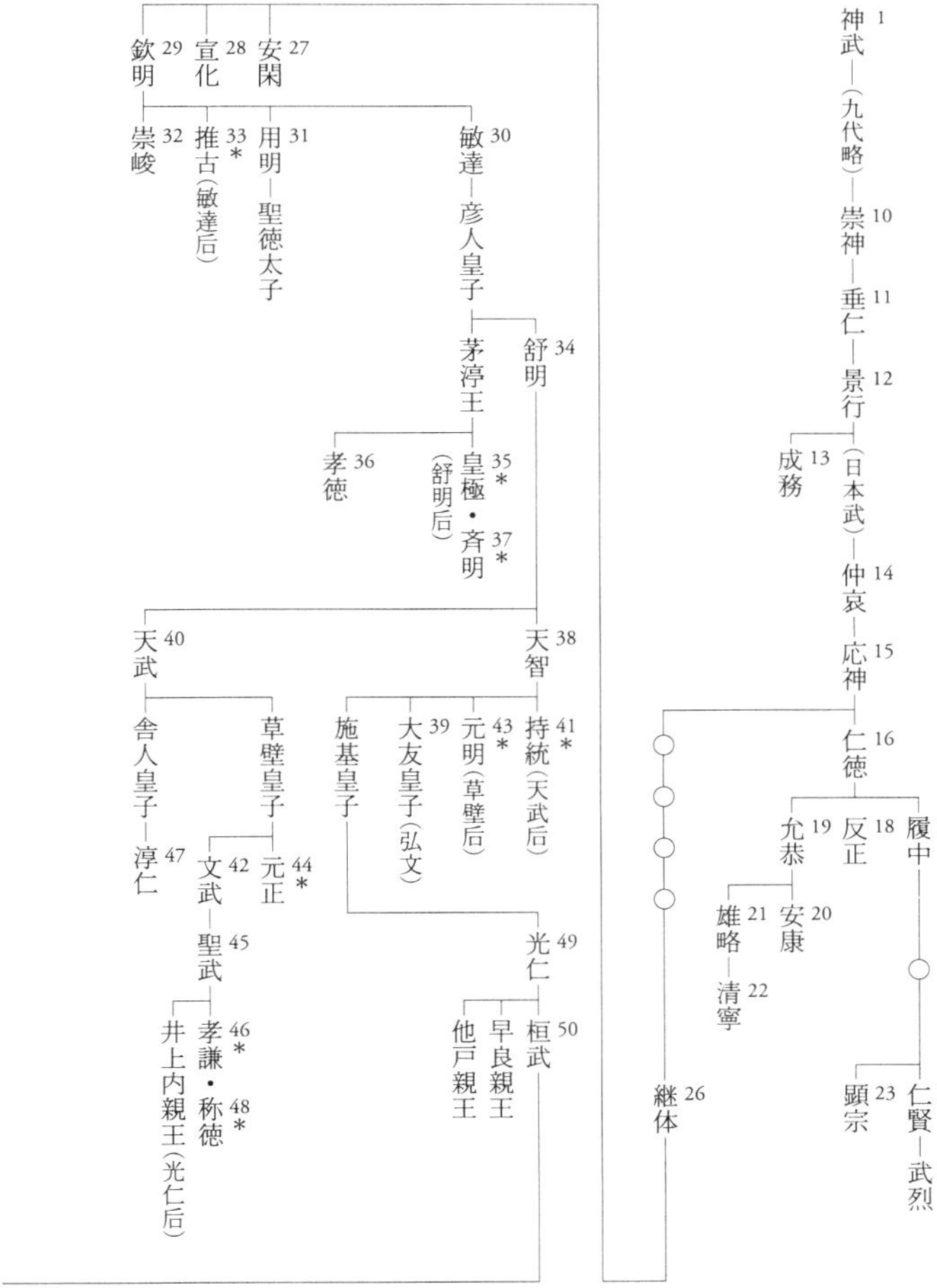

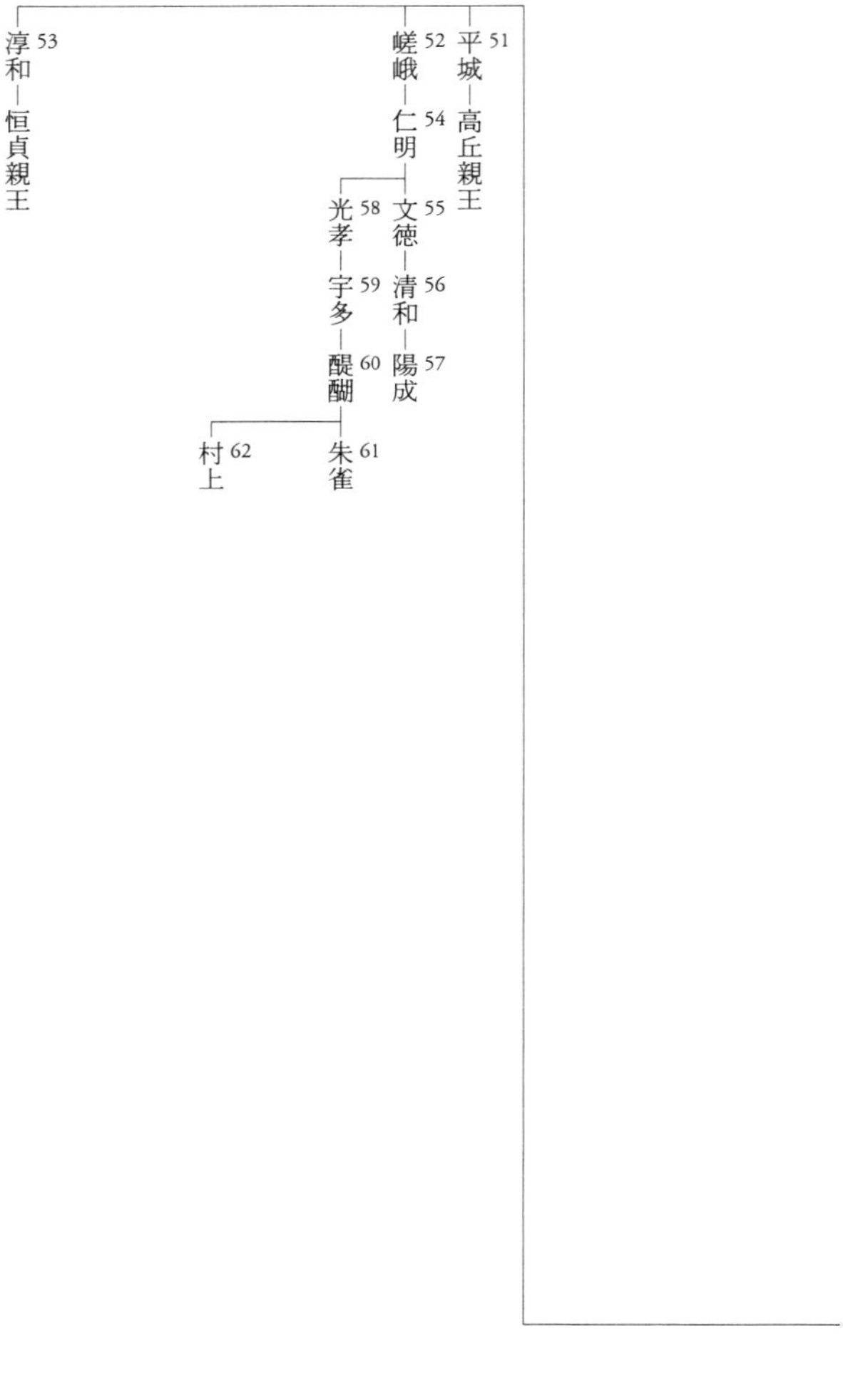

平城 51
高丘親王
嵯峨 52
仁明 54
文徳 55
清和 56
陽成 57
光孝 58
宇多 59
醍醐 60
朱雀 61
村上 62
淳和 53
恒貞親王

古代日中関係史

――倭の五王から遣唐使以降まで

凡例

・引用の古代史料は、特に註記があるもの以外は、筆者による現代語訳である。旧字を新字に、近代以降の史料は旧かなを新かなにした。
・引用文中の〔　〕は筆者による補足である。
・天皇の代数は、読者が時代を理解しやすいように皇統譜に基づき付した。ただしこの代数は歴史的事実を示すものではない。
・敬称は略した。

第1章

倭の五王の時代

――「治天下大王」の中国南朝交渉

1　五世紀、宋王朝に何を求めたか

王朝交代を続ける中国

中国の史書《ししょ》によれば、五世紀、讃《さん》・珍《ちん》・済《せい》・興《こう》・武《ぶ》といった五人の倭国王が、淮河《わいが》より南の中国江南《こうなん》の王朝に使者を派遣したとある。この「倭の五王」と通称される王たちの対中国交渉は、四二一年から開始された。交渉開始の背景を探るためにも、この頃の中国は、いったいどのような状況にあったのかを確認しておきたい。

時代はやや遡《さかのぼ》るが、後漢《ごかん》滅亡後、およそ半世紀に及ぶ混乱を制し、中国統一を果たしたのは、司馬《しば》氏の建てた晋《しん》（西晋《せいしん》二六五〜三一六年、東晋《とうしん》三一七〜四二〇年）である。『三国志』が好きな人にはよく知られているように、司馬氏はもともと魏《ぎ》の曹操《そうそう》に仕えた一族であった。曹操の死後、二六五年に司馬炎《しばえん》が曹操の孫から禅譲《ぜんじょう》を受けて晋を開いた。

晋は、日本ではあまりメジャーではない。三国時代のように、魅力的でダイナミックな人物たちの活躍が知られないためであろう。初代皇帝司馬炎死後には早くも帝位継承争いが起こり、成立後すぐに弱体化するのも不人気の理由の一つかもしれない。

帝室内で闘争が繰り返されるなか、勢力を蓄えていったのが、非漢民族の集団である。独立の気運高まる非漢民族の前に、晋は早速分裂し、領域の北半分となる華北の支配権を遊牧諸族に譲り渡す。この後、淮河以北の地である華北では五胡《ごこ》と総称される非漢民族らによる勢力集合と分裂が繰り返された。

他方、淮河以南の地に結集した晋の残存勢力は、三一七年に建康《けんこう》（現南京《ナンキン》）を都とし、領土を大幅に縮小して存続した。南北中国を統一していた時代の都洛陽《らくよう》と比べて、建康は東に位置するため、中国史では洛陽に都を置いた時期の晋を西晋、建康に都を置いた時期の晋を東晋と呼ぶ。

唐代初めに成立した『晋書《しんじょ》』（晋王朝一代の歴史をまとめた書物）には、東晋の時代、四一三年に「倭国が方物《ほうぶつ》を献上した」とある。また、同じく唐代初めに成立した『梁書《りょうしょ》』（梁王朝一代の歴史をまとめた書物）と、宋《そう》・南斉《なんせい》・梁・陳《ちん》という江南にあった四王朝の歴史をまとめた『南史《なんし》』にも、倭王讃（賛）が使者を派遣したと記される。

ただしこの遣使については、『晋書』本紀《ほんぎ》には高句麗《こうくり》と同時に中国に入朝したとある。北宋の時代に成立した類書『太平御覧《たいへいぎょらん》』所引《しょいん》の「晋起居注《しんききょちゅう》」（起居注とは、皇帝のそば近くに仕える官が、皇帝の日々の発言や行いを記したもの）には高句麗の産物である貂《ちょう》皮《ひ》・人参《にんじん》を倭国が献上したとあること、高句麗と倭国が当時は敵対しており、加えてこの遣使では高句麗王にのみ官爵号《かんしゃくごう》が与えられていることから、四一三年の使者は倭国王が派遣したのではなく、高句麗が仕立てたものと判断されている（坂元義種）。

この東晋は四二〇年に滅亡する。高句麗が倭国の使者を偽造したのは、王朝の最末期のことであった。実権は皇帝にはなく、劉裕《りゅうゆう》という人物に握られていた。

劉裕とは、国内の戦乱や華北の異民族政権との戦闘で頭角を現した東晋の将軍である。貴族が大きな権力を持った東晋では、生まれの卑賤《ひせん》な劉裕は異色の権力者であった。四一〇年に山東《さんとう》半島に割拠する南燕《なんえん》という王朝を滅ぼしたことで、劉裕への権力集中は決定的となる。先述した高句麗王への官爵号授与はその三年後である。

将軍劉裕の活躍により山東半島が東晋に帰したことは、後燕《こうえん》（高句麗王に官爵号を授与した前燕《ぜんえん》という王朝の後身）から遼東《りょうとう》半島を奪ったばかりの高句麗にとっては衝撃であった。劉裕による領土の拡大は、同じく領土拡大期にあった高句麗の遣使を促す。高句麗は、新たに山東半島を掌握した東晋を宗主国と認めて朝貢《ちょうこう》した。「朝」とは皇帝に拝謁《はいえつ》すること、「貢」とは献上品を奉《たてまつ》ることである。高句麗の方針転換を受け入れた東晋は、前燕が三五五年に高句麗王に与えた官爵号をベースに、あらためて高句麗王に官爵号を授《さず》与した。官爵号を授けることで、東晋は高句麗を外臣（海外の臣下）に組み込むこととなった。

七年後の四二〇年、東晋最後の皇帝である恭帝《きょうてい》（在位四一八～四二〇年）から禅譲を受けて劉裕が即位した。首都は建康である。このとき劉裕は五八歳（数え年。以下同）。廟号《びょうごう》を

1-1　中国王朝交代表（前3世紀末～10世紀初頭）

王朝名	存続年
前漢	BC202～8
新	8～23
後漢	25～220

呉	222～280

蜀	221～263

魏	220～265
西晋	265～316

東晋	317～420

華北枢要部の主要国の興亡

前趙	304～329
後趙	319～351
前燕	337～370
前秦	351～394
後秦	384～417
後燕	384～407
南燕	398～410
北燕	407～436
夏	407～431

南朝による継承　北魏による統一

〈南朝〉

王朝名	存続年
宋	420～479
南斉	479～502
梁	502～557
陳	557～589

〈北朝〉

王朝名	存続年
北魏	386～534

分裂

東魏	534～550
北斉	550～577

西魏	535～557
北周	557～581

隋による南北朝統一

隋	581～618
唐	618～907

北周による華北統一と隋への禅譲

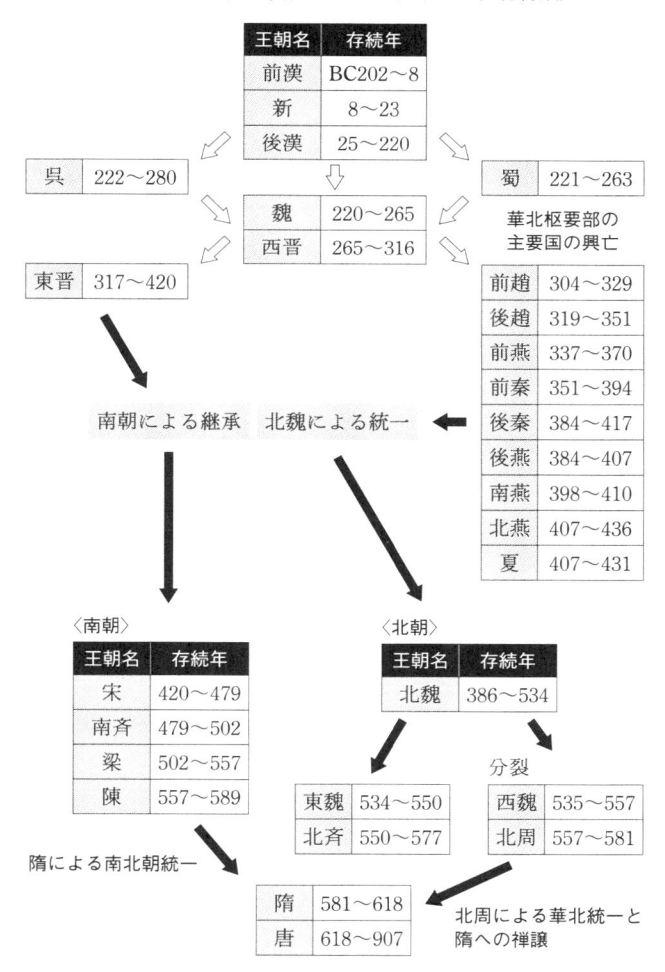

武帝《ぶてい》（在位四二〇～四二二年）という。都を南に移して存続した晋は滅び、新たに宋という王朝が成立した。

宋建国と各国の冊封

即位したばかりの劉裕は、まず東晋最後の皇帝を零陵王《れいりょうおう》とし、自らの父母を皇帝・皇太后と追号、建国の功臣の爵位を進めた。その翌月、劉裕は周辺諸国の国王・首長を以下のように一気に昇進させる。

① 征西《せいせい》大将軍・開府儀同三司《かいふぎどうさんし》　楊盛《ようせい》→車騎《しゃき》大将軍
② 鎮西《ちんぜい》将軍　李歆《りきん》→征西将軍
③ 平西《へいせい》将軍　乞伏熾磐《きっぷくしばん》→安西《あんせい》大将軍
④ 征東《せいとう》将軍・高句驪《こうくり》王　高璉《こうれん》→征東大将軍
⑤ 鎮東《ちんとう》将軍・百済王　扶余映《ふよえい》→鎮東大将軍

①楊盛は仇池《きゅうち》という甘粛省《かんしゅくしょう》南部に拠《よ》る氐族の地方政権の首長、②李歆は西涼《せいりょう》という敦《とん》煌《こう》を拠点とする漢族地方政権の首長、③乞伏熾磐は西秦《せいしん》という甘粛省から青海省《せいかいしょう》に及ぶ国

1-2　5世紀の東アジア（420年頃）

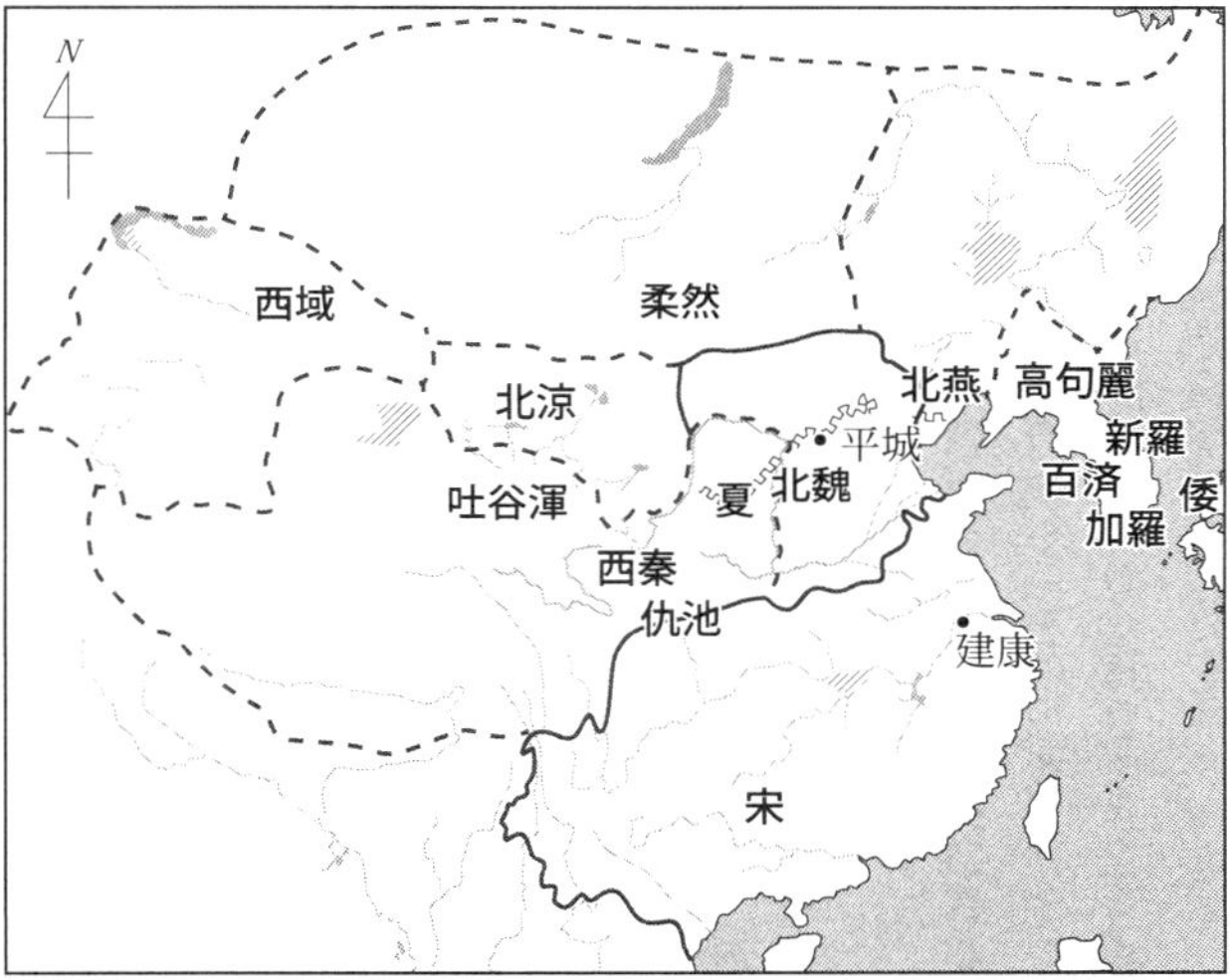

出典：川本芳昭『中華の崩壊と拡大』（講談社、2005年）を基に筆者作成

の首長、④⑤は朝鮮半島の高句麗と百済の王である。彼らは東晋末期に、それぞれ官爵号を授与されていた（①四〇七年、②四一八年、③四一六年、④四一三年、⑤四一六年）。即位したばかりの劉裕は、恩典を国外にまで広げると し、西域や朝鮮半島などの周辺諸国・諸勢力の君長の称号を一挙に上昇させたのである。

中国の皇帝たちは、古来、国内の貴族・功臣に「王」や「公」「侯」などの爵位を与えることがあった。漢の時代になると、爵位の授与は国外にも適用されるようになり、諸国の王をその国の王に任命したり、彼らに将軍号などを授与したりした。

爵位や将軍号を授与された諸国の王は、名分上、皇帝と君臣関係を結ぶようになる。対外関係史では、中国が各国王をその国の王とする行為を「冊封《さくほう》」と呼んでいる。「冊」とは、諸国の王に与える任命書のこと、「封」とは土盛りで区画された領域を指し、「冊封」の二語でその地域の君長に命じる、という意味である。冊封は、皇帝にとっては国内外での自らの権威と影響力を高めるものである。他方で諸国の王にとっては、国内外における自らの地位を保証するものであった。被冊封国にとっては、朝貢時に下賜《かし》される物品も魅力的であった。ただし、冊封を受けた国は朝貢を義務付けられるが、朝貢した国が必ずしも冊封を受けるわけではない（西嶋定生）。

さて冊封は、この時代の史書には登場しない語句であるが、概説書にも使用されるなど一般によく知られた言葉であるので、本書でもこの語句を使用する。また、より上位の官位を授与することを、史料の記述にならい「進号」とする。

四二〇年の冊封に話を戻そう。

劉裕が即位した翌月の一斉進号は、建国の時期を知らされていた周辺諸国の国王や首長が、タイミングを合わせて遣使し、その恩典として行われたのであろうか。それとも、皇帝となった劉裕が諸国の遣使もないのに勝手に昇進させたのか。同年に劉裕が高句麗と百済に与えた詔《みことのり》から、これが後者であったと判断できる。

使持節《しじせつ》・都督《ととく》営州《えいしゅう》諸軍事《しょぐんじ》・征東将軍・高句驪王・楽浪公璉《らくろうこうれん》、及び使持節・督百済諸軍事・鎮東将軍・百済王映は、海外にあって忠義を保ち、遠く貢職《こうしょく》を修めてきた。新たに〔王朝の〕始まりを告げるにあたり、宜《よろ》しく国休《こっきゅう》に浴すべきである。璉には征東大将軍を、映には鎮東大将軍を授ける。〔東晋の時代に与えられていた〕持節・都督・王・公の称号については旧の如《ごと》く〔たもつことを許す〕。

（『宋書』夷蛮《いばん》伝、高句驪国条）

劉裕は、新王朝の始まりを高句麗・百済に伝えるにあたって、高句麗王・百済王に恩典を及ぼすべきである（傍線部）。ゆえに、高句麗王にはもとの官爵号にあわせて征東大将軍を、百済王にはもとの官爵号にあわせて鎮東大将軍を授けるとした。王朝の始まりと進号は、宋が派遣した使者により高句麗と百済へ同時に伝わったに違いない。

一斉進号は、東晋が周辺諸国・諸勢力との間に築いてきた関係を、新たに開かれた宋朝が発展的に継承するという表明であった。諸国からいえば、宋の進号は押し付けである。一斉進号を受けた国王や首長のなかには、宋の新たな対外政策を、当惑しつつ受け入れる者もいたであろう。

その一方で、中国と恒常的な交渉を行ってこなかった倭国は、建国したばかりの宋朝の眼中にはない。しかし、朝鮮半島における利権を重視する倭国の目には、宋という新王朝の対外方針は、興味深いものに映ったであろう。倭国は宋に最初の使者を派遣する。

倭国王たちへの冊封

倭王讃が使者を派遣したのは四二一年、宋建国の翌年である。

劉裕は、使者を派遣してきた倭王讃に「除授《じょじゅ》」を賜《たまわ》った。「除」は古い称号を除くこと、「授」は新たな称号を与えること。ただし通常は、「除」の意味に重きを置かず、初めて称号を与えるときにも「除授」という語を使用した。讃が倭国王に任命されたことは推定してよかろうが、それ以外の称号については不明である。

讃は、なぜこのタイミングで使者を派遣できたのか——。倭国の情報網が直接中国まで及んでいたからではない。宋建国の情報が、朝鮮半島から提供されていたからだ。

四二一年に宋から冊封を受けたことで、倭国王は中国との交渉権を独占する。陪臣《ばいしん》となった倭国王の臣下には、皇帝への使者派遣は認められていないからである。その結果、交渉を通じて授与されるさまざまな物品は倭国王が独占する。1-3で倭の五王による中国への使節を受け入れた王朝の記録に基づき、まとめておく。

讃の死後、四三八年に弟の珍が宋に使者を派遣した。武帝はすでに死去しており、武帝の

1-3　倭の五王による宋・南斉への使節派遣（421～479年）

西暦	倭王	史料記載の遣使の概要	出典
421	讃	倭讃に詔して除授を加えた	『宋書』夷蛮伝
425	讃	司馬曹達を遣わして表を奉り、方物を献上した	『宋書』夷蛮伝
430	―	遣使して方物を献上してきた	『宋書』本紀
438	珍	讃が死に、弟の珍が即位して使者を派遣してきた。「使持節・都督倭百済新羅任那秦韓慕韓六国諸軍事・安東大将軍・倭国王」と自称し正式な除授を求めてきたので、珍を安東将軍・倭国王とした。倭隋ら13人にも平西・征虜・冠軍・輔国将軍の称号を求めたので、詔して許可した	『宋書』本紀、『宋書』夷蛮伝
443	済	済が遣使し、奉献してきたので、安東将軍・倭国王に任じた	『宋書』夷蛮伝
451	済	使持節・都督倭新羅任那加羅秦韓慕韓六国諸軍事を加え安東大将軍に進めた。23人に称号を求めたので、軍事権や郡支配にかかわる称号を与えた	『宋書』本紀、『宋書』夷蛮伝
460	―	遣使して方物を献上してきた	『宋書』本紀
462	興	倭王の世子（世継ぎ）である興を安東将軍・倭国王とした	『宋書』本紀、『宋書』夷蛮伝
477	―	遣使して方物を献上してきた	『宋書』本紀
478	武	興が死んで弟の武が即位し、表を奉り除授を求めてきたので、詔して武を使持節・都督倭新羅任那加羅秦韓慕韓六国諸軍事・安東大将軍・倭王に任じた	『宋書』本紀、『宋書』夷蛮伝
479	武	倭王が遣使してきたので、武の称号を鎮東大将軍に進めた	『南斉書』夷蛮伝・「職貢図」

註記：派遣先の王朝は421～478年まで宋、479年のみ南斉。倭王の「―」は王名の記載なし
筆者作成

第三子である文帝《ぶんてい》（在位四二四〜四五三年）の時代となっていた。珍の時代から倭国王は、将軍号と倭国王以外に、「使持節」・「都督」の称号を要求するようになる。

称号の内容について、坂元義種の研究を参考に確認しておこう。

「使持節」とは、皇帝から「節」という毛房のついた飾りがある柄を与えられることである。「節」を授与された人物は、皇帝の権力を分与されることとなり、皇帝への報告を経ずに部下を死罪に処すことができた。「節」を与えるにあたっては「使持節」「持節」「仮節《かせつ》」と三つのレベルがあり順に等級が下がる。済が与えられた「使持節」はもっともレベルが高く、郡という行政単位の長官である太守《たいしゅ》すら死罪にできるものであった。

「都督」は、軍事権の上下関係を示す称号である。「都督」「監」「督」の順に等級が下がる。珍が求めたのは倭・百済・新羅・任那《みまな》・秦韓《しんかん》・慕韓《ぼかん》という六ヵ国の軍事権であった。しかし、珍のときには「都督」号は許可されていない。「都督」としての軍事権を与えられたのは、三人目の王、済の代になってからであった。

済には、倭・新羅・任那・加羅《から》・秦韓・慕韓の六ヵ国について、都督としての軍事権が許された。前国王たる珍が要求した百済の軍事権は許されず、代わって加羅の軍事権が許されたのは、百済の都督権がすでに百済王に与えられていたためである。ともあれ倭国王は、百済を除けば、朝鮮半島南部での軍事権を皇帝から正式に許された。これ以降、倭国王の朝鮮半島における軍事行動は、中国皇帝の許可を得たものとなる。

倭国王は臣下に対する官爵号の授与も求めたが、それは珍の代からである。珍は、一三人の倭人に将軍号を授与するよう求め、許可されている。倭国王が臣下への授与を求めたのは、皇帝の権威を背景に、権力の強化を企図したためであった。倭国王の求心力が不十分であることから、皇帝―倭国王―倭国王の臣下、というヒエラルキーを構築しようとしたわけである。将軍号とともに、その称号にふさわしい衣装・武具などが下賜されたであろう。この関係に組み込まれた倭人たちにも、十分なメリットはあったに違いない。

もちろん、官位を与える皇帝にもメリットはあった。倭人たちへの官位の授与は、皇帝の恩沢《おんたく》による。倭国内の名分関係は、皇帝の恩沢によって定まるのであり、皇帝の徳は周辺国を教化するほどに高いということになる。

先述したように、宋の初代皇帝となった劉裕は、卑賤の家より出て皇帝へと上り詰めた。出自に由来する権威の弱さは、劉裕の子孫にも引き継がれていく。宋の皇帝たちにとって、権威の向上は重要な課題であり、威徳を内外に喧伝《けんでん》できる行為は歓迎すべきものであった。

倭国王は四五一年にも、二三人の倭人に対し将軍号と郡太守号を与えるよう求めている。四五八年には、百済も臣下への官爵号の授与を求めた。これ以前に百済王が臣下への授与を要請した事例は見出せない。珍・済の成功に倣《なら》ったものであろう。

済の死後、興が即位して使者を派遣した。第四代皇帝である孝武帝《こうぶてい》（在位四五三〜四六四年）の治世中、四六二年のことである。孝武帝は倭国王に与えた詔で、「倭王の世継ぎである興は、代々の〔倭王の〕忠誠を継いで、中国の外の藩屏《はんぺい》となり、〔皇帝の〕徳化を被って国域を安寧《あんねい》にし、〔いまこのように〕恭《うやうや》しく朝貢してきた」（『宋書』夷蛮伝、倭国条）ことを評価し、興に先王の爵位・称号を継がせるべしと評価した。興の代に、倭国はようやく代々の藩屏として認められたのである。

宋王朝の藩屏へ

倭国王もまた、自らを宋の藩屏とみなしていた。以下は興の弟で、興の後を継いだ武による四七八年の上表文である。表とは、臣下が君主に奉る文書のこと。これまで幾度も現代語訳されてきたものではあるが、大変面白い史料なので、あらためて私訳する。

〔臣の〕封国《ふうこく》〔倭国〕は〔中国から〕遥《はる》か遠く、中国の外の藩屏となっております。祖先は昔より、身に甲冑《かっちゅう》をまとい、山を越え川を渡って〔夷狄《いてき》と戦い〕、休む間もございませんでした。東は毛人《もうじん》を征すること五五ヵ国、西は衆夷《しゅうい》を服せしむること六六ヵ国、〔海を〕渡って海北を平らげること九五ヵ国にもなります。〔ゆえに、陛下の〕王道は和らぎ安らぎ、国土は都より遥か遠くまで及ぶこととなったのです。〔倭王らは〕代々に朝貢し、年々怠《おこた》ることはございませんでした。臣は非常に愚かではございますが、かたじけなくも王位を継ぎましたからには、治下《ちか》の者どもを率い、陛下のおわす天下の中心に参上したく、〔そこで〕道に百済を経由せんと、船の準備も整えました。ところが〔高〕句麗めは無道にも、〔他国を〕併呑《へいどん》しようとし、辺境の隷民《れいみん》を掠《かす》め取り、殺戮《さつりく》をやめようといたしません。〔船は〕滞留を余儀なくされ、良風を失い、路を行こうにも、到達できたりできなかったりいたしました。

臣の亡父たる済は、わが敵たる〔高句麗〕が、陛下の御許《おんもと》へと通じる道を塞《ふさ》ぐのに憤《ふん》怒《ぬ》し、その兵百万、〔高句麗を糾弾する〕正義ある言葉は兵らを感激させ、大挙して押し寄せようとしましたところ、にわかに父も兄も死んでしまい、成就せんばかりであった功績も、失敗に帰してしまいました。父兄の喪中《もちゅう》にあっては、兵を動かさず、進軍を止めて未だ勝利を得ておりません。

いまは〔喪も明け〕、兵の訓練をし、父兄の遺志を継ごうとすれば、節義《せつぎ》ある士は勇み立ち、文官も武官も軍功をあげんと、白刃《はくじん》を眼前に交えるも、命を惜しむことがございません。もし天地を覆う陛下の徳をもってこの強敵を滅ぼし、よく国難を静めることができれば、〔宋朝への朝貢に励んできた前王たちの〕功績を廃《すた》れさせることもございますまい。私に開府儀同三司を仮授し、その他〔者どもにもそれぞれ称号〕を仮授し、もっていよいよ忠節に勤めるつもりでおります。（『宋書』夷蛮伝、倭国条）

武はまず、代々宋に朝貢してきたこと、列島の東西と海北（朝鮮半島）にあって宋に従わない国々を滅ぼし、宋皇帝による王道の及ぶ領域を拡大してきたことを誇る。武は即位後より朝貢しようとしたが、高句麗に妨げられてきた。父兄の代から高句麗とは対立しており、その討伐を試みたが二人とも果たせずして死去した。いまはその喪も明けたので、宋の威徳を後ろ盾に高句麗の討伐を行いたい。ついては、開府儀同三司を含む官爵号を授与されたいと願い出ている。

渡来人たちが記した倭の上表文

表の原文は四字句を基本とし、典故《てんこ》を踏まえるなど整った漢文である。しかも、皇帝の御座所を天下の中心とみなし、父兄の死にあたっては喪に服して兵事を行わないなど、中国の儒教的観念・世界観をよく踏まえている。古くから指摘されているように、このように高度な漢文を作成する技術を、倭国は渡来人に負っていた。

次にあげるのは、五世紀後半の作成とされる熊本県江田船山《えたふなやま》古墳出土太刀《たち》の銘文《めいぶん》である。

鉄製の太刀に銀象嵌《ぎんぞうがん》で七五字を刻む。

天下《あめのした》をお治めになった獲□□□鹵〔ワカタケル〕大王の世に、典曹人《てんそうじん》〔文官〕としてお仕え奉った、その名は无利弖〔ムリテ〕が、八月中に、大きな鉄釜《てつがま》を用いて、四尺の太刀を作った。〔この刀は、〕八十回練り、九十回打ち鍛《きた》えたもので、三寸上好の刀である。この刀を帯びる者は、長寿にして子孫は栄え、□恩を得るであろう。また、その統率する所を失わないであろう。刀を作る者の名は伊太和〔イタワ〕、〔銘文を〕書く者は張安である。

「ワカタケル大王」とは、『日本書紀』の和風諡号《しごう》では「大泊瀬幼武天皇」、『古事記』の和風諡号では「大長谷若建命」（読みはいずれも「おおはつせのわかたけるのすめらみこと」）とある、第21代雄略《ゆうりゃく》天皇のことである。銘文のいう宮の位置が、記紀のいう宮の所在地と一致することから、ワカタケル大王＝雄略天皇というのは間違いない。『日本書紀』には、雄略天皇の代に呉《ご》＝南中国に使者を派遣したこと、百済に加担して高句麗と敵対したこと、東国に出兵して版図を広げたことなど、先に記した表と一致する状況が記されている。

銘文では、ワカタケル大王、大王の典曹人を務めたムリテ、刀鍛冶《かじ》のイタワの名が、一音一字で記される。姓と名の区別もない。これに対し、銘文作成者の名前は張（姓）＋安（名）とある。張安は、ムリテやイタワとは異なる背景を持つ人間、すなわち渡来人であった。

大王のそば近くで、典曹人、すなわち文官として仕えたムリテすら、銘文のように単純な文章を作成することができなかった。より高度な知識を必要とする武の表を倭国人が作成できたはずはない。武の表は、銘文と同じく渡来人によって作成された。儒教的観念を踏まえて表を作成するということは渡来人がブレーンとなって構想したもので、中国・朝鮮半島にかかわる情報も渡来人の協力によって収集したものに違いない。

武の上表文には、『晋書』記載の上表文と類似の表現を多く見出せる。西晋滅亡時に朝鮮半島に移住した人びとやその子孫、あるいは彼らのもとで漢字文化を学んだ人びとが、倭国に渡来して作成したとされる（田中史生）。東アジアは、移動する人びとによって結びつけられ、共通の土壌を築きはじめていた。

武は、四七八年にも使者を派遣する。宋最後の皇帝である順帝《じゅんてい》（在位四七七～四七九年）の治世中のことである。順帝は、四七七年に蕭道成《しょうどうせい》という将軍によって擁立された皇帝である。倭国使が至った翌年に、順帝は蕭道成に禅譲し宋は滅ぶ。新たに開かれた王朝の名前は斉《せい》、のちに華北に登場する斉と区別するためこの王朝を南斉《なんせい》（四七九～五〇二年）と呼ぶ。ちなみに、やや遅れて華北にできた斉という王朝は北斉《ほくせい》（五五〇～五七七年）という。

倭国使が順帝に面会する直前、蕭道成は宋領域内一六州の都督権を認められていた。宋の州の数は『宋書《そうじょ》』巻三五〜三八の「州郡」（地方行政の変遷をまとめる）に項目がたてられているものでいえば二八であり、蕭道成は宋内の六割近い領域の軍事権を付与されていたこととなる。禅譲は目の前であった。王朝交代直前の緊迫した雰囲気を、都に入った倭国使もひしひしと感じたであろう。

2　倭国人のイメージ──梁「職貢図」が語るもの

半世紀にわたる朝貢の結果

四七九年四月、蕭道成が順帝から禅譲を受け、皇帝に即位した。宋は滅び、南斉が成立する。その年のうちに蕭道成は武を、使持節・都督倭新羅任那加羅秦韓慕韓六国諸軍事・鎮東大将軍・倭王に任じた。倭王が即位直後の蕭道成に使者を派遣したものか、あるいは蕭道成が、倭王の朝貢もなく冊封・除授を行ったもののどちらだろうか。

かつては後者の意見が優勢であった。『日本書紀』によれば雄略天皇が死去したのは四七九年の八月、蕭道成の即位が武の存命中に倭国に伝わり、しかも使者を準備・派遣するには日数があまりに不足するからである。

しかし最近発見された「職貢図《しょっこうず》」によって、蕭道成と面会した倭国使の存在が確実視されるようになっている。

「職貢図」とは、梁（五〇二〜五五七年）の武帝（在位五〇二〜五四九年）の即位四〇年を記念して作成されたものである。当時の外国人使節の進貢の様子が描かれている。梁武帝は、南斉を滅ぼして梁を建国し、在位は四〇年を超えた。江南地域を領有した梁以前の宋・南斉は、帝室内部の闘争により皇帝が頻繁に交代していた。武帝の在位は疲弊《ひへい》していた江南に安定をもたらし、江南の王朝は最盛期を迎える。その威勢を誇って作成されたのが、「職貢図」であった。

「職貢図」をより詳しくいうと、「使者図」と呼ばれる計三三ヵ国の使者を描いたもの、「題《だい》記《き》」と呼ばれるその国の所在・風俗・中国諸王朝との通交といった情報を記すものによって構成されている。1－4は職貢図に使者が描かれた国々である。

「職貢図」はオリジナルが存在せず、現在では三つの写本が存在している。時代順に、南唐時代の写本（一〇世紀）、北宋時代の写本（一一世紀）、明《みん》時代の写本（不明）である。北宋の時代に書写された写本のみ題記が残り、ほかの二写本には題記がない。本来は使者図と題記が並べて記されたが、南唐時代と明時代の写本は使者図のみを書写した。

北宋の時代の写本は、清《しん》末の動乱期に紫禁城《しきんじょう》から持ち出された折に一部破損し、倭国使

1-4　職貢図に描かれた国々

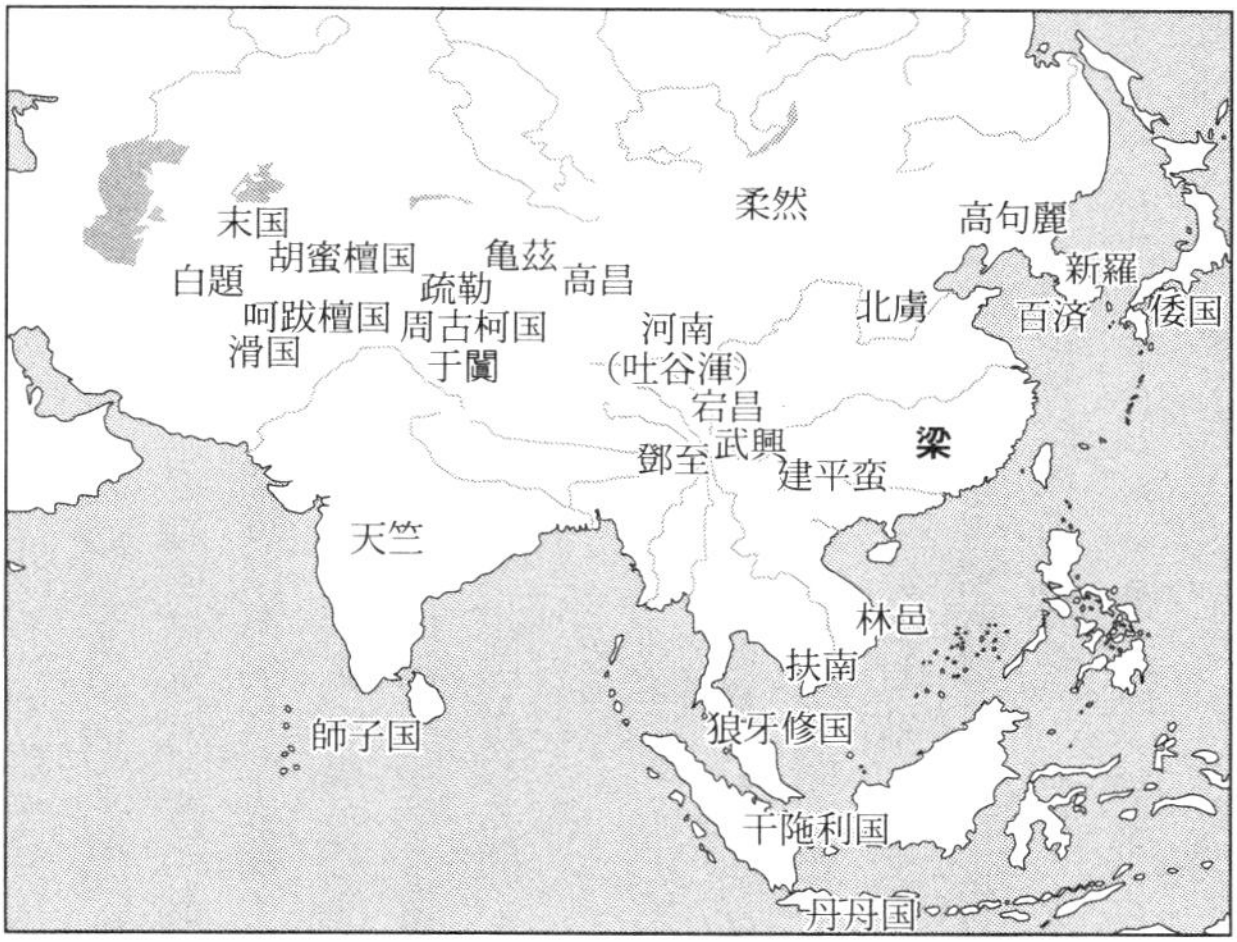

筆者作成

者図に付された題記の後半部分は欠けていた。

ところが二〇一一年、一七三九年に「職貢図」を鑑賞した人物が書き写した題記の逸文《いつぶん》（一部だけ残った文章）が、清末成立の書物中より発見された。この題記逸文は、北宋の時代の写本にない七ヵ国分の題記を補うもので史料価値がきわめて高い。そしてここに、倭国使者図の題記が抜粋され、倭国が四七九年に使者を派遣したと明記されていたのだ。

これまで、倭王の遣使は四七八年、宋の末期で終了すると考えられていた。題記逸文の発見により、武の使者が建国直後の南斉で皇帝に拝謁していた可能性が浮上する。たしかに、すでに禅譲を目前に控えていた蕭道成が、宋の最後の皇帝に朝貢してきた倭国の使者をそのまま逗留《とうりゅう》させ、即位後にあらためて使者として歓待し、武を冊封したとしても何ら不思議ではない。だが最近では、職貢図の題記逸文を評価し、このように南斉初年にも倭国の朝貢はあったとみなす説が有力である（氣賀澤保規）。

いずれにせよ、今回の王朝交代劇では、倭王は高句麗王や百済王とともに王朝交代における一斉進号の対象となった。半世紀にわたる朝貢の結果、倭国はようやく中国の世界秩序下に編成されるべき国、徳化が及ぶ国として認められた。

「職貢図」の倭国使者図

もう少し、「職貢図」という稀有《けう》な史料について、その意義を説明したい。日本の学界がまず注目したのは使者図であった。

二〇一一年の「題記逸文」の発見前、「職貢図」の写本が初めて学界に知られたのが、一九六〇年である。中国美術の研究者である金維諾《きんいだく》によって、失われたと思われてきた「職貢図」が、実は南京博物院に所蔵されていたことが判明した。これを受けて日本では、東洋史学を牽引《けんいん》した研究者の一人である榎一雄が、一連の優れた研究を発表した。榎の研究は、「職貢図」が作成された中国史上の意義を問うものであったが、日本史の学界では、「職貢

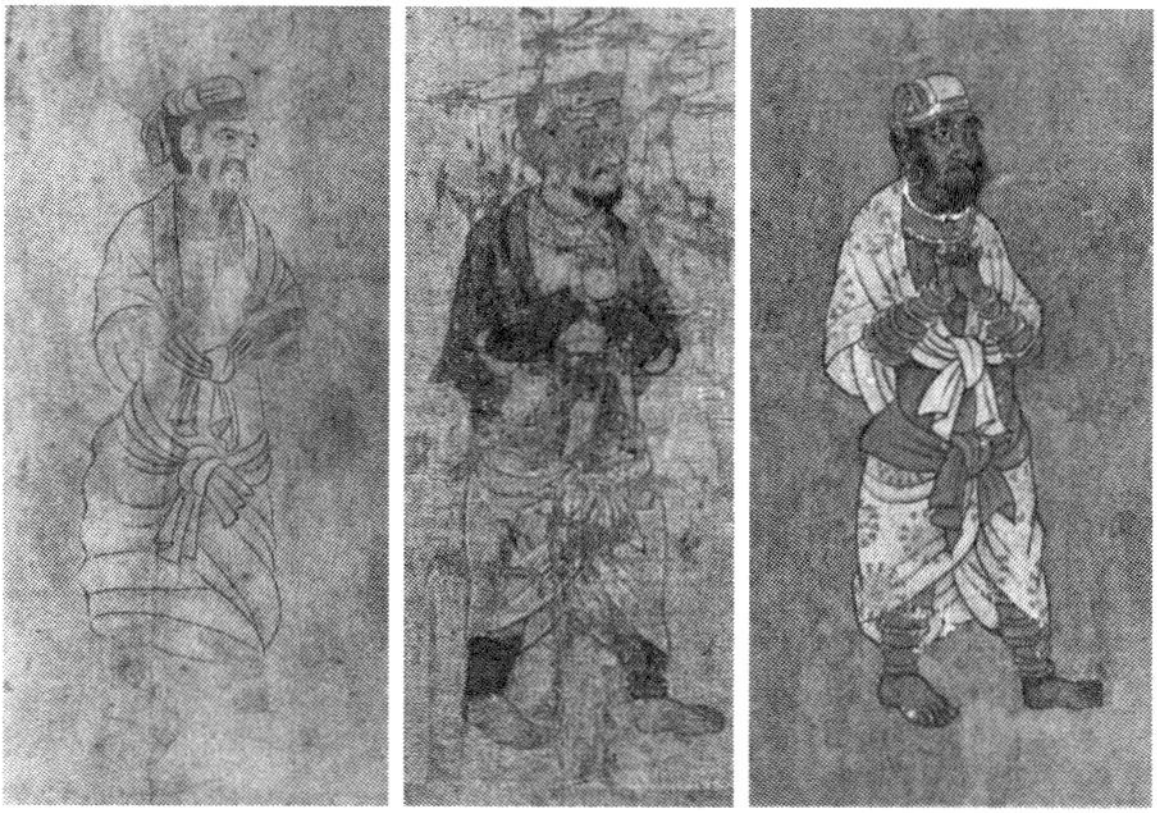

1-5　**倭国使者（職貢図）**　左より南唐時代（10世紀）、北宋時代（11世紀）、明時代（作成年不明）のそれぞれ写本（縮尺不同）

図」中に倭国使者図が描かれていることが特に注目された。六世紀半ばの倭国人の様子を伝える可能性のある史料が、このほかには存在しなかったからである。1－5は、「職貢図」から倭国使者図を抜き出したものである（縮尺不同）。

ところが、倭国が梁に朝貢したという記録は、梁朝の正史である『梁書』にも、江南にあった四つの王朝の歴史をダイジェストした『南史』にもない。また、使者の姿は、当時の埴輪《はにわ》や、やや遅れて飛鳥《あすか》時代に作成され、中宮寺《ちゅうぐうじ》に伝わる天寿国繡帳《てんじゅこくしゅうちょう》と大きく異なる。高句麗・百済・新羅の使者図と比較すると、肌を露出するなど中国的な「文明化」からは程遠い。むしろ使者の姿は、『三国志』魏書《ぎしょ》、東夷伝《とういでん》、倭人条に述べられる倭人の服飾と一致する。

日本の学界は、倭国使者図は、『三国志』倭人条の記述に基づき想像で描かれたとする説と、実際に南朝に至った倭国人——ただし使者ではない——を描いたとする説が対峙《たいじ》することになった。

リアリティを追求した使者図——虜国使者図

諸外国の使者が「職貢図」で例外なく写実的に描かれていれば、倭国の使者図も実際に倭国人の姿を描いたものであったことになる。反対に、イメージから想像で描かれた使者図が存在すれば、倭国使者図もイメージによる創作とするのが穏当となる。

結論からいえば、使者図にはリアリティを追求したものと、書物などからイメージで描いたものとが混在する。

前者の筆頭が虜国《りょこく》（華北を領有した北魏のこと）使者図である。

南唐時代の写本と明時代の写本の冒頭には、袖《そで》のゆったりとした衣服を身に着け、左右に人を従えた使者が描かれる。北宋の時代の写本は冒頭が失われており、当該使者図はないが、二写本の冒頭が同一使者図の摸写であった。冒頭にあることから、梁にとって他国使より重要な国の使者であったことがわかる。

韓国史を専門とする深津行徳は、明代写本の中央の人物が獣尾《じゅうび》を飾る冠《かんむり》を戴《いただ》くことに着目し、これとよく似た冠飾《かんしょく》が北魏・北斉《ほくせい》の将軍クラスの墓の線刻に見られることを指摘す

1-6　**虜国／北魏使者図（職貢図）**　南唐時代（左）と明時代の写本

る。そのうえで、中央の人物は「虜国」、すなわち北虜＝華北にあった王朝の人物を描いていると論じた。鉄案である。

さらに、南朝と北朝の交渉史を研究する堀内淳一は、彩色の残る明代写本から、中央の人物とその左の人物が着る朱色の衣服は南北朝で交換される使者の常服、貂《ちょう》尾《び》を飾る冠は武官の正装で、右の人物が白色の衣服を着用し髪を布で束ねるのは儒者の服装に一致するという。

華北の王朝が梁に三人からなる使者を派遣したのは、五三七年のときのみである。そのなかに儒学に通じた李業興《りぎょうこう》がいた。李業興は滞在中、梁武帝やその近臣と儒学について議論を交わしている。白色の衣服を着用する人物が、李業興に推定できると堀内はいう。虜国使者図は、五三七年の使者を、彩色に至るまでリアリティを重視して描いていた。

イメージによる使者図――北天竺使者図

北魏使者図と真逆に位置するのが、北天竺《きたてんじく》の使者図（1―7）である。天竺とはインドの古称である。なお北天竺使者図も北宋の時代の写本にはない。

北天竺使者図の上半身は裸である。明代写本中の北天竺使者図は膝丈《ひざたけ》の赤い袴《こ》状《じょう》の衣服（あるいは腰布を両足の間に通すか）を着用する。南唐代写本の使者図は膝丈の腰布を巻く。条帛《じょうはく》（ストール）は、腹部を中心に前面から背面へと複雑にまわされ、左右の肘《ひじ》あたりに巻きつけられる。

北天竺とは、天竺を東・西・南・北・中の五つに分ける地域概念の一つである。具体的には、ヒンドゥークシュ山脈より南、現在の西北インド一帯を指す。五〇四年に使者を派遣して以降、北天竺が梁に使者を派遣した記録はない。五〇四年の使者にしても、北天竺という地域のいずれにある国から使者が派遣されたのかは不明である。

梁への朝貢があった六世紀初頭、北天竺と称される地域を支配していたのは、エフタルという遊牧系の帝国であった。エフタルの服飾には不明な点が多いものの、立襟《たちえり》・筒袖《つつそで》の上着（カフタン）、下は長いズボンを身に着けていた。上着の襟は折り返し、裏地の色柄、下に着込んだ衣服の色柄をみせるのが粋《いき》であったという。この着こなしは、最新モードとして領域の内外に広く流行した。

1－8は、北宋時代の写本中のエフタルの使者図である。使者は、襟口《えりくち》と裾《すそ》に別布をあしらった長袖の上着に、長ズボン・皮の帯・ブーツを身に着ける。上着の襟元は大きく左右に開かれている。

北天竺使者がまとう条帛の複雑な様子は、インドの影響を受けた美術品の存在を背後に感じさせる。北天竺使者図は、イメージに基づいて描かれたと判断するのが穏当であろう。経

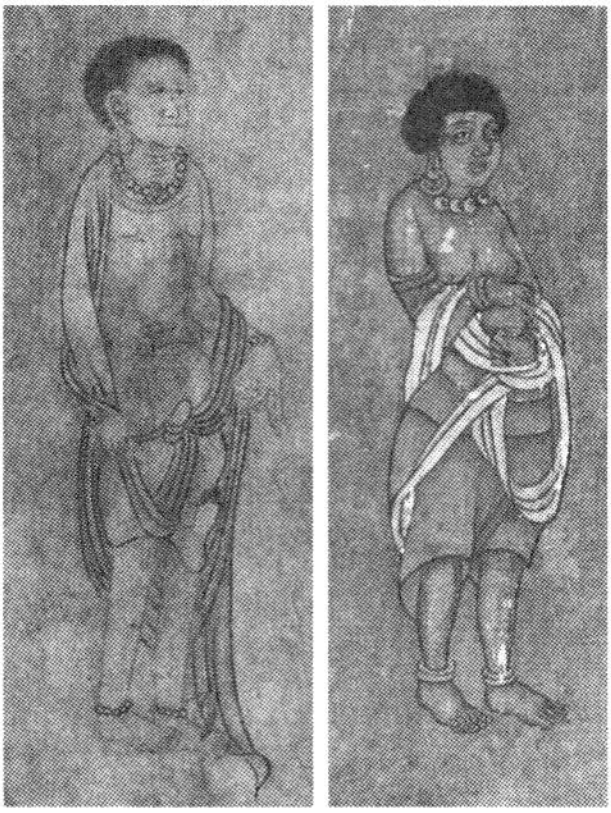

1-7　**北天竺使者図（職貢図）**　南唐時代（左）と明時代の写本

1-8　**滑国／エフタル使者図（職貢図）**　北宋時代の写本

典や美術品を通じて天竺を知る人びとにとっては、北天竺地域における気候の差異は問題にはならず、上半身を露《あら》わにして条帛を身に着けるのがあるべき姿であった。

天竺との交渉がきわめて稀薄《きはく》だった一方で、梁では朝野を挙げて仏教を信奉しており、釈《しゃ》迦《か》誕生の地である天竺への関心は殊更《ことさら》高かった。稀薄な関係という実際と、天竺への憧れの反比例が、使者図に対するイメージ化を強めたのであろう。

軍事的に対立する北魏の使者と、仏教先進国である北天竺の使者。前者の使者図は使者の往来を背景に現実を反映して描かれたのに対し、後者の使者図は信仰とともにもたらされたイメージ（おそらくは仏典・仏像・仏画）をソースに想像で描かれた。

倭国使者図とイメージ化

倭国使者図に戻ってみよう。

「職貢図」の倭国使者図は、横にした布で肩を覆って胸の前で結び、腰には布を巻く。明代の写本では、上下とも、青色の円を赤色の点が囲む紋様を染め出した白地の布が用いられるが、北宋の時代の写本では茶褐色の布で肩を覆い、白い布を腰に巻く。帯は腹部前面で結ばれる。

首・腕・脛《すね》は、明代写本では青色に黄色い筋の入った布で、北宋の時代の写本では首元は白、腕と脛は茶褐色の布で覆われているようにみえるが、南唐代の写本では刺青《いれずみ》のようにもみえる。

頭部は頭巾《ずきん》（北宋の時代の写本・明代の写本ではともに白。ただし明代の写本には青と黄の縁取りがある）で覆う。

倭国使者図に付された題記には、次のように記されている。

倭国は帯方郡《たいほうぐん》の東南の大海中にある。〔人びとは〕山や島に住んでいる。帯方郡から海上をしばらくは南に、次に東に下るとその北岸に着く。〔そこから〕三〇余国を経て、およそ一万里を行く〔と倭国に着く〕。倭王の居所は、およそ会稽郡《かいけいぐん》〔中国の浙江省《せっこうしょう》〕の東にある。土地の気候は温暖で、真珠・青玉を産出する。牛・馬・虎・豹《ひょう》・羊・鵲《かささぎ》はいない。男性はみな顔と体に刺青をし、木綿を頭に巻いている。衣服は横にした布を、縫《ぬ》うことはなく、ただ結び連ねて〔身に着ける〕。（以下は破損）

（「北宋本」題記、倭国条）

古くから指摘されてきたように、題記は『三国志』魏書、倭人条の記述と酷似し、使者図はこれを忠実に再現している。

「職貢図」にはリアリティを追求した痕跡《こんせき》のある使者図が存在する一方で、梁との交渉が稀薄な国の使者図には、仏典や仏教美術などからくるイメージが投影されていた。梁への朝貢の記録が残されない倭国の使者図もまた、当時の倭国人を描いたものでなく、文献に基づいてイメージで描かれたものであった。

3 「天下」とは――倭国で中華思想は芽生えたか

広義の天下、狭義の天下

倭の五王の遣使が途絶するところから話を戻そう。五〇二年に梁が建国されたとき、倭国は一斉進号の対象となった。歴代の藩屏とみなされたためである。「職貢図」に使者図が描かれたことからもそれは明らかである。しかし梁には、倭国から使者が派遣されることはなかった。

武を最後に、倭国から中国への使者は、遣隋使の時代まで、およそ一〇〇年間も途絶する。五人の王による半世紀以上にわたった使者の派遣は、なぜ突如として中断してしまったのか。

有力なのは、自らを中華＝世界の中心と考える思想が、倭国で芽生えたからという説である。その論拠とされてきたのが、先にあげた江田船山古墳出土太刀銘文と、次に引用する埼玉県稲荷山《いなりやま》古墳出土鉄剣銘文である。後者は鉄製の剣の裏表に、金象嵌で一一五文字を次のように刻んでいる。

辛亥《しんがい》の年〔四七一〕の七月中に記す。オワケ臣〔乎獲居臣〕、上祖〔オワケ臣一族の始祖〕の名はオオヒコ、その児タカリのスクネ、その児の名はテヨカリワケ、その児の名はタカヒ《(ハ?)》シワケ、その児の名はタサキワケ、その児の名はハテヒ、その児の名はカサヒ《(ハ?)》ヨ、その児の名がオワケ臣である。〔わが一族は、〕代々杖刀人《じょうとうにん》〔武官〕の首《おびと》として、いまに至るまで〔大王に〕お仕えしてきた。ワカタケル大王が斯鬼宮《しきのみや》におわすとき、私は大王が天下《あめのした》を治めるのをお助けした。この幾度も練り鍛えた刀を作り、我が奉事の根原を記す。

ワカタケル大王、つまりは雄略天皇への奉仕を誇る銘文は、当時の倭国における支配や社会状況を知るうえで、興味深い情報を多く含んでいる。なかでも倭の五王の対外交渉を検討するために注目したいのが、ワカタケル大王が「天下を治める」（原文では「治天下」）という文章が、鉄製太刀と鉄製の剣と二つの銘文に共通することである。

ワカタケル大王の「治天下」とは、いったいどういった意味なのか。まずは当時の「天下」の意味について整理しておきたい。

「天下」については、研究者のなかに大きく分けて二つの異なる理解がある。

一つは、民族・地域を超えた同心円状に広がる世界、もしくは世界秩序、帝国概念とする考えである（以下、「広義の天下」とする）。

もう一つは、中国を取り巻く四つの大海により限界づけられた封鎖的空間ととらえ、強力な統治権下にある「国民国家」概念だとする考え方である（以下、「狭義の天下」とする）。

通説となってきたのは、前者の「天下」とする理解である。その場合、五世紀の日本は、自身を中心として同心円状に広がる帝国概念を抱いていたこととなる。だがその一方で、武の上表文には、宋皇帝の居所をもって天下の中心とする認識も反映されている。

先行研究では、五世紀の倭国は、当初宋を中心とする天下を認めていた。だが徐々に倭国を中心とする天下観を発達させ、中国への朝貢をやめて、冊封体制から離脱、中国を中心とする天下からも離脱したとする。つまり五世紀の倭国は、自身を中心として同心円状に広がる帝国的世界観を持つに至ったと考える。

ちなみに、こうした「広義の天下」の立場から下されたのが、後述する遣隋使の評価である。倭国は五世紀に帝国的な世界観を芽生えさせ、中国の冊封体制からすでに離脱していた。その倭国が、七世紀に隋へ朝貢して臣礼をとるはずはないというのである。倭の五王の時代、つまり五世紀時点で倭国が帝国的世界観を持ったという理解は、一〇〇年以上を経て、倭国が隋との対等を主張したという結論を導いてきた。

実際の「天下」とは

しかし、銘文に「天下」が使用されていたからといって、倭王をはじめとする倭国の支配者層が、「天下」にまつわる帝国概念を倭王の統治に当てはめていたとまで解釈できるのだろうか。

先述したように、江田船山古墳出土太刀の銘文は渡来人が作成していた。ワカタケル大王に文官として奉仕したムリテは、銘文のように簡単な漢文さえ作成することができなかった。ワカタケル大王周辺の漢文理解はその程度である。倭国の支配者層で、中国における伝統的・儒教的世界観を理解し、それを自らに当てはめるほどの教養が共有されていたかは疑問である。「広義の天下」に依拠する通説には従いがたい。

先ほど、広義の天下と狭義の天下について紹介した。二つの天下は、どちらかのみが正しいというものではない。天下という語には、少なくとも二つの意味があったということである。重要なのは、前者の用例は後者と比べきわめて稀《まれ》ということである。

中国の天下秩序に関する卓越した研究を行った渡辺信一郎は、漢・唐代の史料を中心に分析を加え、中国史書における「天下」は、基本的に戸籍・地図により掌握《しょうあく》され、政策を共有する実効支配領域（狭義の天下）を意味し、その領域を越えて中国と夷狄《いてき》を含みこむ広域の世界（広義の天下）を意味することは例外的であったことを明らかにしている。

天下が基本的には実行支配領域を指すことは、渡辺が検討の対象とはしなかった時代、銘文が作成された五世紀前後の史料でも変わらない。五世紀前後の中国で使用された天下は、「世間」と言い換えられるような漠然とした意味で用いられる場合を除けば、狭義の意味、王朝の実効支配領域を意味して使用されることがほとんどであった。

三～六世紀の天下の概念

この「天下」をめぐる説は、通説に変更を迫るので、少し詳しく説明したい。

天下という語句は、先述したように実際は実効支配領域を指す。そのため王朝の実効支配領域が拡大・縮小するのに従い、天下の範囲もまた拡大・縮小した。史料を用いて論じておこう。以下は、二七五～二八〇年頃、いまだ中国が統一されていない時代、西晋の武帝（在位二六五～二九〇年）に対し、臣下が最後の対立勢力である呉《ご》の討伐《とうばつ》を進言した文章の一部である。

〔西晋が〕蜀《しょく》を平定したとき、天下はみな〔江南の〕呉も同時に滅ぼすべきだといいました。それから一三年、すでに一巡しておりますれば、いまこそ〔呉を〕平定するべきでございます。〔中略〕一隅《いちぐう》に逼塞《ひっそく》する呉の軍が、天下より集められた晋軍に当たるのですから、〔呉はどうしても〕軍勢を分散させることとなり、その防備を整える間もありますまい。（傍点筆者、『晋書』羊祜伝《ようこでん》）

呉を滅ぼすべきと主張する初出の「天下」に、平定される対象の呉が含まれるはずはない。「天下」から集められた兵力が、呉を平定するべき晋軍を構成した。当然ながらこの「天下」に呉の実効支配領域は含まれない。

それでは、二八〇年に呉の地が併合されると、どうなるのか。

〔西晋の武帝が〕詔していうことには、「呉が初めて平定されたことで、天下は歓《よろこ》びを共にし、王公卿士《おうこうけいし》はみな拝礼して慶賀している。東堂の小会で楽を設けるにあたっては、通常に加えて設けよ」ということである。（「晋起居注」『芸文類聚《げいぶんるいじゅう》』）

このように、西晋の天下には呉の領域も含まれるようになった。

蜀・呉を併せた西晋の天下は、しかし王朝の南遷した東晋の時代になると大幅に縮小する。

黄門侍郎《こうもんじろう》・散騎常侍《さんきじょうじ》もしくは中書郎《ちゅうしょろう》らを遣わして天下を巡行させ、〔人びとの〕得失を調べ、善〔事を行う人がいれば〕推挙し〔法に〕違《たが》う〔人がいれば〕糾弾し、なおざりな処置を断截《だんさい》すれば、人びともあえて非法を為すことはいたしますまい。（『晋書』応詹伝《おうせんでん》）

東晋元帝《げんてい》の時代（在位三一七～三二二年）に臣下が皇帝に奏上した一部である。ここでは皇帝が派遣する官吏が巡行する領域、すなわち東晋の実効支配が及んでいる地域が「天下」と表記されている。

過去王朝の支配領域を天下とする視点に立つ場合、現実の支配領域が、統一されるべき天下をベースに表現されることもあった。諸葛孔明《しょかつこうめい》（劉備《りゅうび》の軍師）の策として著名な「天下三分の計」はその代表である。天下を三つに分けて蜀・魏・呉がそれぞれ統治するというのは、漢という過去の王朝に実効的に支配された、本来統一されるべき領域を念頭に置く表現であった。

もちろん広義の天下を使用する事例は皆無ではない。先に触れた「職貢図」は、中華と夷狄よりなる、広義の天下を描いたものである。

「職貢図」には、作成者である蕭繹《しょうえき》の書いた序文が残る。そこでは、中華である梁と、東は倭国を限りとし西はササン朝に及ぶまでの夷狄の領域、この二つよりなるのが武帝の「天下」とされている。

「職貢図」が書かれた五四〇年頃、長く華北を支配してきた北魏（三八六～五三四年）が東西に分裂し、北からの軍事的圧力が著しく低下した。その一方で、梁は四〇年に及ぶ武帝の治世のもとで最盛期を迎えている。形成の逆転に中華としての自信を強めていたからこそ、広義の天下を描く「職貢図」が誕生した。

しかし、広義の意味で使用されたと断定できる「天下」は、今のところ四～六世紀の史料では、「職貢図」の序文以外見出せていない。

倭国が「天下」を使用した五世紀前後の中国では、ある王朝が一元的・実効的に支配する領域、および過去王朝により実効的に支配されたがゆえに再び統一・支配されるべき領域を「天下」と表すのが一般的であった。

ここで注目したいのが、稲荷山古墳出土鉄剣銘文が雄略天皇の治世を、「ワカタケル大王が斯鬼宮《しきのみや》におわすとき」と表現していることである。これは、六国史《りっこくし》などに散見される「某宮治天下天皇」（某宮において天下《あめのした》をお治めになったスメラミコト）と認識を同じくするものである。この共通性を重視した日本古代史研究者の鎌田元一は、銘文の「天下」とは、『日本書紀』に始まる古代の「正史」である六国史の「天下」がそうであるように、大王（天皇）が支配する国土を意味したと指摘する。卓見である。

先述した渡辺も強調するのだが、新羅・渤海《ぼっかい》を蕃国《ばんこく》とみなした八世紀にも、天下は「大八洲《おおやしま》」であり、新羅・渤海にまで拡大されることはなかった。倭国の「天下」は、雄略天皇の時代から六国史の時代、つまり平安中期に至るまで、狭義の意味で理解しなくてはならない。

つまり、倭国が「天下」の語を銘文に用いた五世紀頃、中国ではある領域を指して主に「天下」と表現するのが普通であった。倭国の鉄剣・太刀銘文の「天下」も、自らの支配領域を「天下」と表現したにすぎない。

加えて、銘文のように単純な漢文すら作成できない支配者層の人びとが、中華思想のように複雑で高度な思想を十分に理解・咀嚼《そしゃく》し、それを自らの支配に当てはめて独自の天下観を創り上げることは難しかったろう。銘文の「天下」は、武の実効支配領域を表現したと判断するべきである。

雄略天皇という巨大な存在

では、なぜ、武よりのちに倭国は朝貢しなくなったのか。繰り返すが、先行研究では、倭国は独自の天下観を発展させ、朝貢をやめ、冊封を受けないことで中国の天下から離脱したとしてきた。

だが、実際には、倭王権内部の混乱が関係していた（河内春人）。

ここで当時の倭の王権の推移をあらためて見ておこう。1－9は、実在を認めてよいとされる最初の天皇＝第10代崇神《すじん》天皇から、武＝第21代雄略天皇までの宮と陵の場所を『日本書紀』と『古事記』から抜き出したものである。

崇神天皇から三代、倭国の王が大和《やまと》盆地内に宮と陵を営んだのに対し、第15代応神《おうじん》天皇が治世後半に難波《なにわ》に宮を移動させた後、第16代仁徳《にんとく》天皇・第18代反正《はんぜい》天皇が宮を河内《かわち》に設け、第20代安康《あんこう》天皇を除く応神天皇から雄略天皇まで六人の天皇が陵を河内に造営した。

大和盆地内で勢力を伸張させた大和王権は河内に進出したのであり、その目的は対外交渉への積極的関与にあったとみるのが現在では代表的な説である。

崇神天皇の宮が置かれた磯城《シキ》と、景行天皇の宮が置かれた纏向《まきむく》とは、垂仁天皇の宮が『古事記』では師木《シキ》、『日本書紀』では纏向と記されることから、本来一つの地域を指していた。大和盆地には北・東・南から複数の河川が流れ込んでいるが、そのうちの初瀬《はせ》川《がわ》の流域がシキであり、シキのなかに纏向がある。

第10代から12代の崇神天皇・垂仁《すいにん》天皇・景行《けいこう》天皇という三天皇の後、シキに初めて宮を置いたのが雄略天皇であった。雄略天皇の宮に比定されるのが、桜井市の脇本《わきもと》遺跡である。初

1-9　宮と陵の所在地　『古事記』『日本書紀』の記載別
（崇神～雄略天皇）

代数	天皇	宮『古事記』	宮『日本書紀』	陵『古事記』	陵『日本書紀』
10	崇神	大和盆地 水垣宮	大和盆地 瑞籬宮	大和盆地 勾之岡	大和盆地 道上陵
11	垂仁	大和盆地 玉垣宮	大和盆地 珠城宮	大和盆地 御立野	大和盆地 伏見陵
12	景行	大和盆地 日代宮	大和盆地 日代宮	大和盆地	大和盆地 道上陵
13?	成務	滋賀 高穴穂宮	—	大和盆地 多他那美	大和盆地 盾列陵
14?	仲哀	山口　豊浦宮 福岡　訶志比宮	山口 豊浦宮	河内 恵賀長江	河内 長野陵
15	応神	大和盆地 明宮 河内 大隅宮	大和盆地 明宮	河内 恵賀裳伏 岡	—
16	仁徳	難波 高津宮	難波 高津宮	河内 耳原	河内 百舌鳥野陵
17	履中	大和盆地 若桜宮	大和盆地 稚桜宮	河内	河内 百舌鳥耳原陵
18	反正	河内 柴垣宮	河内 芝籬宮	河内 毛受野	河内 耳原陵
19	允恭	大和盆地 遠飛鳥宮	—	河内 恵賀長枝	河内 長野原陵
20	安康	大和盆地 穴穂宮	大和盆地 穴穂宮	大和盆地 伏見岡	大和盆地 伏見陵
21	雄略	大和盆地 朝倉宮	大和盆地 朝倉宮	河内 高鸇	河内 高鷲原陵

註記：「—」は記載なし
出典：吉村武彦『シリーズ日本古代史２　ヤマト王権』（岩波書店、2010年）を基に筆者作成

瀬川を遡れば東国へ、初瀬川から大和川を下っていけば河内へと至る交通の要所である。列島の東西へ、そして半島や中国に至る視野を持った雄略天皇の宮にふさわしい立地といえる。

雄略天皇の治世は、古代の人びとにも画期と記憶された。八世紀後半に成立した『万葉集』や九世紀前半の『日本霊異記《りょういき》』の記述は、雄略天皇の時代から始まっている。八世紀・九世紀の人びとにとって、古代の王といえばまず雄略天皇が想起されたからである（岸俊男）。中国から与えられた官爵号も、権力強化に有効であったろう。倭王権の支配は、倭の五王の時代に充実し、雄略天皇の代に最盛期を迎えていた。

混迷する王権継承

東シナ海を渡っての中国への使者派遣は、船と朝貢品の準備をはじめとして、手間もお金もかかる。たとえ費用を上回る利益が見込めるとしても、先立つものがなければ使者派遣はおぼつかない。そのため、外との交渉は国内の統治が安定して初めて可能となる。ところが雄略天皇の死後、直系を担うべき人物が不在となる。王権は不安定化し、倭国は対外的な活動を縮小せざるをえなかった。

古代日本では、即位した天皇はすべて同じ権威を持つものではない。天皇には、自分の男子に皇位を伝えることができる者と、一代限りで皇位を去らねばならない者とがいた。前者を直系と呼び、後者を傍系と呼ぶ。直系と認められるか否かは、母親の血統によって決まった。次ページに天皇家の系図を掲げておく（1-10）。

この直系の論理を用いて、五世紀から一〇世紀にかけての倭国（日本）の王権を研究したのが河内祥輔である。かなり大胆な箇所があり、個々の事例への反論もあるが、論理の一貫性・通時代性という点で河内の説を超える議論はいまだ登場していない。本書では、特に断らない限り、直系・傍系の議論については河内の研究を参照しながら進めていく。

直系について、より具体的にいえば、皇族出身の女性から生まれた皇子は直系皇統を担うことが期待され、豪族出身の女性から生まれた皇子よりも高い権威が認められた。雄略天皇の母親、忍坂大中姫《おしさかのおおなかつひめ》は応神天皇の孫である。

ところが雄略天皇自身は、仁徳天皇の皇女を妻に迎えたが、皇女との間に男子をもうけることができなかった。雄略天皇の死後には、葛城《かつらぎ》氏出身の女性が生んだ第22代清寧《せいねい》天皇が即位する。しかし清寧天皇は、在位はわずか四年であり、具体的な事績も伝えられていない。男子もないままに死去し、直系継承は暗礁《あんしょう》に乗り上げてしまう。

清寧天皇の後を継いだと『日本書紀』にあるのが、第17代履中《りちゅう》天皇の孫たちであった。しかし彼らは雄略天皇の血を引いていない。古代には、男子による血統の継承が途絶えたときには、女系によって血統を継承することがあった。履中天皇の孫のうち、まずは第23代顕《けん》

1-10　天皇家系図①

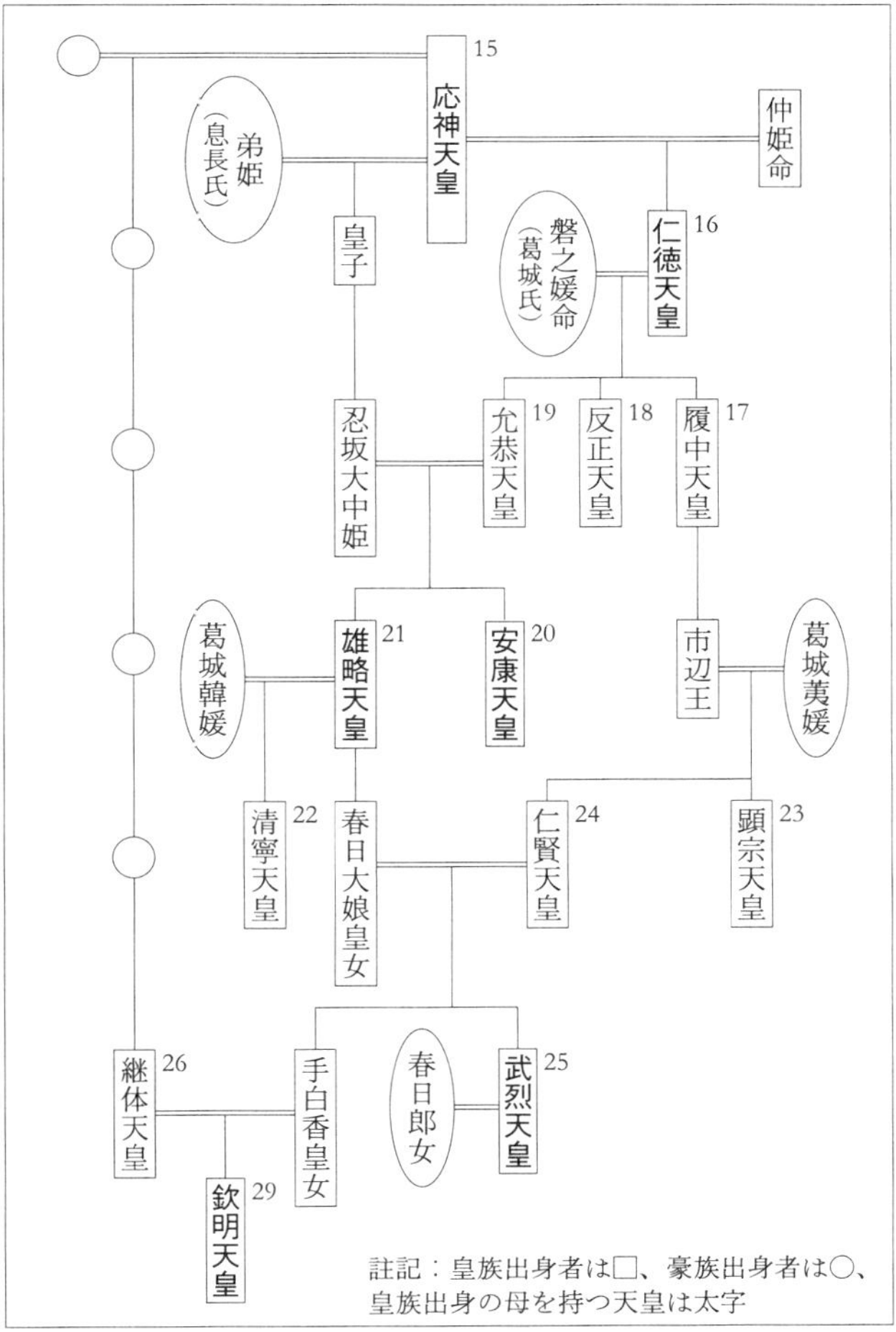

筆者作成

宗《ぞう》天皇が即位して雄略天皇の曽孫《そうそん》にあたる女性を妻にしたらしい。他方、顕宗天皇の弟である第24代仁賢《にんけん》天皇は、清寧天皇の異母妹を妻にしており、仁賢天皇のほうが婚姻では重視された。なおこの間、顕宗天皇・仁賢天皇は即位せず、中継ぎとして履中天皇の娘（あるいは孫）の飯豊青皇女《いいとよあおのひめみこ》が執政したとする説もある。いずれにしても、飯豊青皇女は婚姻しておらず、次の直系継承者を生み出す役割は、履中天皇の孫たちに期待された。

仁賢天皇は雄略天皇の娘である春日大娘皇女《かすがのおおいらつめのひめみこ》との間に、第25代武烈《ぶれつ》天皇と手白香皇女《たしらがのひめみこ》をもうけた。仁賢天皇自身は雄略天皇の血統を引いていないが、武烈天皇は生母を通じて雄略天皇の血統に列《つら》なる。ここで武烈天皇に男子——もちろん皇女を母とする男子が望ましい——が誕生していれば、直系継承は再び安定するはずであった。

なぜ使節派遣は途絶したのか

ところが、武烈天皇は子女を残すことなく死去してしまう。残る希望は、武烈天皇の同母妹であり、仁賢天皇の娘、雄略天皇の孫にあたる手白香皇女である。

手白香皇女の配偶者としては、応神天皇の五世孫が選ばれた。第26代継体《けいたい》天皇（在位？～五三一年？）である。琵琶湖《びわこ》周辺豪族出身の女性たちを妻とし、その地に基盤を築いていた継体天皇は、淀川《よどがわ》水系を通じて大阪湾までの広い範囲で政治的・経済的な支持を得ていた。

即位以前に子女が多く誕生しており、手白香皇女との間にも男子の誕生が望めると期待されたのであろう。大伴金村《おおとものかなむら》を中心とした群臣たちは、新たな直系継承者を生み出す人物として継体天皇を選択した。

しかし継体天皇は、即位当初に大和盆地内部の豪族たちの確固たる支持を得てはいない。継体天皇の宮が大和盆地内に置かれるのは、即位から七年（または二〇年）後であった（吉村武彦）。それまで継体天皇は、樟葉宮《くすはのみや》（河内・淀川）→筒城宮《つつきのみや》（山背《やましろ》・木津川《きづがわ》）→弟国宮《おとくにのみや》（山背・桂川《かつらがわ》）と淀川水系に宮を置く。大和盆地内の磐余《いわれ》の地に宮を設けるに至り、継体天皇はようやく名実ともに倭王権の為政者たる立場を確立した。しかし継体天皇に対する不安・不満がすべて解消されたわけではない。古代史に名高い磐井《いわい》の乱が起こった五二七年は、この天皇の治世中であった。

このような時期には、中国への使者派遣にかかわるさまざまな出費――造船費用、通訳・道案内・仲介人に渡す金品、献上品、使者の往来に必要な衣食――を無理に捻出《ねんしゅつ》するよりも、国内統治の安定化が図られるのは当然である。直系継承の不安定な状況を背景とした混乱を理由に、中国への使者派遣は停止されたのである。

第2章

遣隋使の派遣

——「菩薩天子」への朝貢

1　梁による仏教隆盛——朝鮮諸国、倭への「公伝」の意味

仏教一色の宋への上表文

五世紀、倭の五王の最後である武が、第1章で掲げた上表文を宋の皇帝に送っていた少し前、東南アジアのある国からは、まったく毛色の違う上表文が皇帝に送られていた。古代史研究者でなければ目に触れる機会のない史料であろうから、現代語訳してここに掲げておこう。

伏《ふ》して承《うけたまわ》りますに、聖主は三宝を信じ重んじ、建立した寺院仏塔は、あまねく国界に満ちております。城郭は荘厳《しょうごん》で、清浄で穢《けが》れもなく、道は四方に通じ、広大で平坦《へいたん》です。台殿《だいでん》が連なる様は、山の連なりのようで、その荘厳微妙《びみょう》なる様は、天上の宮殿のようです。〔中略〕〔仏教を〕学ぶものが集まり、三乗《さんじょう》は競って修行し、正法を布教すること、雲が広がり雨が〔国土を〕潤すかのごとくです。〔中略〕大宋の揚都におわす聖王に並ぶものはなく、優れた国に君臨していらっしゃいます。大慈悲を持ち、万物を子どものように慈しみ育て、平等忍辱《にんにく》にして、敵味方なく接しておいでです。

（『宋書』夷蛮伝、訶羅陁《からだ》国条）

訶羅陁国（『宋書』には上表文以外の情報はなく、正確な位置は不明）が、四三〇年に宋に送った上表文である。大変に長いので、一部のみ抜き書きした。

一見してわかるとおり、この上表文には仏教用語が多用されている。中国の皇帝は三宝、つまり仏・法・僧を敬い、寺塔を建立した聖なる君主であり、その王城は天宮のように立派で、僧侶が多く集まって修行し、彼らによって仏教の教えが雨のように国土を潤しているという。皇帝を理想的な崇仏《すうぶつ》君主とし、中国を理想的な崇仏国家とするこのような上表文は、宋より以前の史書にはまったく見られない。

武の上表文が、儒教的な伝統・立場・考え方に基づいているのに対し、訶羅陁国の上表文は仏教一色である。いずれも宋の皇帝に差し出されたものであるが、武の上表文と比較すると、訶羅陁国の上表文はとても異質なものに感じられる。しかし実際には、両国の上表文を採録する『宋書』には、仏教的修辞を多用したもののほうが多い。

宋代以降、中国には、カンボジアやバリ島など東南アジアの国々、またパミール高原近くの中央アジアの国々から、仏教的修辞によって皇帝や中国を称讃する上表文が送られる。仏像・舎利《しゃり》・サンスクリット経典・仏髪《ぶっぱつ》・仏袈裟《ぶつげさ》といった、仏教的文物を献上する国もあった。

あるいは百済のように、皇帝が作成した経典の注釈書を下賜品に求める国も現れた。中国と関係をとり結ぶにあたり、さまざまな方法で仏教色を強調することが始まっていた。

倭の五王たちは、朝鮮半島を通じて得た、対中国交渉に伝統的に必要とされた儒教的知識を踏まえて宋との交渉を成功させた。しかしアジア全体では、交渉の思想的基盤に仏教が必要とされる時代へと変化していたのである。繰り返すが、これは基本的に五世紀に入ってからである。

なぜこのような劇的な変化が起こったのか。仏教色を強調する対中国交渉を行ったのはアジアの一地域に限られたものではない。したがって対中国交渉に仏教色を取り込むという変化を促したのは、アジア諸国側ではなく、中国側の事情の変化であったと予想できる。

拡大する中国仏教

仏教が中国に伝わったのは、後漢の時代、つまり一世紀頃であったとされる。民衆から支配者層に至るさまざまな人びとが仏教を熱狂的に信仰しはじめるのは、四世紀の東晋—五胡十六国時代からである。その背景には、中国史上稀に見る混乱した世相があった。

漢民族王朝の西晋は、三世期の終わりから始まる内部抗争で急激に弱体化し、主として遊牧を生業とする異民族たちに北中国の支配権を明け渡した。三一七年には、淮河《わいが》を渡って江南に都を移した。北中国では、五つの非漢民族集団による一六の国が（五胡十六国）、次々と現れては消えていった。他方の東晋は、王朝自体は一〇〇年ほど存続するが、反乱は頻発して皇帝の権威は低下の一途をたどった。

昨日までの権力者が、今日はその座を追われることもあった。たとえば、鮮卑《せんぴ》族の一部、慕容部《ぼようぶ》が三八五年に建てた西燕《せいえん》という国では、初代皇帝が三八六年一月に配下の将軍に殺された後、半年足らずの間に指導者が四人も入れ替わった。三八六年六月に初代皇帝の遠縁の者が王位を継ぐが、三九四年に同じ慕容部の後燕《こうえん》から攻撃を受けて敗死し、西燕は後燕に吸収されて終わった。

打ち続く戦乱のなかで、あるものは家族を失い、あるものは住みなれた地を追われ、明日をも知れない日々を送った。数十年に一度は王朝が交代するのだから（第1章の中国王朝交代表1－1参照）、一生にいくつもの王朝交代を経験した者も多かったろう。戦乱とは無縁の生活を送れた者がどれほどいたであろうか。現世での幸福を期待するすべもなかった人びとは、来世の幸福を語る仏教に慰《なぐさ》めを見出した。

仏教を信奉する人びとが急増するや、仏教に向けられる人びとのエネルギーに為政者たちは注目する。仏教信仰に熱心な姿勢をみせ、それに向けられた人びとのエネルギーを穏便に権力に取り込もうとする者が現れた。

四世紀の北中国には、先述したように民族的・文化的背景を大きく異にする人びとが居住していた。非漢民族の出身である為政者たちは、伝統的・儒教的観念に立ったとしても、中華の支配者たることを積極的に肯定《こうてい》されることはない。彼らは、多様な背景を持つ人びとを結集していくため、従来の規範にとらわれない思想的柱として仏教に白羽の矢を立てる。

五胡十六国の国々の君主は、たとえば、後趙《こうちょう》の石勒《せきろく》（在位三一九〜三三三年）は仏図澄《ぶっとちょう》を、前秦《ぜんしん》の苻堅《ふけん》（在位三五七〜三八五年）は道安《どうあん》を、後秦の姚萇《ようちょう》（在位三八六〜三九三年）は鳩摩羅什《くまらじゅう》といった僧侶をブレーンとし、彼らに伽藍《がらん》を建立し、経典の漢訳を助けた。為政者のブレーンとなった僧侶は、仏教の教義を教授し、時には政策について助言していた。

四三九年に北中国が、遊牧民族の鮮卑族拓跋《たくばつ》部出身の北魏に統一されると、中国南北で二つの王朝が対峙する南北朝時代が始まる。東晋・五胡十六国時代よりはやや安定した社会のなかで、中国社会に根をおろしはじめた仏教信仰は拡大した。王侯貴族から庶民に至るまでが競って寺院に財物を布施し、南北朝時代には、豊かな富が蓄積された寺院や、民衆に対して強い影響力を持つ僧侶が複数登場してくる。

仏教界が影響力を強めていくにつれ、権力者たちは、仏教に向けられた膨大なエネルギーの渦に巻き込まれていく。南朝では五世紀も中頃を過ぎると、仏教の戒《かい》を受ける皇帝が現れた。戒とは、行いを慎むためのいましめ、行動規範のことである。皇帝たちが受けた戒とは、具体的には菩薩戒《ぼさつかい》というもので、菩薩として衆生《しゅじょう》救済に励まんとするものが、出家・在家にかかわらず受けた戒である。受菩薩戒者は菩薩を自認し、またそのように称された。

梁の武帝――皇帝菩薩の登場

信仰心から菩薩戒を受けた皇帝として知られるのは、第1章でも触れた梁の武帝（在位五〇二～五四九年）である。武帝は、盛んに寺院を建立し、あるいは経典の講説を行い、注釈書を作成した。こうした信仰は、アジア諸国にも広く知れわたっていた。

五二九年九月一五日、武帝は宮城の北に隣接して建立した同泰寺《どうたいじ》に行幸し、無遮大会《むしゃだいえ》を設けた。無遮大会とは、僧俗・男女・貴賤などを問うことなく、食事を施し講説を設ける大法会《だいほうえ》である。さらに武帝は、同泰寺で皇帝としての衣服を脱ぎ、法衣を着て、自身の身を奴隷として同泰寺に布施してしまう。これを捨身《しゃしん》という。寺の奴隷となった武帝は粗末なベッドに粗末な器を用い、寺院に使役されたという。

質素な生活を送り、寺院に奉仕したことは事実だろうが、寺院に使役されたというのは儀式的なものであったのだろう。武帝は同泰寺にいる間、講堂に設けた法坐《ほうざ》に上り、出家・在家の男女を招いて涅槃経《ねはんきょう》の解説を行った。単なる奴隷が経典の講説を許されるはずもない。我が身を布施したとはいえ、当然ながら武帝の立場は別格であった。

武帝は捨身により、俗権力を捨て去った。帝位を退いたに等しい。ところが武帝は、捨身をするとき、後継者を即位させてはいない。最終決裁を仰ぐべき皇帝が不在であれば、朝廷の政務が滞ってしまう。

この問題は、当の武帝はもちろん、誰にでも予測できたはずである。武帝にはそのまま寺院にとどまる気はなかったのであり、同泰寺の僧侶も、皇城に残された臣下たちもそれはよくわかっていた。武帝は、大義名分をもって帝位に返り咲かねばならない。群臣たちは、銭一億万を出して「皇帝菩薩」の身を購《あがな》いたいと申し出る。僧侶たちは許可するが、皇帝はなかなか「よし」といわない。臣下たちが願い出ること三度、一〇月一日に武帝は皇帝位に還り即《つ》く（還御《かんぎょ》）。この間、一五日であった。

捨身→涅槃経解説→還御のスケジュールは、あらかじめ計画されていた。しかし、武帝の捨身をデモンストレーションとして退けるわけにはいかない。

第一に、武帝の捨身は、仏教を熱心に信仰する人びとに好意的に評価されたに違いないからである。第二に、群臣が武帝の身を購うために同泰寺に布施した金銭は、寺院の建立者である武帝が使用方針を決定できた。第三に、武帝は還御後に大赦《たいしゃ》・改元を行っている。

南北朝時代の中国史を牽引してきた川本芳昭は、大赦は更新された世界を万民とともに享受し、皇帝と万民の紐帯《ちゅうたい》の再結合を図るもので、改元は皇帝支配の更新を象徴するものであり、武帝は捨身→還御→大赦・改元をすることで、仏教による国家の結集を図ったとする。武帝の捨身は、さまざまな目的が込められた、高度に政治的な行為であった。

他方の北朝では、五胡十六国時代の戦乱を制した北魏皇帝の権力は、貴族層はもちろん仏教勢力をはるかに凌駕《りょうが》していた。そのため、梁の皇帝のように寺院の奴隷となり仏教界に協力的な姿勢をとる必要はない。皇帝権力強化に努めた皇帝のなかには、僧侶の還俗《げんぞく》・寺院破壊を命じ、戦闘員・課税対象者を確保し、あるいは寺院に蓄積された富を没収した者もいた。廃仏という強硬策により、人びとが仏教信仰に向けたエネルギーを俗権力に組み込もうとしたのである。

しかし皇帝のリーダーシップが強い北朝でさえ、廃仏は長く続かない。廃仏への反発はきわめて大きく、苛烈《かれつ》な廃仏を実施した皇帝の後には、仏教を復興させて人心を掌握しようとする皇帝が登場した。仏教はもはや、皇帝が無視することができないものとなっていた。

仏教を活かした朝貢

政治権力も絡んで仏教が中国社会に根を下すと、アジアには、仏教を熱心に信仰している皇帝に、仏教色を強調した使者を派遣する国が登場する。仏教を積極的に庇護《ひご》・信仰していた皇帝の目には、そのような交渉は大変好ましく映っただろう。

交渉を実施する側は、好意的な評価を受けることを当然見越していた。では彼らは、好意的な評価を受けることで、どういった利益が得られると見込んだのだろうか。

本章冒頭に掲げた訶羅陁国の上表文は、その後半で次のように述べている。

伏してお願い申し上げますに、聖王よ、どうぞ遠くより〔私どもの国を〕擁護し、また市での交易と往来を禁止なさいませんように。〔中略〕願わくは広州《こうしゅう》に勅して〔我らの〕船が帰国いたしますときには、所在の者どもが〔我らの利益を〕収奪しないよう命じてくださいませ。また願わくは、これより以降は、年々使者を奉ることをお許しくださいますように。

（『宋書』夷蛮伝、訶羅陁国条）

訶羅陁国は、交易の自由とともに、交易で得た利益が収奪されないよう勅命を下してほしいと願い出ている。訶羅陁国が仏典中の修辞を用いて皇帝・中国を称讃したのは、対中国交易における便宜と利益を期待したからだった。

訶羅陁国以外にも、仏典中の修辞を用いた上表文をもたらした国がある。東南アジアの海上交易国や中央アジアの東西交易ルート上に位置する国々である。

中央アジア・東南アジアなど仏教に古くから触れる機会のあった国からは、象牙《ぞうげ》や玉《ぎょく》といった特殊な素材でできた仏像、サンスクリット語の経典、仏舎利《ぶっしゃり》・仏髪・仏袈裟・仏鉢といった聖遺物《せいいぶつ》が奉られることも多かった。経典はもとより、仏教的な聖遺物を中国に奉るということは、いまや中国こそがそれらを保持するのにふさわしいと、中国仏教の隆盛と優位、そして信仰の正統性をたたえるに等しい。中国で翻訳された仏典や、皇帝が書いた仏典の注釈を下賜《かし》品に求める国もあったが、こちらのほうが意図が露骨である。基本的には、中国よりものちに仏教を受け入れた国々であった。

こうした使者をもっとも多く受け入れたのが、先にあげた梁の武帝である。たとえば武帝は、五四一年三月に外国の使者を出席させて『摩訶般若波羅蜜経《まかはんにゃはらみつきょう》』「三慧品《さんえぼん》」を講じた。武帝の即位は五〇二年であるから、即位からおよそ四〇年、第1章で取り上げた「職貢図」が完成する前後のことである。

このときの講経では、皇太子や王侯・宗室・外戚《がいせき》・百官はもちろん、北朝の大使と副使、さらには諸国が梁に派遣した使者一三六〇人が参加したという。一三六〇人という数には、通常は皇帝に拝謁することができない下級の使節構成員や、偶然このとき梁を訪れていた商人なども含まれていただろう。一〇〇〇人を超える雑多な人びとを介して、武帝の講経はアジアの各地に伝えられたに違いない。

武帝が都やその周辺で催す仏教行事は、その規模ゆえに、常に人びとの耳目を集めた。諸国の使者や商人は、その都度、交易・交渉相手国の最新情報として武帝の崇仏を本国に伝えたであろうし、武帝も積極的に情報を拡散したであろう。そのような雰囲気のなかで、仏教色を強調する遣使が繰り返される。

五四一年の武帝による講経の場に、北朝を除いて、どの国の使者が参加していたのかは、史料には明記されていない。ただし、同年三月には宕昌王《とうしょうおう》（甘粛省《かんしゅくしょう》にあった、主として遊牧を営む集団の王）・高句麗・百済・滑国《かっこく》（中央アジアのエフタル）の使者が梁にいたことはわかっている。これらの使者は講経に参加していたはずである。

このなかで、もっとも興味深い行動をとったのが百済の使者である。百済の使者はこのとき、涅槃経などの注釈書を下賜され、さらに毛詩博士・工匠・画師を派遣されるよう願い出て許可された。武帝がたしかに工匠らを百済に派遣したことは、この後、百済王の墳墓《ふんぼ》に中国南朝系の技術が取り入れられたことから確実視されている。

それにしても、なぜ百済は武帝に涅槃経などの注釈書を求めたのか。五二九年に武帝が捨身して涅槃経の解説を行っていたことを想い起こしてほしい。日本古代史研究者の薗田香融は、百済が要求した「涅槃等の経義」とは武帝が記したものであり、百済は武帝の崇仏動向を的確に把握し、その思想的立場を見極めたうえで、涅槃経などの注釈書を要求したとする。百済は、武帝による講経に参加し、武帝が記した注釈書を要求することで武帝の意に沿い、梁との間に仏教を介した良好な関係を構築しようとしたのである。

東アジアへの仏教「公伝」

六世紀前半、朝鮮半島の北半分は高句麗に支配されていた。高句麗の最大領域は、北は満《まん》州《しゅう》の南部、東は遼東半島、南は朝鮮半島の中ほどに及ぶ。朝鮮半島南部東には百済、西に新羅、両国の南には伽耶《かや》があり、時に連携して高句麗と対峙していた。これら諸国のうち、もっとも勢力が強いのは高句麗で、それに百済・新羅・伽耶が続く。高句麗と百済は北中国と南中国と、双方に使者を派遣して冊封《さくほう》を受けていたが、新羅と伽耶にはその力はなかった。

南北両朝に使者を派遣していたとはいえ、百済にとっては漢民族国家である南朝のほうが重要な存在だった。百済は、五二七年に梁の年号である「大通《だいつう》」を冠した大通寺を、都であった熊津《ゆうしん》（忠清南道公州市）に建立した。大通寺の瓦《かわら》には、中国南朝系の技術が使用されている。大通寺は、両国間の仏教を介した友好関係（厳然とした上下関係はあったが）を象徴するモニュメントであった。

仏教が伝わった当初から、百済では仏教は中国との政治的関係のなかで展開していた。一二世紀に成立した朝鮮半島の官選史書『三国史記《さんごくしき》』によれば、三八四年に東晋《とうしん》から僧侶の摩《ま》羅難陀《らなんだ》が至り、初めて百済に仏教が伝わったという。同じ年に百済が東晋に使者を派遣したという記事があることから、摩羅難陀は百済の使者に従って百済に至ったのだろう。その場合、百済王が仏法振興のため僧侶を同行することを求めたにしろ、あるいは東晋の孝武帝《こうぶてい》（在位三七三〜三九六年）が百済に仏教を信奉することを勧めて帰国時に僧侶をともなわせたにしろ、摩羅難陀の行動が公的なものであったことを示唆する。

高句麗によりたびたび国土を侵されていた百済は、東晋との関係を重視していた。このような状況のなかで百済の使者が僧侶をともなって帰国し、仏教が正式に伝来したからには、仏教を受容することが、東晋との交流を深めるにあたり有効であると判断されたのだろう。

高句麗では、すでに三七二年に、前秦（三五一〜三九四年）の符堅（在位三五七〜三八五年）から、僧侶・仏像・経典が送られていた。このときに高句麗が外来の異教を国家的に歓迎し、国民も大規模な抵抗をみせなかったのは、仏教を伝えてきた前秦と友好関係を結ぶ必要のあることが広く理解されていたからである。高句麗にとっての仏教伝来も、対中国関係と密接にかかわっていた。その後、高句麗では仏法を崇信せよとの教示が下される。前秦から伝えられた仏教を民間に浸透させるために、王権主導で崇仏が展開されたわけである。

新羅では、五二七年に梁の使者と僧侶が至ったことを契機として仏教が公認された。百済で大通寺が建立されたのと同年である。新羅の仏教公認について、先行研究では、中央集権化を目指す王権にとって、内政改革の一環として新宗教が必要だったとされることがあった。

内政改革上、新たな宗教が必要とされ、仏教が受容されることは十分にありえる話である。しかし、朝鮮半島で激しい勢力争いが続くなか、内政改革を継続するためには、中国と友好関係を築くことで王権を強化し、三国間の争いを有利に運ぶべきである。事実この時期、高句麗・百済は南北両王朝への遣使に苦心していたが、中国から遠隔にあり、勢力も弱い新羅は、単独で梁に使者を派遣することがそもそもできなかった。

新羅の仏教公認の背景には、梁の使者・僧侶の到来という対中国交渉上の儀礼的事件があった（末松保和）。朝鮮半島情勢を有利に展開するために梁と友好関係を構築する必要があり、梁の国教というべき仏教を公認することで、新羅は梁の歓心を得ようとしたのである。

倭国への仏教「公伝」

朝鮮半島の三国で仏教は、伝来・公認された当初から、宗教としてだけではなく、対中国交渉と密接にかかわる政治課題としても受け止められてきた。特に六世紀には、梁の武帝の主導により仏教信仰が隆盛を極める。その支持を獲得するべく、百済と新羅は、王権主導で崇仏を推進し、梁に対して仏教を思想的基盤とする交渉を行った。倭国に仏教が「公伝」した時期、東アジアの仏教は梁を中心に動いていた。

倭国への仏教「公伝」は、『日本書紀』によれば五五二年とある。しかし、聖徳太子の伝記である『上宮聖徳法王帝説《じょうぐうしょうとくほうおうていせつ》』や元興寺《がんごうじ》の由緒と財産を目録化した『元興寺伽藍縁起《がんごうじがらんえんぎ》幷《ならびに》流記資財帳《るきしざいちょう》』には五三八年とある。ところが、『日本書紀』欽明《きんめい》天皇一五年（五五四）二月条には、「〔五四七年に百済から日本に仏法教授のために来ていた〕僧の曇慧《どんえ》ら九人が、僧道深《どうじん》ら七人と交代した」とある。交代とあるからには、これ以前に曇慧らは倭国に来ていた。候補となるのは、百済が倭国に人材を派遣した五一三年、五一六年、五四七年である。そこで少なくとも五四七年以前には、互いの国王が関与する公的なレベルで仏教が伝わっていたとみるのが近年は有力である。

「公伝」というと、百済が仏教を「伝えてきた」というニュアンスが強い。しかし七世紀半ばに完成した『隋書』には、「仏法を敬っており、百済に求めて仏経を得て、そこで初めて文字を用いるようになった」（東夷伝、倭国条）とある。仏教は「公伝」したのではなく、倭国が百済に求めて「導入」していた。

しかし、国家の主導により外来の宗教を公的に導入することは、本来とても危険なことであろう。王権とのかかわりなどの問題から、旧来の宗教と新来の宗教との対立が予測されるからである。新羅では、王の側近が仏教公認を訴えて斬首《ざんしゅ》されることとなったという有名な説話がある。王の側近は、「私は仏法のために刑を受けます。仏にもしも神聖な威力があるならば、私が死んだ後に必ず異変が起こるでしょう」（『三国史記』新羅本紀）といい、実際にその首から白い血が噴き出した。群臣はみな驚いて、仏教公認に賛同したという。仏教の公認をめぐり、支配者層で何らかの争いがあったことを反映するといわれる。

仏教に限らず、新たな宗教を国家レベルで受容する際に、大きな摩擦が生じた事例は世界史のなかで枚挙にいとまがない。倭国でも仏教を公的に受容するか否か、支配者層ではなかなか合意が形成されなかったようである。

ではなぜ、倭国は公的なレベルで仏教を導入したのか。

この問題を解くには、仏教公伝の時期に注目する必要がある。倭国が百済から仏教を導入したのは五四〇年代、中国の南朝では梁の武帝の治世中である。この頃百済は、先述したように五二七年に大通寺を建立しただけでなく、五四一年には武帝による涅槃経の注釈書を要望するなど、梁との関係に配慮しつつ崇仏を積極的に推進していた。その百済から公的に伝えられた仏教に、単なる宗教を超える役割が期待されたことは想像に難くない。仏教に関する理解が、東アジアでは知識人・文化人が当然身につけるべき教養となり、しかも中国（特に梁）との交渉に不可欠な要素となっていたからこそ、倭国は仏教の公的な導入に踏み切ったのである。

『日本書紀』には、五四五年に百済が梁から得た財物を倭国に送ったとある。南朝と長年対峙してきた北魏は、五三四年には東西に分裂し、北中国の情勢は流動化していた。反対に梁が重みを増している時代に、百済—倭国間で実際に梁が強く意識されていたのである。

ただ、倭国が公的なレベルで仏教を導入しはじめた直後、五四八年に梁は突如崩壊する。東魏（五三四〜五五〇年。北魏が東西に分裂後、東西の勢力はともに王朝名を魏と称した。東西の魏王朝を分別するため、東魏・西魏と呼び分ける）から受け入れた侯景《こうけい》という猛将が、反乱を起こしたためである。都である建康が、一〇〇日以上の籠城《ろうじょう》を経て侯景に明け渡された後、武帝は城内で死去した。十分な食料が与えられず、餓死したと伝えられている。時に武帝は八六歳。半世紀も南中国を支配し、菩薩戒を受けて捨身するなど仏教に帰依した武帝の最後は、あまりに悲惨であっけなかった。

侯景の乱後に梁を訪れた百済の使者は、都建康の荒廃したさまに涙を流したという。いくつもの王朝の興亡を見てきた百済にとっても、仏教先進国の梁は特別な国、憧れの国であった。

2　倭王権の安定、大国隋の登場——対中交渉の再開

継体天皇死後の王権

四七九年の武による遣使から、倭国の使者が途絶えている間、中国では仏教信仰が高まり

を見せていたこと、それに呼応してアジアの諸国が仏教色を強調する使者を中国に派遣していたこと、倭国もまた、中国との交渉再開を視野に仏教を公的に導入したことを述べてきた。

では、仏教が「公伝」した頃、倭国の王権は再び対中国交渉に乗り出せるほど安定していたのであろうか。

第1章では、第24代仁賢天皇の娘であり、第21代雄略天皇の孫にあたる手白香皇女《たしらがのひめみこ》が第26代継体天皇（在位?～五三一年?）と結婚したところまでをみた。継体天皇の死後、皇位は継体天皇の男子である、第27代安閑《あんかん》天皇（在位五三四?～五三五年）・第28代宣化《せんか》天皇（在位五三五～五三九年）・第29代欽明天皇（在位五三九～五七一年）の三人に継承される。

この三人のうち、安閑天皇・宣化天皇は一代限りの傍系で、最年少の欽明天皇が自身の男子に皇位を継承させた。安閑天皇・宣化天皇の生母が地方豪族の女性であるのに対し、欽明天皇の生母は手白香皇女であり、欽明天皇が生み出す血統こそ直系にふさわしいとされたからである。

欽明天皇は、石姫皇女《いしひめのひめみこ》（皇女の父は欽明天皇の兄である宣化天皇、生母は手白香皇女の妹である橘仲皇女《たちばなのなかのひめみこ》）を妻に迎え、男子をもうけた（のちの敏達《びだつ》天皇）。欽明天皇が直系を担うことは、誰の目にも当然のことと映っていただろう。この欽明天皇の治世に、仏教が「公伝」される。

公的なレベルでの仏教の受容は、欽明天皇の即位により直系継承が再び安定したからであり、中国南朝との交渉再開を前提としていた。

梁の武帝は倭国が仏教を導入した直後に死去し、梁という王朝も瓦解《がかい》した。梁に代わった陳《ちん》（五五七〜五八九年）は、中国南朝最後の王朝であるが、その実は江南の一地方の政権にすぎない。対する北朝は東西に分裂したままで、北に巨大な力を誇る突厥《とっけつ》（中央アジアから北アジアに至る広大な領域を支配した遊牧国家）の影響が増大していく。六世紀の中頃は、南北朝時代末期にふさわしい混迷の時代であった。

仏教が「公伝」された倭国では、仏教に関する知識を対中国交渉に活かす機会のないまま数十年の時間が経過した。その間倭国は、朝鮮半島諸国との交渉が忙しかった。

倭国、特に北九州と朝鮮半島南部とは、対馬《つしま》や壱岐《いき》を間に置き、博多まで七〇キロほどの玄界灘《げんかいなだ》を挟んでいた。有史以前より両地域が盛んに交流してきたことは、考古学の成果から明らかである。盛んな人的交流を前提として、倭国は朝鮮半島南部の加耶地域に緊密なネットワーク（ただし太平洋戦争以前に宣揚《せんよう》されたような領域支配ではない）を持っていたらしい。

これを維持するため、「ヤマトノミコトモチ」（倭王の言葉を伝える使者、「日本府」）が派遣されたが、諸国の思惑は一致せず、五六二年には加耶地域が新羅の支配下に編入された。引き換えに倭国に残されたのが、新羅に対する敵愾心《てきがいしん》であった。

このように、しばらくは朝鮮半島南部の情勢に集中していた倭国であるが、中国大陸に目を向けねばならない事態が訪れる。南北中国を統一した大国隋（五八一～六一八年）が登場したからである。

六〇〇年遣隋使

六〇〇年、倭国は初めて隋に使者を派遣した。『日本書紀』に記載はなく、出発年や帰国年、使者の名称などはまったくわからない。だが、『隋書』東夷伝、倭国条は、次のように記している。

開皇《かいこう》二〇年〔六〇〇〕、倭王の姓阿毎《あめ》、字《あざな》は多利思比孤《たりしひこ》、阿輩雞弥《おおきみ》と号するものが使者を派遣して朝廷にやってきた。皇帝は所司に命じてその風俗を尋ねさせた。使者がいうことには、「倭王は天を以《もっ》て兄とし、日を以て弟とし、夜明け前に出でて政務をとり、〔その間は〕跏趺《かふ》して坐し、日が昇ると政務を停め、『わが弟に委《ゆだ》ねよう』と言っております」と。それを聞いた高祖〔文帝〕は、「たいへん義理〔道理〕のないことである」と言った。そこで訓戒して倭王の行為を改めさせた。

当時の皇帝は初代文帝である（在位五八一～六〇四年）。倭国の使者に隋がその風俗を尋ねたとあるが、これは隋と倭国に限ったことではない。中国の史書は、使者を派遣してきた諸国の情報を詳しく記載する。関係官司が使者に風俗を尋ねて記録に残したためである。

一〇〇〇年以上の時を経て中国を訪れた倭国の使者は、通訳の言語能力に問題があったのかもしれない。天は倭王の兄、日は弟であって、倭王は、日の出後は弟たる日に統治を任せているというのである。夜間の執務には灯《あか》りが必要となるから、余計な出費をすることになる。国王の統治を支える家臣や、統治される国民の負担も大きくなる。為政者としては、その負担を考えて夜間の政務は避けるべきである。ところが倭王は、夜に政務を執り、日が昇ると停止するという。第一回遣隋使からおよそ半世紀後の倭国では政務が日の出後に始まっていることも考慮すると、通訳による誤訳の可能性もあろう。ともあれ隋の文帝は「道理に合わない」と評し、倭王に訓戒を伝えさせた。

文帝は天・日との兄弟関係を「義理なし」と断じたと説明されることがかつてはあった。中国の伝統的・儒教的な理解からいえば、「天」とは天帝を指す。天帝の弟ともなれば、天帝の命（天命）を受けて中国を支配する皇帝よりも上位にある。

とはいえ中国は、各国の信仰に関心は持つが、その是非を論じて使者を訓戒することはない。中国は、諸国に「天」を祀《まつ》る信仰があることを把握していた。北方遊牧諸族の神々が、中国の歴史書ではしばしば「天」と記されている。隋帝室の淵源《えんげん》も中国の北方にあり、隋の支配者層たちは遊牧諸族による「天」への信仰をよく理解していた。文帝は、倭国に天と日――倭国が独自に信仰する神々――の信仰があることは認めつつ、その政務のあり方を問題視したのである。

なお、倭王が政務の間に「跏趺」する点はやや気にかかる。「跏趺」とは結跏趺坐《けっかふざ》の略で、両足の裏を見せるようにして据《す》わる、仏教で瞑想《めいそう》するときの座り方である。「跏趺」が誤訳でないならば、倭王は瞑想しながら政務を執っていたことになる。

しかし、たとえ「跏趺」が仏教的文脈で使われていたとしても、後述する六〇七年の第二回遣隋使と比較すると、六〇〇年の第一回遣隋使には仏教色は稀薄である。先述したように、倭国は対中国交渉のために仏教を受容した。ならば倭国の第一回遣隋使に、なぜ仏教色は強調されていないのか。

隋の前身は、北周《ほくしゅう》（五五七～五八一年）という北中国の王朝である。北周では大規模な廃仏が断行されたこともあり、仏教色を強調する使者を受け入れたことはない。北周から禅譲を受けた隋は、仏教復興に力を注ぐが、とはいえ、隋が仏教色を強調した使者を積極的に歓迎する態度を明確にしたのは遅く、六〇一年のことである。隋が南朝の梁のように仏教色を強調した使者を好意的に受け入れるかについて、倭国には判断がつかず、第一回遣隋使では仏教色が強調されなかったのであろう。

訓戒を受けてしまったとはいえ、倭国はその後も使者を派遣し、隋も倭国の使者を受け入れている。初回となる六〇〇年の遣隋使によって倭国は隋との交渉を開始できたのであり、その点ではこの遣隋使は成功したと評価してよい。

それにしても、倭国はなぜ六〇〇年に交渉の開始を決断したのだろうか。

隋建国とアジア情勢

ここで再び中国の情勢をみてみよう。五八一年に文帝が隋を建国すると、その報はアジアの広い範囲へ伝えられた。隋建国の年に使者を派遣した記録があるのは、突厥《とっけつ》・靺鞨《まっかつ》（北東アジアの遊牧国家）・白狼国《はくろうこく》（所在地不明）・百済・高句麗である。

五八三年には、倭国と百済の間を四度も使者が往復している。倭国と百済は友好関係にあったが、一年に四回という頻繁な使者の往来は、隋に関する情報を倭国が積極的に受容しようとし、百済もそれによく応えたことを示すだろう。しかし、倭国が隋への使者派遣を検討した痕跡はない。

隋建国当時には、先述したように陳という南朝最後の王朝が命脈を保っていた。陳の領域は小さく、華北を統一した隋の国力には及ぶべくもない。満を持した文帝が、息子の晋王広《こう》

（のちの煬帝《ようだい》）を総帥として軍隊を派遣するのは、五八八年一〇月のことである。その兵数は五一万八〇〇〇。翌五八九年正月には陳は滅亡する。

あっけない南朝の最後に、東アジア諸国はさまざまな反応を示した。百済は早々に隋に使者を派遣して統一を慶賀し、林邑《りんゆう》（ベトナム南部）は、報を受けて初めての使者を隋に派遣した。高句麗は、兵を訓練して兵糧《ひょうろう》を蓄え、防備を固めたという。隋が北方に軍事力を向けると予想したのであろう。しかし倭国は、約三〇〇年ぶりとなる中国統一にも動いた形跡はない。

陳滅亡の影響は、中央アジアの突厥にも波及した。六世紀中頃より突厥は中国を含む周辺諸国への影響力を強めており、隋も建国当初には突厥の勢力に押されがちであった。だが、五八三年には突厥を東西に分裂させることに成功、五八五年には東突厥を臣従させる。陳を滅ぼして中国を統一し、突厥の分裂政策にも成功した隋の目は、東アジアに向けられた。標的は高句麗である。

陳滅亡後に、高句麗が防御を固めたことは先述した。五九七年、靺鞨・契丹《きったん》が隋に通交するのを高句麗が妨げていると隋は責めた。翌年には、高句麗王が靺鞨の騎兵を率いて遼寧《りょうねい》省《しょう》西部に攻め入った。撃退はしたものの、文帝は激怒し、水陸両方から高句麗を攻めようとした。しかし隋軍は兵糧を欠いて病人も多く、高句麗王が先んじて謝罪したため、本格的な戦闘に至らず隋軍は引き上げた。

全面的な武力衝突が回避されたとはいえ、朝鮮半島諸国と倭国が隋の軍事的圧力を強く感じたことは間違いない。突厥に兵力を集中する必要のなくなった隋が、朝鮮半島制圧に全力を注いだらどうなるのか。東アジア諸国の緊張はにわかに高まった。朝鮮半島と経済的・政治的に深く結びついている倭国もまた、対岸の火事と沈黙を保つことはできなくなる。第一回遣隋使は、こうした軍事的圧力、具体的には隋の高句麗遠征に促されて派遣された。

倭国人が中国の都に行くのは、百数十年ぶりであった。前回訪れた都は、中国南朝の建康である。南朝の先進文化が集められた美麗な都であったとはいえ、その規模は隋の都である大興城《だいこうじょう》（唐代の長安城《ちょうあんじょう》、現在の西安《せいあん》）と比較すればあまりに小さい。

宮城が際立ってきらびやかなだけでなく、文帝が奨励したこともあり、城内にはいくつもの仏寺が建立されていた。東西には大きな市が置かれ、隋国内はもちろんアジア各地から訪れた使者や商人で賑《にぎ》わっていた。遣隋使一行は、大興城に入り隋の圧倒的な国力の差をまざまざと見せつけられた。

このときの衝撃が帰国後に語られ、諸制度の整備が急がれた。遣隋使派遣当時の倭国は、第33代推古《すいこ》天皇（在位五九二～六二八年）のもと、聖徳太子（厩戸皇子《うまやどのみこ》）が摂政《せっしょう》となり、蘇《そ》我馬子《がのうまこ》がそれを補佐するという体制がとられていた。ただし遣隋使派遣の主体は、『隋書』

が倭王の姓名をアメタリシヒコとすることから、男性であったことがわかる。摂政である聖徳太子が遣使を主導したものであろう。

この体制下で制定されたのが、冠位十二階（六〇三年）、十七条憲法（六〇四年）である。十七条憲法は、役人としての心構えを説いたのみで、政務のあり方を具体的に定めたものではない。制度としてはまだ原始的な状態であるが、のちの律令制に連なる変革が矢継ぎ早に実施された。

六〇三年に推古天皇が遷居《せんきょ》した小墾田宮《おはりだのみや》には儀礼空間が設けられ、礼制も整備された。たとえば、中国南朝まで遡ることができる匍匐礼《ほふくれい》（宮門を出入りする時は腹ばいになること）が導入された（榎本淳一）。大興城に入り、数々の儀礼を経験したことによる変革であった。

3　六〇七年、「日出処の天子」の真意

六〇七年の遣隋使

第一回遣隋使から七年後の六〇七年、小野妹子《おののいもこ》を使者として「日出処《ひいずるところ》の天子《てんし》」が記された著名な書状が隋皇帝に送られる。

大業《たいぎょう》三年、倭国王の多利思比孤が、使者を派遣して朝貢してきた。使者がいうには、「〔倭王は〕海西には菩薩天子〔隋皇帝のこと〕がいて、重ねて仏法を興隆させていると聞き及んでおります。そこで、〔使者を〕派遣して〔菩薩天子に〕見《まみ》えて拝礼させ、さらには沙門《しゃもん》〔出家して修行に専念する者〕数十人を遣わして仏教を学ばせたい〔と申しております〕」。その国の書状には、「日出ずる処の天子より、日没する処の天子に書を致します。つつがなくお過ごしでしょうか」云々《うんぬん》とあった。帝〔煬帝《ようだい》〕はこの書状をみて不快となり、鴻臚卿《こうろけい》〔鴻臚寺の長官。鴻臚寺とは現在の外務省にあたる〕にいうことには「蛮夷《ばんい》の書状に無礼なものがあれば、今後は奏上せずともよい」ということであった。

（『隋書』東夷伝、倭国条）

六〇七年に入隋した使者に関する中国の記録は、これがすべてである。史料は三つに分けることができる。第一が使者の発言、第二が倭国の書状、第三が煬帝の反応である。このうち、第一の部分が史料の半分近くを占めている。ところが、いままでの関心は第二の書状のみに集中してきた。そこで、まずは倭国の書状を検討し、次に使者の発言をみてみたい。

かつては、「日出処」は朝日の昇る国＝日の出の勢いの国、「日没処」は夕日の沈む国＝斜陽の国と理解されてきた。太平洋戦争前から戦後も多く支持されたものである。だが近年、東野治之によって、「日出処」「日没処」の出典が『大智度論《だいちどろん》』という経論《きょうろん》（仏の教えを記した「経」に注釈を付したものが「論」）であり、単に東西を意味する表現にすぎないことが証明された。

「日出処」「日没処」が、単に東西を意味するとして、「天子」はどうだろうか。引用した『隋書』には、倭国の書状以外にも「天子」が見出せる。倭国の使者は、隋の皇帝を「菩薩天子」と称讃している。書状と使者の発言は、七年前の失敗を踏まえて、同一方針に基づいて入念に練り上げられたに違いない。倭国の書状にある「天子」は、使者の発言にある「菩薩天子」を踏まえて解釈するべきである。これについては後で詳述しよう。

私信の文書形式

書状について「日出処」「日没処」「天子」と並んで議論となってきたのは、「書を致す」という文言である。

諸国が中国に送った文書は、通常は表という形式で書かれる。表とは、臣下から君主たる皇帝に差し出す文書の形式である。基本的には「臣某言《しんぼうもう》す」と書き出す。ところが倭国が煬帝に差し出した書状は、「書を致す」という形式である。「書を致す」という形式の国家間交渉文書は、五八四年に東突厥の可汗《かがん》が隋に送ったものが知られる。

辰《たつ》の年の九月十日に、天より生まれた大突厥の天下を支配する賢聖なる天子、伊利倶盧《イルキュル》設莫何始波羅《シャドバガイシュパラ》可汗が、大隋の皇帝に書を致します。

（『隋書』北狄《ほくてき》伝、突厥条）

この冒頭の一文の次に、皇帝は妻の父であるから可汗にとっては義父、皇帝にとって可汗は息子にあたると続く。さらに可汗は、両国の友好関係を万世に絶やさないと天神に誓う。突厥が所有する羊や馬はみな皇帝のものであり、隋が所有する色とりどりの絹はみな突厥のものであり、隋と突厥とは、境は異にしてもその心を一つとする国であるという。

書状が送られたのは五八四年、倭の「日出処天子」の二〇年ほど前である。両国は明確な上下関係にない。そのため書状では、皇帝を可汗の義父としてはいるが、隋の優位を認める表現はない。

七世紀以前、中国との国家間交渉の文書が「書を致す」という書式を採用したのは、現存する史料からは、突厥の書状と倭国の書状しか知られない。そのため倭国は、突厥の書状を手本に「書を致す」という形式を採用することで、突厥と同じく隋との対等を主張したとする研究がある。しかし、両国の書状には見過ごせない相違がある。

第一に、突厥の書状は、君主号の前に称讃の表現を加えている。だが、倭国の書状にはこうした美号は付されていない。君主号に長々しい美号を加えることは漢民族の伝統にはなく、遊牧諸族に特有のものである。

第二に、美号の中身である。突厥の可汗は、天より生まれ、大突厥の「天下」を支配する「賢聖天子」を自称する。さらに本文では隋との友好が「天神」を証人に誓われる。書状のいう「天下」「天子」「天神」は突厥の信仰を前提とするもので、倭国の書状にある「天子」と、突厥の書状にある「天子」とを同じ視点から分析することはできない。

第三に、突厥の書状には、発信者と受信者の国名、および両国内で使用される実際の君主号が記される。他方、倭国の書状には、発信者と受信者の国名・君主号が記されない。倭国の書状は、諸国間でやり取りされる文書としてはあまりに型破りであった。

倭国が突厥の書状を先例としたのであれば、これだけの差異が生じるのは不可解である。そもそも、中央アジア・北アジアの覇者であった突厥と、いまだ中央集権化が始まらず、国家として未成熟な倭国との国力の差は歴然としている。突厥を念頭に対等を主張するほど、倭国の首脳が自らを客観視できなかったはずはない。倭国が「書を致す」という形式を採用したのは、突厥の書状とは無関係であった。

「書を致す」という形式は、南北朝時代以来、中国では私信に多く用いられた文書形式だった。国名・君主号すら記さない「日出処天子」の書状は、国家から国家へと送られる公的な文書ではなく、私的な書状だった可能性がある。

公的な書状が別にあったか

この仮説が成り立つとすれば、遣隋使は天子からの私的な書状以外に、倭国王からの公的な書状も携えていたはずである。それでは、諸国の王が臣下の立場から起草した書状のほかに、もう一通別の書状を中国皇帝に送ることはあったのか。

五世紀には、臣下としての立場から書かれた「表」とは別に、「書」と分類される書状を皇帝に送ることが、三例ではあるが史書で確認できる。

四五〇年に百済は宋に使者を派遣した際、「表」で易林《えきりん》（占いの結果を判じるための書物）・式占《しきせん》（占いの道具）・腰弩《おおゆみ》を要求し、「書」で方物（特産品）を献上した。

四八四年に扶南《ふなん》（カンボジア）は、南斉へ仏教用語を多用した「表」と「書」を送った。「表」は隣接する林邑（南ベトナム）の悪行を並べ立て、南斉の軍事的介入を請求するのに対し、「書」は南斉を称讃する美辞麗句が連なる。百済と扶南の場合、「表」が具体的な要求をともなうのに対し、「書」は儀礼的なあいさつ文といった側面が強い。

少し時代を遡るが、四三六年に青海省にあった吐谷渾《とよくこん》というチベット系の国は、北魏から離反しようとしたところを宣諭され、再び北魏に臣従し「表」と「書」を送る。史料は大変短く、「表」「書」の内容までは伝わっていない。

百済・扶南・吐谷渾が「表」とともに奉り、史書には「書」と標記された文書は、いかなる形式をとっていたのか。残念ながら、文書の書き出しは残っていない。いずれにしても、諸国王が臣下の立場から書いた上表文のほかに、何らかの書状を送る例はあった。

倭国の「書」は、国名＋国王号を記さないため、公的な国家間交渉の文書としての役割を担うには不十分である。「日出処天子」の書状以外に、臣下としての立場で書いた上表文を送っていた可能性も否定できない。煬帝が諸国の書状に無礼なものがあれば今後は奏上しなくてよいといったのも、交渉に欠くことのできない上表文が別に送られていたからこそ、無礼な「書」の奏上を不要と判断したからではあるまいか。

倭国の書状の可能性についてみてきたが、倭国の書状の構成は、対等外交説の決定的な証拠とはなりがたい。

では、倭国からの書状ではなく、使者の発言はどうか。

使者によれば、遣使の目的は二つある。

第一が、「重ねて仏法を興」した「菩薩天子」を「朝拝」すること。

第二が、沙門を派遣して隋代仏教を学ばせること。

使者の発言に込められた意図を探るのにもっとも重要なのが、「重ねて仏法を興す」という表現である。この表現は、実は六〇一年に開始された舎利塔建立事業を中心に、隋文帝が繰り返し使ったものであった。

隋国強化のための「重ねて仏法を興」す

舎利塔建立事業とは何か——。隋は北中国に勢力を誇った北周を襲って国家を樹立していた。わずか八歳で即位した幼い北周の静帝《せいてい》（在位五八〇～五八一年）の後見となった楊堅《ようけん》は、速やかに政権を掌握し、五八一年に静帝に禅譲を迫った。これが隋の文帝である。退位の翌月に静帝は殺害された。

皇位を簒奪《さんだつ》した文帝は、当初から衆人の支持を得たわけではない。禅譲に反感を抱く者は多く、建国当初は各地で反乱が起こった。文帝は、人びとを新王朝のもとに急ぎ結集する必要があった。

文帝が注目したのが北周の弾圧した仏教である。文帝は即位するや、禁止されていた僧侶の出家を許可し、一〇〇〇人余りが出家した。廃棄された寺院・仏像は修理され、勅命により経典が収集されていく。新都である大興城にはその名を冠した寺院が建設され、同名の寺院が文帝ゆかりの四五州に建立された。まさに、重ねて仏教を興隆させていたわけである。

文帝はさらに、六〇一年の自らの誕生日を皮切りに、六〇二、六〇四年と四年間を費やして、隋全土に舎利塔（舎利は、仏の遺骨。舎利塔はそれを納めるための塔）を建立した。仁寿《じんじゅ》年間（六〇一～六〇四年）に進められたこの事業を、仁寿舎利塔建立事業と呼ぶ。なお、塔の基壇下に納められる舎利は、文帝が即位前に謎の僧侶から得たといういわくつきのものだった。この舎利を、同日同刻に地中に安置し、その上に塔を建立する。初年度には三〇州で塔が建立された。

文帝は事業開始を命じた詔で、「朕は三宝に帰依し、重ねて聖教を興す」（『広弘明集《こうぐみょうしゅう》』巻一七）と表明、塔建立にあたった州では政務を停止して儀式に専念するよう命じた。三宝とは、仏、仏の教えである法、その教えを広める僧のことである。

四年に及ぶ事業で建立された舎利塔は一〇〇基を超えた。建立地は戦略的に重要な地が選ばれた。舎利塔建立事業が、隋の支配に大きな政治的意義を持っていたことは疑いない。

舎利塔建立に先立つ儀式には、都である大興城から派遣された僧侶が、文帝の懺悔《ざんげ》文を読み上げるという場が設けられた。懺悔文は「菩薩戒仏弟子皇帝某」という文帝の自称で始まる。文帝は菩薩戒を受けた仏弟子の立場から、一切衆生に代わってすべての罪を懺悔し、塔建立の功徳を一切衆生に及ぼすと誓願した。

つまり文帝は、北周による廃仏を経て「重ねて仏法を興」した「菩薩戒仏弟子皇帝」としての立場から、衆生救済のために舎利塔を隋全土に建立したというのである。ちなみに、文帝の「菩薩戒仏弟子皇帝」という称号は、梁の武帝と武帝以降に菩薩戒を受けた皇帝たちが使用した、「菩薩戒弟子皇帝」という称号を先例とする。

文帝の懺悔を受けて大衆は、「いまより以降は、善行を積んで悪行を断ち、その功徳によって何度生まれ変わっても、常に大隋の臣子となりますように」(『広弘明集』巻一七)と、未来永劫《えいごう》隋皇帝に臣従することを誓った。舎利塔建立事業とは、菩薩である文帝のもとに隋国内を結集していく事業であった。

舎利塔建立事業の各国への拡散

舎利塔建立事業は、国外にも大きなインパクトを与えた。

事業が始まった六〇一年に、高句麗・百済・新羅の使者が、本国でも舎利を供養したいとして舎利の下賜を願い出た。隋が三国に圧力をかけたという研究もあるが、十分ありえる話である。舎利塔建立事業に参与することで、朝鮮半島の三国は、「菩薩戒仏弟子皇帝」を中心とする世界秩序に入ることとなった。

隋から持ち帰った舎利を、朝鮮半島の三国がどのように供養したのかを伝える史料はない。下賜された舎利を三国が放置したとも考えがたく、この舎利を供養する塔が朝鮮半島にも建

2-1　隋による舎利塔建立地と国外への影響

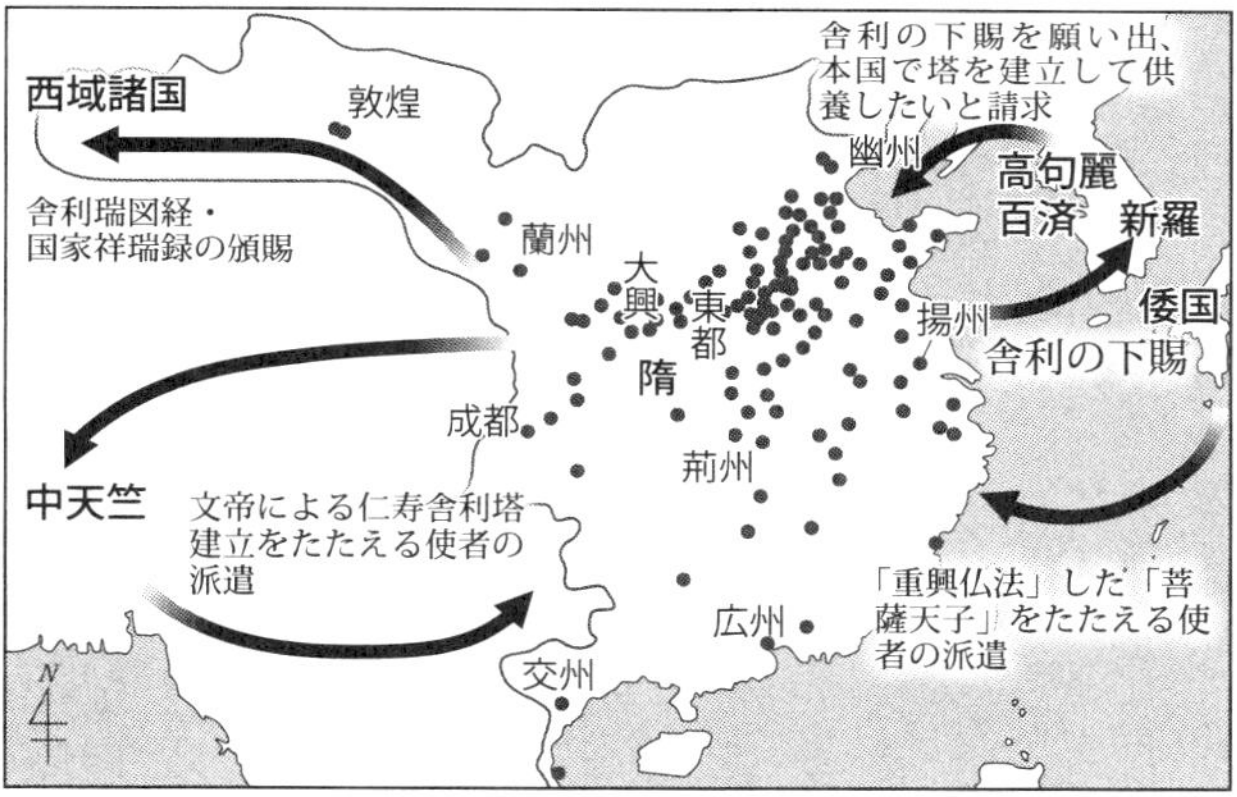

出典：『週刊　日本の歴史 03』（朝日新聞出版、2013年）を基に筆者作成

立されたのであろう。舎利を埋納する方法も同時に朝鮮半島に伝えられたらしい。韓国では近年いくつかの舎利容器が発見されているが、六〇一年以降に埋納された舎利容器は、仁寿舎利塔建立事業の埋納方法（石製・金属製・ガラス製の入れ子状の容器に舎利を納める）と酷似する。

事業開始の翌六〇二年には、釈迦誕生の地であるインドのマガダ国から使者が隋に至った。マガダ国で地震の際に出現した碑文に、文帝の舎利塔建立が記されていたためという。もちろん、文帝を称讃する作り話であり、使者がマガダ国から派遣されたかも疑わしい。しかし隋にとっては、使者の真偽は重要ではない。インドで文帝の仏教信仰をたたえる奇跡が起こったという物語は、権威構築を目指す隋に大変都合がよかったからである。

マガダ国の使者は帰国時、「舎利瑞図経《しゃりずいずきょう》」「国家祥瑞録《こっかしょうずいろく》」という書物を下賜されるよう願い出た。文帝は、両書を梵語《ぼんご》に訳してマガダ国の使者に下賜するのみならず、西域諸国にも頒賜《はんし》した。二つの書物は現存しないものの、前者は舎利塔建立にまつわる奇跡を、後者は隋建国にまつわる奇跡（仏教的な奇跡を含む）を集めた書物であったらしい。

文帝は、隋が建国当初から仏教により正統性を保証された王朝であること、しかもその正統性は舎利塔建立事業によってあらためて確認されたことを、二つの書物を通じて対外的に宣伝しようとしたのだ。この積極的な宣伝が意味するところを、西域諸国は容易に理解したことであろう。

つまり、舎利塔建立事業のさなかには、諸国は舎利の下賜を求め（高句麗・百済・新羅）、舎利塔建立をたたえる奇跡を偽装して文帝の歓心をかうことがあったのであり（マガダ国）、しかも隋はそのような使者を積極的に受け入れる態度をとっていた。仏教が積極的対中国交渉の鍵となる時代が、再びアジアにやってきたのである。

日本にもこの情報は来ていた。舎利塔建立事業が始まった翌六〇二年に、百済と高句麗から僧侶が来日した。ちょうど、倭国最初の本格的な伽藍寺院である法興寺《ほうこうじ》（飛鳥寺）の建立が終盤を迎えていた。法興寺建立にあたり、百済からは技術者、高句麗からは本尊像に塗るための黄金が提供されている。

仏教を介した友好的な交渉が展開しているなかで、隋から使者が帰国したばかりの百済・高句麗が、「重ねて聖教を興」した「菩薩戒仏弟子皇帝」による舎利塔建立と、舎利が朝鮮半島に下賜されたことを倭国に伝えなかったはずはない。

中華思想による「天子」ではない

やや長く説明したが、仁寿舎利塔建立事業と、舎利塔建立をめぐる国際状況をみた。六〇七年に「日出処天子」が記された書状を携え入隋した倭国使の発言に戻る。

いままでみてきたように、六〇七年に倭国が隋に使者を派遣し、「重ねて仏法を興」した「菩薩天子」を「朝拝」したいと使者が言ったのは、仁寿年間に、「重ねて聖教を興」した「菩薩戒仏弟子皇帝」が、隋の全土に舎利塔を建立したことを念頭に置いている。

六〇〇年の遣隋使で「義理なし」と訓戒を受けた倭国は、今度こそ隋から高い評価を勝ち取りたかった。それには、隋が全国規模で展開し、対外的にも大きく宣伝していた仁寿舎利塔建立事業こそ、交渉の切り口にふさわしい。倭国は、仏教を復興させた菩薩天子と皇帝を称讃し、好感を得ようとしたのである。

六〇七年に遣隋使が入京したときには、文帝は死去しており、息子の煬帝（在位六〇四～

六一八年）が即位していた。とはいえ、文帝の崇仏を傍らで見ていた煬帝が、「重ねて仏法を興」した「菩薩天子」をたたえる倭国の意図を理解できなかったはずはない。ちなみに煬帝も、皇太子時代に菩薩戒を受けている。

では、倭国の書状が倭王と隋皇帝をともに「天子」とした意図は何だったのか。

通説では、「天子」は中華思想上の意味で使用されたと考えられてきた。しかし、先に述べたように、倭国の書状にあった「天子」は、使者の発言にあった「菩薩天子」を踏まえて考える必要がある。そこで取り上げたいのが、人界の王を意味する、仏教用語としての「天子」である。

仏法による国家の加護を説く『金光明経《こんこうみょうきょう》』には、「天子」の意味が次のように定義される。

集業《しゅうごう》によるがゆえに、人中に生まれ、王として国土を領有する、ゆえに人王と称するのである。母の胎中にあって、諸天が守護し、あるいは先に守護し、しかるのちに胎中に入る、人中にあって、生まれて人王となるとも、天が守護するがゆえに、また天子と称するのである。三十三天は、おのおの自らの徳をこの王に分け与える、ゆえに天子と称するのである。〔天子は〕神通力を得て、ゆえに自在となり、悪法から遠く離れ、それを遮《さえぎ》って起こさず、善法〔仏法のこと〕に安住し、それをますます広め、よく衆生をして、多く天上に生まれ変わらせる。

（北涼《ほくりょう》曇無讖《どんむしん》訳『金光明経』）

つまり「天子」とは、神々の守護を受け、神通力を得て、仏法を広め、よく衆生を教化する国王のことであった。中国仏教史研究者の山崎宏が指摘したように、五九七年に文帝に献上された『歴代三宝紀』という書物では、この『金光明経』に依拠して文帝を「天子」とたたえている。『金光明経』にいう意味での「天子」は、文帝にも認められていた。

中華思想では、天子は複数存在しえない。よって書状の天子を中華思想で理解することは、原則的に不可能である。倭王と隋皇帝の二人を天子と呼んでいるからである。皇帝を「菩薩天子」とたたえる使者の発言を踏まえるならば、倭国の書状にある「天子」は、諸天に守護され、三十三天から徳を分与された国王と解するべきである。

本章冒頭で紹介した訶羅陁国の上表文のように、仏教的修辞を多用する上表文には、中国皇帝を仏教的文脈で称讃しながら、同時に自身の崇仏を自負するものがあった。しかしそれら上表文は、師子国《ししこく》（スリランカ）・中天竺《ちゅうてんじく》（インド）・扶南（カンボジア）といった仏教先進国から送られていた。かたや倭国では、本格的な伽藍がようやく建立されたばかりである。たとえ倭国の書状の「天子」が仏教的文脈で使用されていたとしても、また別に臣下の立場から書かれた上表文が送られていたとしても、倭王が「天子」を自称するのは仏教後進国の王としては不遜《ふそん》である。煬帝が倭国の書状に不快感を表したのも当然であった。朝貢国の文書や態度を無礼とし、諸国王を訓戒することは長い中国史でさして特殊なことではない。煬帝は六〇八年に隋の勅書を持たせた裴世清《はいせいせい》を倭国に派遣し、倭王を宣諭した。

隋に派遣される留学僧たち

六〇七年の遣隋使について、もう一つ指摘したいことがある。倭国の使者は、遣隋使派遣の目的は、「菩薩天子」を「朝拝」し、さらに沙門数十人を派遣して隋代仏教を学ばせることにあると発言していた。沙門とは、出家して仏道修行に専念する人、つまりは僧侶のことである。六〇七年に派遣された沙門たちが追い返されたという記録はなく、彼らは無事に隋に残って勉強に励んだのであろう。

東アジア諸国が国家間交渉を通じて中国に留学僧を派遣したのは、現存する史料からいえば、五九六年の新羅僧曇育《どんいく》が最初である。『三国史記』には、曇育なる僧侶が隋に行くのと同じ月に新羅から朝貢使が派遣されている。曇育は朝貢使に同道して新羅を出発したのであろう。

曇育以前、五八五年と五八九年には、新羅僧の知明《ちみょう》と円光《えんこう》が中国南朝の陳に至っている。五八一年の隋建国後も、新羅は南朝の仏教を正統とし、その受容に努めた。ところが五八九年に隋が陳を滅ぼすと、新羅は五九四年に隋に使者を派遣した。遣使の目的は史書には残らないが、タイミングから判断して、同年に隣国の百済が陳平定を慶賀したように、隋による陳平定を祝い中国統一をたたえるための朝貢使と推測してよい。隋は新羅王を上開府《じょうかいふ》・楽浪郡公《らくろうぐんこう》・新羅王に封じた。曇育が朝貢使とともに入隋したのはその二年後である。

陳の滅亡により、東アジア仏教は隋に集約された。新羅は、隋こそが仏教信仰の中心であるとする立場を、国家間交渉のレベルで明確にした。新羅最初の遣隋留学僧曇育の派遣は、陳滅亡により転換した新羅の外交方針と密接にかかわっていた。

六〇四年の煬帝即位後には、国内の高名な僧侶を、外国人留学僧の教授に任命した記事が散見される。朝鮮半島は特に留学僧を積極的に派遣したようで、煬帝選抜の名僧たちは主として三韓出身の僧侶を教授の対象とした。

・浄業《じょうぎょう》　六〇八年に召し出されて鴻臚館に入り、蕃僧に教授した。

（『続高僧伝』巻一二）

・静蔵《せいぞう》　六一三年に召し出されて鴻臚〔寺〕に入り、東蕃に教授した。これにより、高句麗・百済・新羅の僧侶、東方の蛮族たちが、初めて正道に染まった。

（『続高僧伝』巻一三）

・霊潤《れいじゅん》　六一四年に召し出されて鴻臚〔寺〕に入り、三韓の僧侶に教授した。
（『続高僧伝』巻一五）
・神迥《しんけい》〔六一四年〕ついでまた詔があって、鴻臚〔寺〕に入り、人びとに『大智度論』を教授し、三韓や諸方の士に教えさとした。
（『続高僧伝』巻一三）

外国人留学僧の教授を命じられた僧侶はみな鴻臚寺に入っている。鴻臚寺とは、外国の使者の応対を担当した官庁（「寺」は役所の意味）である。朝鮮半島の留学僧も、小野妹子とともに六〇七年に派遣された倭国の留学僧も、首都に集住し仏教を教授されたのであろう。

隋による中国再統一と統治は、必ずしも容易に行われたわけではない。中華を標榜《ひょうぼう》する隋にとって、三〇〇年にわたる分裂で低下した権威の向上は急務であった。権威を確固たるものにするため、文帝と煬帝は仏教の持つ影響力に注目した。アジア諸国からの留学生の受け入れは、隋代仏教がアジアの標準となるための手段であり、高名な僧に命じて留学僧を教授させたのも、権威向上を図る政策の一環であった。

六〇七年の留学僧派遣は、倭国側の内発的な要求が大きく取り上げられてきた。日中交流史という分野を切り開いた森克己は、留学僧の派遣は、日本の文化水準を高め、国内改革を行うことにあったとする。しかし留学は、受け入れ先の承認があってこそ可能になる。隋が留学僧受け入れに利益を見出していたからこそ、倭国は数十人もの留学僧を派遣することができた。政治的理由から隋が留学生の受け入れを承認し、倭国は正式な交渉ルートを通じて留学僧を派遣できたことにあらためて注意すべきである。

4　対隋外交の真実——なぜ対等・冊封を求めなかったか

対等を求める状況だったか

倭の五王が派遣した使者と同じく遣隋使も、中国皇帝の優位を認め、中国が主宰する世界秩序に参入するための使者であった。つまり、遣隋使もまた朝貢使である。ただし倭の五王が中国南朝に冊封を求めたのに対し、遣隋使は隋に冊封を要求していない。

冊封を受けることで、諸国の王は国内外における地位を皇帝の権威によって保証された。倭の五王のときには、倭王は臣下たちに官爵号を求めることで、国王と臣下の身分秩序を明確化しようとしたこともあった。ならばなぜ、倭国は隋に冊封を求めなかったのか。

冊封をキーワードに東アジアを一つの世界として理解しようとした西嶋定生は、この問いに以下のように答えている。第一に、天下の支配者たる倭王は、隋皇帝と対等であらねばならなかった。第二に、倭国にとって百済や新羅は臣属国であり、冊封を受けて彼らと同列に

2-2　7世紀初頭のアジア地図（607年頃）

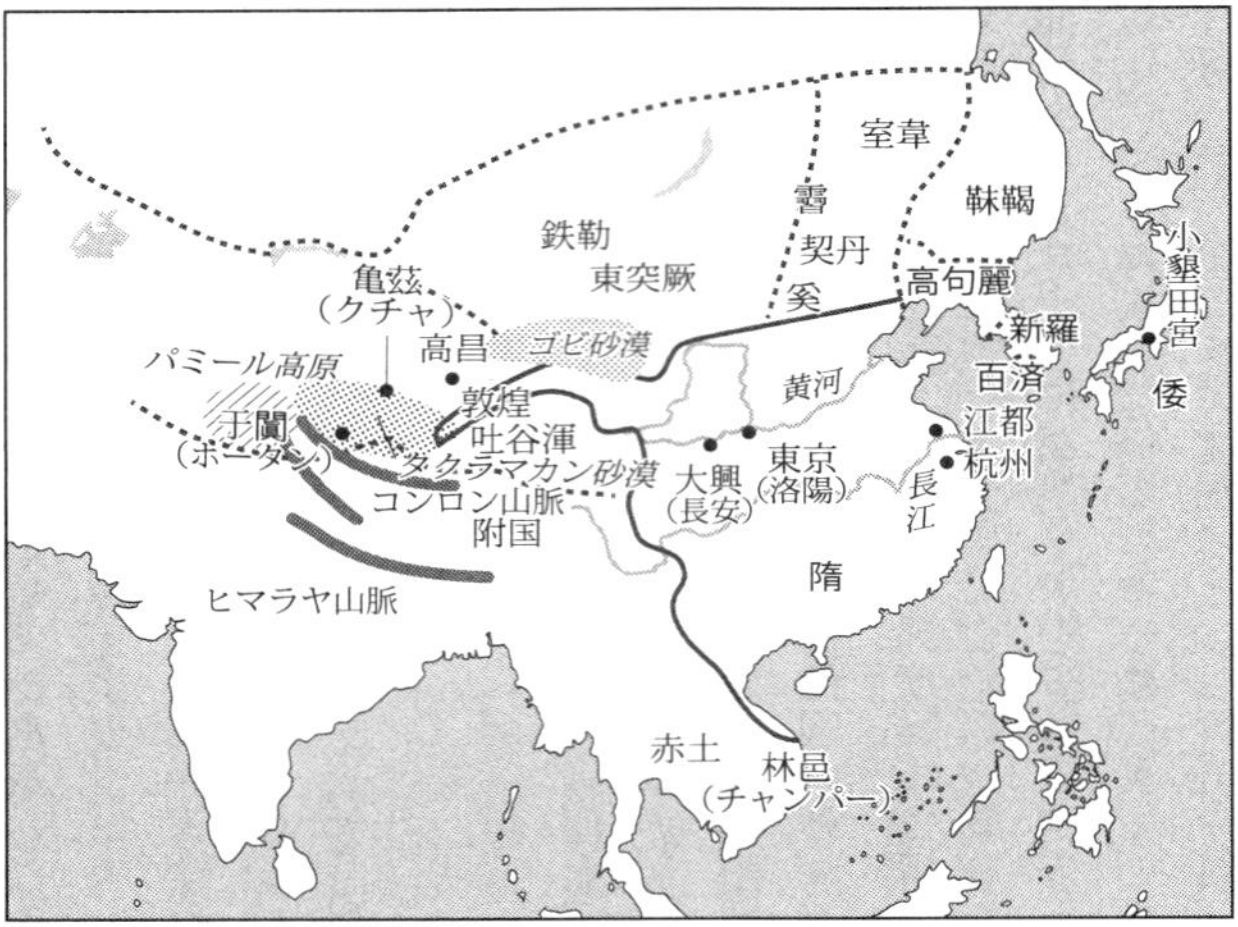

出典：氣賀澤保規編著『遣隋使がみた風景』（八木書店、2012年）を基に筆者作成

扱われることは避けねばならなかった。

だが、本当にこの二つの理由からであったのだろうか。第一の倭国が隋との対等を主張したという説は、六〇七年に送られた倭国の書状の分析に拠《よ》っている。だが隋への対等の主張については、先述したように『隋書』の分析からは、六〇七年に倭国が隋との対等を主張したとは考えられない。

それは、当時の国力からもいえよう。2-2は、六〇七年頃のアジアの諸勢力を地図にしたものである。隋の版図が他を圧倒している。

また七世紀初頭にアジア諸勢力が、周辺国に対して出兵した兵数を中国正史や諸国に残された史料から作ったの

2-3　アジア各国の周辺国への出兵数（６世紀末～7世紀初頭）

西暦	出兵国（出兵対象国）	動員兵数
582	突厥（隋）	40万
583	突厥達頭可汗（突厥沙鉢略可汗）	10万余騎
588	隋（南朝の陳）	51万8000
598	高句麗・靺鞨（隋）	万余
598	隋（高句麗）	水軍・陸軍あわせて30万
599	隋（突厥達頭可汗）	屯兵２万、歩兵・騎兵１万
599	突厥達頭可汗（隋）	騎兵10万
600	倭国（新羅）	万余
602	百済（新羅）	歩兵・騎兵４万
603	高句麗（新羅）	１万
604	隋（林邑）	歩兵・騎兵万余、罪人数千
612	隋（高句麗）	113万3800（200万と号す）、兵站を運ぶ人びとは兵士の倍
615	突厥始畢可汗（隋）	騎兵数十万
616	百済（新羅）	8000

筆者作成

が２－３である（周辺国からの侵入に対し、迎撃のために動員された兵数は取り上げていない）。隋建国直後には、動員兵数では突厥が突出している。だが、五八三年に突厥が東西に分裂してからは、隋が諸国を圧倒する。七世紀初頭の隋は、自他ともに認めるアジアの超大国だった。

中央アジアの遊牧国家は騎兵数万、オアシス国家は数千から数百程度の精鋭部隊が動員可能だった。高句麗・新羅・百済の動員兵数は、諸国間における戦闘記事から判断して数万程度と推定できる。

他方、倭国の動員兵数は、任那《みまな》に侵攻した新羅を討つとして六〇〇年に万余の軍隊が派遣されたと『日本書紀』にある。ただしこのときには軍隊を派遣しなかったとみる説がある。仮に、万に近い兵を派遣できる状況にあったとしても、当時の隋が動員可能であった兵数とはまったく比較にならない。

政治的にも、軍事や文化活動を支える経済の面でも、仏教をはじめとする文化の面でも、倭国は隋に対抗できるレベルにはない。六〇〇年の第一回遣隋使により、自国の政治体制が未発達であることを痛感した倭国は、先述した冠位十二階や十七条憲法の制定など国内制度整備を急いだ。隋の圧倒的優位を認めていたからこそである。隋と対等な関係を目標としたために冊封を要求しなかったとはいえないだろう。

冊封はすでに不要の時代だった

西嶋があげる第二の理由、冊封を受けることで百済や新羅と同列に扱われることを避けた、についてはどうか。

隋は中国北朝を継承した国家である。隋が朝鮮半島三国に授与した官爵号は、節・都督・将軍号・王号などからなる中国南朝系のものではない。郡公号・王号からなる中国北朝系のものである。その郡公号とは、漢や魏以来中国が支配のために朝鮮半島に設置した遼東郡(高句麗)・楽浪郡（新羅）・帯方郡（百済）の名称を踏襲していた。ただし倭国は、漢や魏をはじめとする中国の郡県制と呼ばれる地方統治制度のなかに編入されたことはない。

中国南朝では、王朝が交代したときに、前王朝が冊封していた君主を、朝貢の有無にかかわらず、新王朝が冊封するというのが通例であった。また、諸国王が交代したときには、新国王をあらためて冊封していた。しかし、隋は建国の年に高句麗王と百済王を冊封しているが、これは両国の朝貢を経たもので、南朝のような、新王朝による一斉冊封ではない。新羅王は、五九四年に初めて朝貢し冊封を受けた。国王の交代についていえば隋の時代にも、建国の年である五八一年に高句麗王の高湯《こうとう》を上開府儀同三司・大将軍・遼東郡公・高麗王とし、高湯の息子である高元《こうげん》が即位した五九〇年には、高元を上開府儀同三司・遼東郡公、翌年には高麗王としていた。

ところが、六〇〇年頃から、隋は東アジアへの冊封に熱心ではなくなっていくようである。五九八年二月、遼西に侵入した高句麗を討つため、隋は大軍を高句麗に向けた。第一回目の高句麗出兵である。六月には高元の官爵号が削除された。隋軍が満州南部を流れる遼河に至ったところで、高元は「遼東糞土《ふんど》の臣元」と自称して謝罪し、文帝は兵を引き上げた。文帝は高句麗王をもとのように遇したとあるが、再び冊封したかは明記されず、次に煬帝が出兵したときには高句麗王の官爵号を削除するという記事はない。

百済の場合、五九九年に百済王の余宣《よせん》が即位したときにも、六〇〇年に余宣が死去して息子の余璋《よしょう》が即位したときにも、隋が新百済王を冊封したという記録はない。倭国が百済との同列を嫌った以前に、六〇〇年頃には隋による百済への冊封さえなかったのである。ちなみに、新羅では五七九年に即位した真平王《しんぺいおう》の在位（～六三二年）が続いており、冊封を更新する必要はない。

六〇四年に即位した煬帝の代には、朝鮮半島諸国に対する冊封が実行されたという史料はない。すでに隋が東アジアへの冊封を行っていないなか、倭国が隋に冊封を要求しなかったのはむしろ当然である。

さらにいえば、臣下の官爵を要求することで、中国皇帝の権威を背景に豪族への優位を維持しようとした倭の五王の時代と遣隋使の時代とでは、倭国の王権の成熟度が大きく変わっていた。天皇を中心とする支配体制を目指しはじめたこの時代、蘇我氏の補佐もあり、倭王権の支配は徐々に強化されている。先にみた冠位十二階は、畿内豪族を対象とするものであったが、群臣らの序列が可視化されたことは、冠位を授ける天皇の隔絶した地位を象徴した。支配を安定化させる手段として、冊封は必ずしも不可欠ではない。

以上を要するに、国内支配という観点からも、朝鮮半島諸国との競合という観点からも、倭王権にとって冊封は不可欠なものではなくなっていたのだ。

来日した裴世清からの報告

先述したように倭国の書状に不快感を抱いた煬帝は、六〇八年に訓戒のために裴世清という人物を倭国に派遣した。六〇〇年に続けて二度目の訓戒である。裴世清は名族出身で、煬帝に重用され、西域商人や使者の招致に努めた裴世矩《せいく》の同族であった。『隋書』東夷伝、倭国条によれば、倭王は裴世清に次のように話したという。

私は海西に大隋という、礼儀の備わった国があると聞き、朝貢したものでございます。私は夷人で、海隅に居し、礼儀を知らず、ゆえに国内にとどまり、お目にかかることは差し控えておりました。いまや道を清め館を飾り、大使のお出でをお待ちし、大隋による徳化を聞きたいと願っております。

これを信じるならば、皇帝を海西の菩薩天子と称讃したものの、書状によって煬帝の不快を被った倭国が、今度は隋を礼儀の国と儒教的な思考で称讃し、煬帝の不快に対する謝罪の意を示したこととなる。

『隋書』のこの記述は、帰国後の裴世清の報告によるので、事実をそのまま伝えてはいないとの説がある。たしかに、帰国した使者が、都合のよいように事実を曲げて皇帝に報告する例がないわけではない。とはいえ、隋を大国と仰ぐ倭国の態度は使者派遣の前後で一致しており、裴世清の報告にたとえ誇張があったとしても、倭国が謝意を示したことまで疑う必要はあるまい。なお、この倭王が誰かについての具体的な記述はない。

『日本書紀』の限界

さて、ここまで遣隋使に関連した記事について、『隋書』の記述を中心とし、『日本書紀』は分析の対象とはしてこなかった。

第一回遣隋使は『日本書紀』に記されず、第二回遣隋使にしても、『日本書紀』はその出発を記すのみだからである。

『日本書紀』が遣隋使について詳細な記述をしはじめるのは、小野妹子らが隋使である裴世清をともなって帰国してからである。しかし小野妹子の帰国と裴世清来日についても、『日本書紀』の記述がどの程度事実を伝えるのかはよくわかっていない。『日本書紀』の対外関係記事には、七世紀後半から八世紀初頭の『日本書紀』編纂《へんさん》当時の対外認識が大きく反映されており、事実と分別するのが難しいからである。

たとえば『日本書紀』には煬帝が倭王に送った、「皇帝倭皇に問う」で始まる書状が載せられている。ところがその直前の記述では、煬帝の書状が百済に奪取されたと記す。いったい煬帝の書状は百済に奪われたのか、奪われていないのか。『日本書紀』編纂者の意図はよくわからないが、史実をそのまま記していないことは確かである。

「皇帝倭皇に問う」で始まる煬帝の書状も、煬帝が倭王に「皇」の字を使うはずはない。たとえこのような書状が存在していたとしても、中身には『日本書紀』編纂者による改竄《かいざん》があるというのが通説である。六〇七年遣隋使の記載に関して、『日本書紀』から事実を抽出することは不可能である。『隋書』と『日本書紀』とを比較して、史料価値が高いのは『隋書』である。

六〇七年の遣隋使以降

宣諭を終えた裴世清を隋へ送るために倭国が使者を派遣したことは、『隋書』『日本書紀』で一致する。六〇八年のことである。『日本書紀』にはこのとき、倭漢福因《やまとのあやのふくいん》・奈羅訳語恵明《ならのおさえみょう》・高向玄理《たかむこのくろまろ》・新漢人大国《いまきのあやひとおおくに》の四人を留学生として、新漢人日文《にちもん》・南淵請安《みなみぶちのしょうあん》・志賀慧隠《しがのえおん》・新漢人広済《こうさい》の四人を学問僧として派遣したとある。彼らが帰国するのは、王朝が唐に変わった六一八年以降である。

2-4　遣隋使一覧

回数	史料が記す遣使年	主な出来事
1	600年着 帰国は不明	最初の遣隋使。『隋書』にのみ記される。文帝より訓戒を受ける
2	607年発 608年4月帰国	小野妹子を使者に派遣。鞍作福利が通事（通訳）となる。『隋書』と『日本書紀』両方に史料がある。「日出処天子」で始まる書状を持参し、また留学僧を派遣。宣諭のため裴世清が来日
3	608年発 609年9月帰国	裴世清を送る使者。『隋書』と『日本書紀』両方に史料がある。小野妹子を大使、吉士雄成を小使として派遣する。通事は鞍作福利。留学生と留学僧を派遣
4	610年着 帰国は不明	遣使して「方物」（特産物）を献上する。『隋書』にのみ記される
5	614年発 615年9月帰国	犬上御田鍬、矢田部造らを派遣。『日本書紀』にのみ記載がある。隋末の動乱が本格化しており、入国できなかったか

筆者作成

倭国は六一〇年にも遣隋使を派遣した。この年正月には、裴世矩の企画により、国際的なイベントが首都の洛陽で開催されていた。サーカスや奇術、相撲や大管弦楽隊の演奏もあり、市では西域の商人たちが商売を許可された（氣賀澤保規）。

『隋書』は、正月二七日に倭国の遣使があったと記す。倭国が隋に到着した日付なのか、煬帝に謁見が許された日付なのかは不明であるが、後者であれば倭国の使者も隋が主催する一大イベントに参加するチャンスがあっただろう。前者であったとしても、興奮冷めやらぬ洛陽で、隋の繁栄を体感する機会は十分にあっただろう。

ところが、隋は六一二年に再開された高句麗遠征に失敗し、一挙に滅亡へと向かっていく。六一三年に将軍楊玄感《ようげんかん》が反乱を起こしたのを皮切りに、隋の各地では反乱が頻発する。『日本書紀』によれば、六一四年にも倭国は遣隋使を派遣したが、『隋書』には倭国遣隋使到着の記載はない。入国できたのかも不明とされる。

相次ぐ反乱を避けて江南にあった煬帝が、臣下に殺害されたのは六一八年。その前年には李淵《りえん》が太原《たいげん》で挙兵し、煬帝の孫を恭帝《きょうてい》（在位六一七〜六一八年）として即位させていた。煬帝死去の報を得た李淵は、恭帝に禅譲を迫り即位する。ここに唐（六一八〜九〇七年）が建国され、遣隋使の時代は終わるのである。

第3章

遣唐使の一五回

――一代一度、朝貢の実態

1　太宗の歓迎から白村江の戦いへ――六三〇～六六三年

唐の建国、隋留学生の帰国

第2章の最後で紹介したように六〇八年、隋《ずい》（五八一～六一八年）の使節裴世清《はいせいせい》と四人の留学僧と四人の留学生が隋に渡った。渡航年は不明だが、隋の時代に渡航した留学生に薬師《くすしの》（医）恵日《えにち》・勝鳥養《すぐりのとりかい》らもいる。倭漢福因《やまとのあやのふくいん》・奈羅訳語恵明《ならのおさえみょう》、そして恵日と、仏教用語のような名前なので、これが本名なのか高向玄理《たかむこのくろまろ》のような「唐名」（倭では高向黒麻呂）なのかは不明である。いずれにしても、こうした名前は彼ら留学生が仏教的背景を持つことを示す。

隋の首都大興城に到着した留学生・学問僧たちは、諸国の使者や商人たちの賑わいに圧倒されながら、隋の文化を学び取るという使命の重大さを痛感したであろう。彼らは一〇年以上にわたる留学生活をどのように過ごしたのか。時には倭国人同士で集まり、母国語で会話を楽しみつつ、情報を交換することもあったであろうか。残念ながら、彼らの平穏な日々は、長くは続かなかった。

隋は高句麗《こうくり》遠征に執念を燃やし、その炎によって自らの命運も焼き尽くした。中国各地で反乱が起こり、六一八年にあえなく滅んでしまう。四〇年弱という短命な王朝であった。この戦乱の最中、倭国の留学生・学問僧たちは大興城にいた。

六一八年、大興城あらため長安城で、李淵が即位した。唐の建国である。唐（六一八〜九〇七年）は、滞留を余儀なくされていた倭国の学問僧・留学生たちの存在を知り、倭国へ向けた最初の行動を起こす。

六二三年、新羅の使者が倭国に仏像一具・金製の塔などをもたらす。この新羅の使者に従って、倭国から隋に渡っていた学問僧の恵斉《えさい》・恵光《えこう》と留学生の薬師恵日・倭漢福因が初めて帰国した。彼らは「唐国に留まり学んでいる人びとは、みな学業が成就いたしました。どうぞ呼び戻してください。また大唐国は、法式が備わり定まったすばらしい国です。常に使者を派遣するべきです」（『日本書紀』推古《すいこ》天皇三一年七月条）と奏上した。

恵日らが唐への使者派遣を進言したのは、倭国との交渉を開始したい唐の意を受けたものである。長安にいた外国の留学生・学問僧の安全を確保し、彼らを帰国させて唐の意を伝えさせるというのは、唐が隋を継ぐ正統王朝であるとの主張であり、隋の時代の日中関係を継承するという意思表明でもあっただろう。倭国には、何らかの行動が期待された。

しかしこの前年、六二二年に倭国では、対隋交渉にあたってきた聖徳太子が死去していた。当時は第33代推古天皇（在位五九二〜六二八年）の治世中であったが、『隋書』には、倭国の君主が女王であったとは記されない。倭国は君主が女性であることを、隋に伝えてはいなかった。第2章で述べたように、隋との交渉は摂政である聖徳太子が表舞台に立っていたと思われる。

これはおそらく、儒教を政治思想とする社会で、女性による国家統治が認められなかったことと関係するのだろう。後述する唐の則天武后《そくてんぶこう》（在位六九〇～七〇五年）が前近代の歴史家から悪意をもって評されたのも、女性の君主を認めない伝統的儒教的な価値観による。新羅では、善徳女王《ぜんとく》（在位六三二～六四七年）が、女性では統治が安定するまいと唐から退位を勧められることもあった。このほかにも、男性を上回る権力を掌握した女性が酷評された事例は枚挙に暇《いとま》がない。倭国は、儒教的社会では女王の存在が認められないことを承知し、隋に女王の存在を伝えなかったのであろう。

聖徳太子の死による王権の動揺

死去した聖徳太子に代わって摂政となるべき人物、直系を担うべき男子が決定していれば、彼が推古天皇に代わって対中国交渉の舵《かじ》を取ることも可能であったろう。しかし聖徳太子の死後、誰が直系を担うべきか、群臣間の合意がなかなか形成されなかった。倭国の王権は大きく動揺し、唐へ使者を派遣できる状況にはない。

ここで、聖徳太子が登場する以前の直系についてまとめておこう（3－1）。

3-1　天皇家系図②

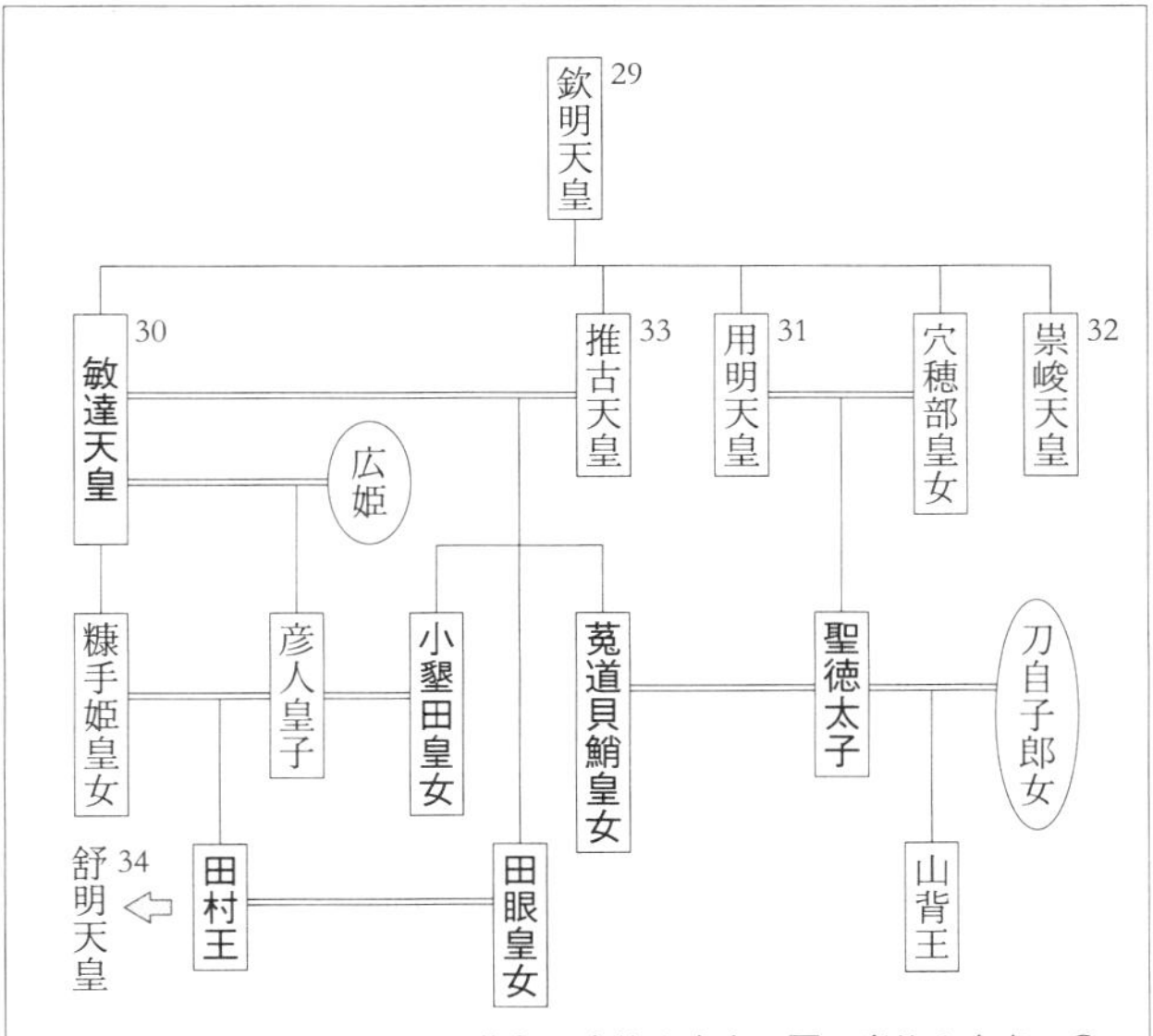

註記：皇族出身者は□、豪族出身者は○、両親が皇族の者は太字

古代における直系の論理に従えば、第26代継体《けいたい》天皇（在位？～五三一年？）――第29代欽明《きんめい》天皇（在位五三九～五七一年）――第30代敏達《びだつ》天皇（在位五七二～五八五年）と継承された直系皇統は、敏達天皇とその異母妹である額田部《ぬかたべの》皇女《ひめみこ》の間に誕生した竹田皇子《たけだのみこ》に継承されるべきであった。

敏達天皇が死去したとき、いまだ成人していなかった竹田皇子に代わり、額田部皇女の同母弟である第31代用明《ようめい》天皇（在位五八五～五八七年）、続いて両者の異母弟の第32代崇峻《すしゅん》天皇（在位五八七～五九二年）が中継ぎとして即位する。ところがこの間に竹田皇子は死去する。中継ぎの崇峻天皇が殺害され、敏達天皇の妻であった額田部皇女が第33代推古天皇として即位したのが五九二年である。

推古天皇の皇位継承者に選ばれたのは、推古天皇の同母兄である用明天皇を父とし、異母妹を母とする聖徳太子であった。聖徳太子は、摂政として実績を積み重ねることで、傍系（一代限り）ではなく直系にふさわしい権威を獲得することが期待された。女系で敏達天皇の血統に列なるべく、推古天皇の皇女を妻に迎えてもいた。この時代には生前譲位はない。聖徳太子は推古天皇の死を待って即位するはずであった。だが、三〇年も皇位継承者の地位にとどまった聖徳太子は、六二二年に叔母である推古天皇よりも先に死去する。敏達天皇の男子には彦人皇子《ひこひとのみこ》もいたが、彦人皇子の生母は葛城《かつらぎ》氏出身の女性であり、推古天皇とは血統上のつながりがない。また推古天皇の即位時には死去していた可能性が高い。そのため、この時点では直系の候補者として選択されることはなかった。ただし彦人皇子の子孫についてはのちに触れることとなる。

聖徳太子が推古天皇の皇女との間に男子をもうけていれば、その男子が皇位継承者となったであろう。しかし、両者の間には子どもはいなかった。その結果、推古天皇の死後には皇位継承者をめぐって豪族間で争いが起こる。

皇位継承者の地位を長年占めた聖徳太子の権威は無視しがたく、長子である山背王《やましろのみこ》が皇位継承者候補にあげられた。対立候補は、敏達天皇の子女を父母に持つ田村王《たむらのみこ》である。山背王の生母は蘇我氏出身の女性であり、田村王と比べて血統に備わる権威は弱い。結局、山背王を推す境部摩理勢《さかいべのまりせ》が殺害され、田村王が第34代舒明《じょめい》天皇（在位六二九〜六四一年）として即位する。

第一回遣唐使が派遣されたのは、舒明天皇即位の翌年、六三〇年であった。使者は、六一四年に遣隋使として渡航経験のある犬上御田鍬《いぬがみのみたすき》と、遣隋留学生として長期滞在の経験がある薬師恵日であった。両者が使者に起用されたのは、使者・留学生としての中国滞在経験が評価されたからであり、特に恵日の起用は、六二三年に恵日らを通じて朝貢を促した唐に対し、遅ればせながらも応じることを示すためでもあった。

第一回遣唐使の派遣と高表仁来日

建国当初の唐は、隋末に立った群雄の一つにすぎなかった。北には隋の混乱に乗じて再び力を蓄え、煬帝《ようだい》の遺児を掲げ、強大な軍事力を誇る東突厥《ひがしとっけつ》が控えていた。この頃の唐は、東突厥の臣属国であったとさえいわれる。唐が国内の群雄を滅ぼしたのに続き、東突厥を滅ぼして北からの脅威を取り除いたのは、建国から一〇年以上が経過した六三〇年、第二代皇帝である太宗《たいそう》（在位六二六〜六四九年）の治世中のことである。この年の正月に、突厥に亡命していた煬帝の孫が捕らえられた。彼を推戴し、隋の復興という大義をもって唐と敵対していた突厥の頡利可汗《けつりかがん》は、三月に生け捕りにされ首都長安へ護送される。

突厥の権威は低下し、太宗は西域諸国から「天可汗《てんかがん》」と号されることになった。遊牧諸族の君長たる「可汗」の上に立つ最高位の称号《テングリカガン》である。アジアにおける唐の優勢は決定したといってよい。

日本が第一回遣唐使を派遣したのは、この六三〇年八月である。五ヵ月前の三月には高句麗・百済《くだら》の使者が相次ぎ倭国に至っており、アジアの最新情報が伝えられたとされている。六二三年に唐からのメッセージを無視した倭国も、舒明天皇が即位して王権も安定し、当面の皇位継承問題が解決したこともあり使者を派遣した。

初めての遣唐使は太宗の歓迎を受けて、六三二年一〇月に太宗の使者をともなって帰国する。ところが帰国後、使者の高表仁《こうひょうじん》と倭国王（一〇世紀中頃の『唐会要《とうかいよう》』では王、同じく一〇世紀中頃の『旧唐書《くとうじょ》』では「王子」）との間で「争礼」が起こってしまう。中国側史料は、高表仁に「綏遠《すいえん》」の才（遠くの異民族を安心させる才能）がなく、そのため王と「礼」を争うこととなり、唐からの「朝命」を伝えることなく帰国したとある。

「争礼」とは何か

この「争礼」とは何であったのか。根強く支持されていたのは、倭国が会見儀礼における対等を主張して、唐の冊封を拒否したとする解釈である。冊封の拒否が事実であったとすれば、事はきわめて重大である。そこでかつては、なぜ唐は倭国の離反を黙認したのか、という視点から「争礼」が議論されてきた。

ところが、近年榎本淳一が、儀礼における「争礼」とは、諸国王との間における儀礼上の争いであると、他国の例を用いて明らかにした。

榎本が紹介したのは、高句麗の事例である。唐一代の歴史書である『新唐書《しんとうじょ》』（同じく唐一代の歴史書である『旧唐書』より、一〇〇年ほど遅れて成立したので「新」と呼ぶ）によれば、唐の時代前半に高句麗へ派遣された李義琰《りぎえん》・李義琛《りぎちん》という二人の使者がいた。義琰は高句麗王が座したままで皇帝の使者と面会するのを咎《とが》めたが、義琛は座したままの高句麗王に伏して拝礼した。これにより、時の人は両者の優劣を論じたという。

つまり「争礼」とは、儀礼の場で、唐の使者と諸国王とが、上下をめぐって争うことである。儀礼を通じて皇帝が相手国の王よりも上位にあることを認めさせることはもちろん望ましい。とはいえ、使者の最大の任務は朝命を伝達することにある。それゆえ、「争礼」により朝命を伝達しそこねた高表仁の対応は、帰国後に非難を受けた。

日本が唐の冊封を拒否したという議論は、唐は日本を冊封せねばならなかった、という前提があって成立する。建国から間もない初代皇帝の高祖《こうそ》（在位六一八～六二六年）や太宗の時代には、唐は複数の国の君長を郡王・徳化王（地名以外の名号に王号を附したもの。唐王朝の徳化に浴したことを形容する）に封じ、可汗号・将軍号を授与した。唐朝の関心は北・中央アジアにあり、郡王号や可汗号の授与もそれら地域に集中していた。

東アジアでは六二四年正月にようやく、高句麗・百済・新羅の王がそれぞれ王に冊封された。高句麗・百済・新羅の朝貢は、冊封の前から開始されていた。高句麗は六一九年、百済・新羅は六二一年である。そうであるにもかかわらず、六二四年になってようやく、しかも三国王が同時に冊封された。唐の対外政策が転換したからである。

対東アジア政策の転換

日本と唐との交渉をめぐる話から少し離れるが、当時の中国の対外政策についてみておきたい。唐の対外政策の転換にかかわったのが裴世矩《はいせいく》である（堀敏一）。彼は、隋の煬帝に仕えて西域政策に功のあった人物である。隋各地で反乱が勃発し、煬帝が殺害されると別の者に、その者が殺されるとまた別の者にと主君を変え、六二一年から唐に仕えた。君主を事変によって何人も変えるのは、節操《せっそう》がないようにもみえるが、裴世矩がそれだけ有能な人物だったためである。

この裴世矩を唐が重用しはじめるのが、六二二年。この年、唐は隋が捕虜にした高句麗兵を送還し、高句麗からも捕虜が返還された。六二四年には高句麗の朝貢使が入唐《にっとう》し、暦を下賜するよう願い出た。中国が定めた暦の採用は、中国の支配する時空間に参入することであり、臣従を申し出ることと同義であった。高祖はこの朝貢に応え、高句麗のみならず、百済・新羅にも冊封使を派遣した。ちなみにこのとき、高句麗には道士（道教の出家者）が派遣された。唐では道教の教祖とされた老子《ろうし》を、帝室の祖と位置づけていた。道教の積極的布教は、宗教を通じての権威向上を目的としていた。これについてはまた後述する。

隋最後の高句麗出兵から一〇年、当面の対東突厥問題を解決した唐は、隋滅亡の要因となった高句麗と向き合う。隋代の対外政策に深くかかわり、当時の事情をよく知る裴世矩が、唐の東アジア交渉に参与するのはむしろ当然といえる。裴世矩は、対外政策のブレーンとして、高句麗討伐の名目を煬帝に提供した人物で、著書に『高麗風俗』一巻もあった。高句麗遠征の意義とその失敗がもたらしたものを、裴世矩は誰よりも熟知していた。

高句麗の捕虜を返還し、続いて三国王を同時に冊封する。三国と唐との間で安定した関係を維持するため、名分上の君臣関係を構築するというのが冊封の目的だったのであろう。

話を倭国に戻そう。

裴世矩が参画した唐の対東アジア政策で、倭国への冊封は必要であったのか否か。

隋の時代に裴世矩は、漢の時代に郡県制が敷かれるなど、かつては中国領であったことを理由に、高句麗の討伐を進言していた。建国されたばかりの唐は、隋の東アジア政策を発展的に継承しようとしている。ここに、郡県制に編入されたこともなく、隋の時代に冊封を受けたこともない倭国を冊封する必要はない。

六二三年に遣隋留学生・留学僧が新羅経由で帰国したとき、唐が留学生らを通じて隋の時代と同様の関係構築を提案したようであることは先にみた。唐が隋よりも諸国王の冊封に熱心だったということは決してなく、倭国に朝貢使の派遣は求めても、冊封を受け入れるよう積極的に働きかける必然性が唐にはなかった。

以上を総合するに、倭国王と高表仁との「争礼」は、高句麗などとの「争礼」と同様に、儀式の場における上下が争われたにすぎない。唐が倭国を冊封しようとし、倭国がそれを拒否したという「事件」ではない。それはあくまでも仮説であり、史料にそのような事件が明記されているわけではない。

乙巳の変による国内の動揺

六三二年に第一回遣唐使を派遣した後、倭国はしばらく使者を派遣していない。

朝鮮半島では、六四二年に高句麗の淵蓋蘇文《えんがいそぶん》（泉蓋蘇文《せんがい》）が親唐派の永留王《えいりゅうおう》（在位六一八～六四二年）を殺し、宝蔵王《ほうぞうおう》（在位六四二～六六八年）を擁立して百済とともに新羅に侵入した。太宗は六四四年に高句麗征伐の軍を起こすが、遼東まで至ったところで冬を前に撤退。討伐は六四七、六四八年にも行われた。

第一回遣唐使を派遣した舒明天皇は、六四一年に死去した。舒明天皇の男子には、敏達天皇の曽孫である宝王女《たからのおおきみ》との間に生まれた中大兄皇子《なかのおおえのみこ》と大海人皇子《おおあまのみこ》兄弟がいる。中大兄皇子は、舒明天皇の孫である倭姫王《やまとひめのおおきみ》と結婚してもいる。当然中大兄皇子が有力な候補となろうが、舒明天皇即位前に対抗馬となった山背王が存命であった。直前まで即位していた天皇の男子という点で優位に立ちながらも、中大兄皇子の権威は山背王を圧倒することはなく、舒明天皇の妻であり、中大兄皇子、大海人皇子の母である宝王女が第35代皇極《こうぎょく》天皇として即位し（在位六四二～六四五年）、直系問題の解決は先送りされた。

三年半に及ぶ皇極天皇の治世中に皇位継承者は決定しなかった。直系の担い手として女帝の補佐を行う人物を欠くという、推古天皇朝後半期の聖徳太子死去後と同じ状況だった。この間、遣唐使の派遣は停止されている。

六四三年、山背王を筆頭とする聖徳太子の子孫が皆殺しにされ、皇位継承問題は強引に解決される。『日本書紀』によれば殺害は蘇我入鹿《そがのいるか》の独断で、平安時代前期の『聖徳太子伝補《ほ》

3-2　天皇家系図③

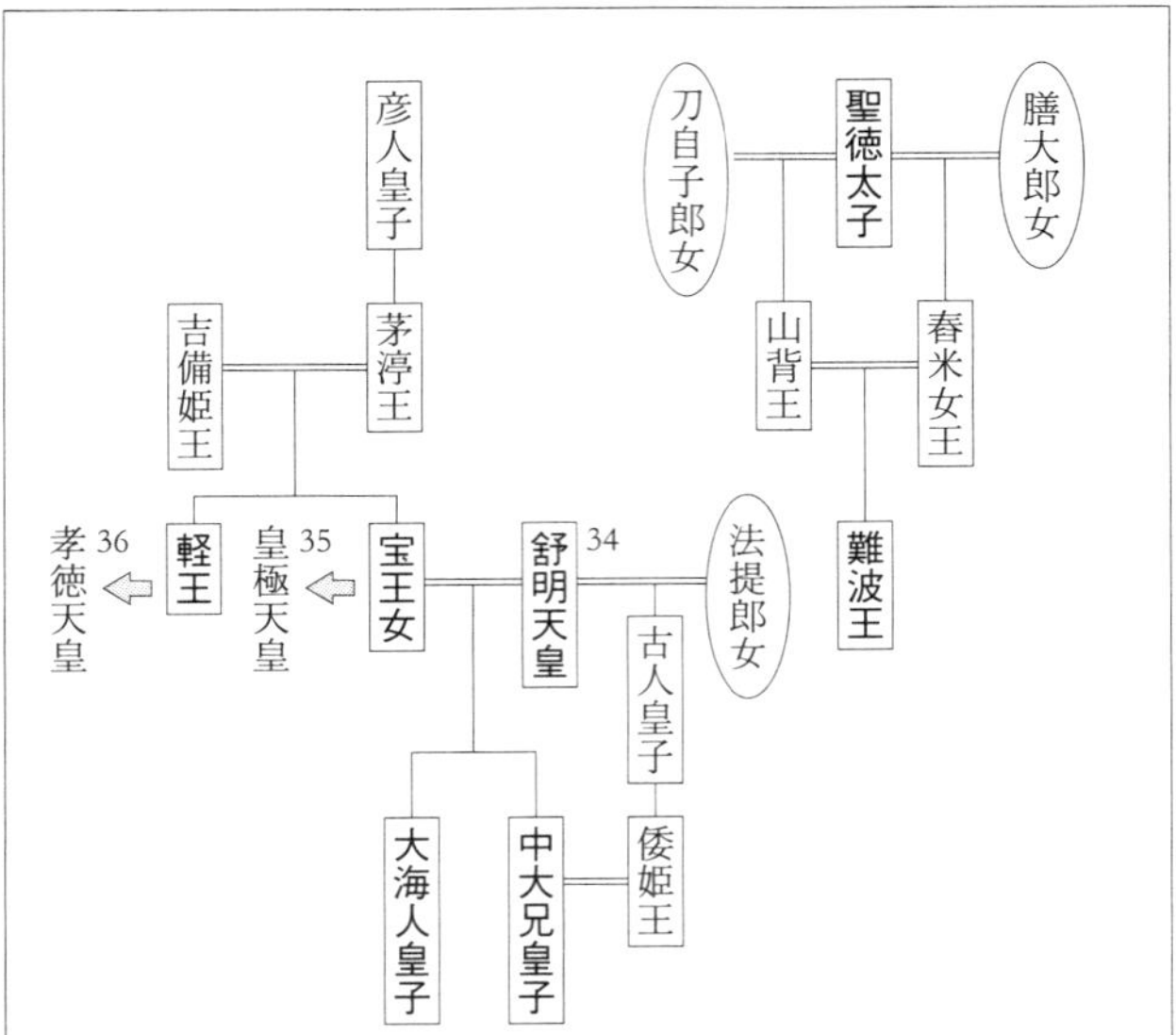

註記：皇族出身者は□、豪族出身者は○、両親が皇族の者は太字

闕記《けつき》』（聖徳太子の一族と関係が深かった氏の記録を参考にして撰述）によれば、殺害は蘇我蝦夷《えみし》・蘇我入鹿の親子、皇極天皇の同母弟である軽王《かるのみこ》のほか、巨勢《こせ》・大伴《おおとも》・中臣《なかとみ》といった大豪族の人物も参加して行われたことになる。

　六四五年には乙巳《いっし》の変が起こり、蘇我本宗家が滅んだ。これを機に皇極天皇は退位し、山背王らの排除に関与した可能性のある軽王が第36代孝徳《こうとく》天皇（在位六四五〜六五四年）として即位する。この間、舒明天皇と蘇我氏の女性との間に生まれた古人皇子《ふるひとのみこ》（倭姫王の父）も殺された。

孝徳天皇の時代には、倭国の政治体制が抜本的に改革された。いわゆる大化《たいか》の改新である。公民制・官僚制の採用、国—評《こおり》—五十戸という行政単位の設定、戸籍作成と収税システムの運用開始からなる一連の改革である。かつてはフィクションとされたこともあったが、近年、孝徳天皇が都とした難波宮《なにわのみや》の発掘が進み、朝庭《ちょうてい》（儀式空間）、朝庭を取り巻く朝堂院《ちょうどういん》（政務の場）、官衙《かんが》（倉庫・建物群）といった、のちの律令制施行期と共通する施設・空間がもうけられたことがわかってきた。

これらの改革が一段落した六五〇年、安芸国《あきのくに》（広島県）に大船の建造が命じられた。遣唐使が使用するための船である。

第二、三回の遣唐使——緊迫化する朝鮮半島

当時、朝鮮半島情勢は急速に緊張しはじめていた。六五〇年に新羅王は、唐の安寧《あんねい》を寿《ことほ》ぐ詩を縫《ぬ》いこんだ錦を献上し、高句麗・百済が新羅に侵攻して領土を占拠していることを訴えた。唐から領土の返還を命じてほしいというのである。唐は新羅の願いを入れ、六五一年、新羅への侵攻を停止せねば軍事行動を起こすと高句麗・百済に通告した。六五二年正月には朝鮮半島三国の王が、揃《そろ》って唐に朝賀の使節を送っている。

他方で、この六五一年には、百済・新羅が倭国に使者を派遣した。新羅使について、『日本書紀』には、新羅の使者が唐の朝服《ちょうふく》を身に着けたとある。新羅は、唐の朝服を身に着けて唐を味方に引き入れたことをアピールしたが、倭国にとっては新たな朝鮮半島情勢を受け入れるよう圧力をかけられたこととなる。倭国は新羅使の入京を許さずに追い返した。唐が新羅に加担して百済に圧力をかけたことは、朝鮮半島と歴史的に密接に結びついてきた倭国にとって衝撃であった。状況を見極める時期を待った倭国は、六五二年四月に再び百済・新羅の使者を受け入れて情報を集め、翌六五三年に第二回遣唐使を出発させた。船は二隻、それぞれ大使（吉士長丹《きしのながに》・高田根麻呂《たかたのねまろ》）と副使（吉士駒《きしのこま》・掃守小麻呂《かにもりのおまろ》）が乗り込んだ。

第二回遣唐使で倭国は、留学生・学問僧を入唐させた。これ以降、九世紀に至るまで、多くの留学生・留学僧が唐で諸学を学ぶこととなる。すでに六二五年、高句麗が使者を派遣して道教・仏教を学ばせたいと願い出、許可を得ていた。

太宗の時代（在位六二六〜六四九年）には、高句麗・百済・新羅・高昌《こうしょう》（トルファン）・吐蕃（チベット）の王族が国子学《こくしがく》（貴族の子弟や成績優秀者のための中央教育機関）で学んだ。唐が隋の方針を継承し、留学生・留学僧の受け入れ態勢を整えたからこそ、東アジアの留学生・留学僧が唐に参集したのである。唐は文化的な求心力を積極的に高めようとしていたのであり、倭国が留学生・留学僧を派遣したのも、そのような唐の姿勢に適《かな》うものであった。

第二回遣唐使は六五四年七月に帰国する。ところが彼らが帰国するよりも前、六五四年二月に第三回の遣唐使が派遣された。押使《おうし》（使節団のトップ、大使よりも上）は、留学生として隋に派遣され、六四〇年に帰国した高向玄理である。大使は河辺麻呂《かわべのまろ》、副使は留学生として隋に行き、六二三年に新羅使と帰国して遣唐使派遣を進言、第一回目遣唐使で使者として入唐した薬師恵日である。第二回遣唐使の大使・副使には留学経験者はなく、第三回遣唐使には、豊富な知識と経験を必要とする重要な任務が与えられていたことは間違いない。一行は新羅を経由して唐に入った。

倭国による第三回遣唐使は、唐の提案する東アジア秩序を支持し、新羅との友好関係を進展させるという意思を示すことを目的としていた（鈴木靖民）。その人選は、東アジアの新情勢に対処するという倭国の意図を、唐―新羅に対して正確に伝えるためであった。

高向玄理らは、唐の皇帝高宗（在位六四九～六八三年）に謁見《えっけん》し、地理情報などの質問に答え、琥珀《こはく》・メノウを献上した。使者らは務めを無事に果たして安堵《あんど》したであろう。ところが高宗から、「王の国（倭国）は新羅に近い。新羅は常に高句麗・百済に侵略されている。王は危急のときには新羅に援軍を送るように」（『唐会要』）と命じられる。唐が主宰する秩序を受け入れ、新羅との友好を進める倭国の意図はしっかり伝わったのであろうが、それにしてもきな臭い命令が下されたものである。

高向玄理は唐で死去した。死の原因は史料には記されない。大使の河辺麻呂らが帰国したのは六五五年八月であった。

百済侵攻に巻き込まれた第四回

六五九年七月に、坂合部石布《さかいべのいわしき》を大使、津守吉祥《つもりのきさ》を副使として、第四回遣唐使が出発した。皇極天皇が第37代斉明《さいめい》天皇（在位六五五〜六六一年）として重祚《ちょうそ》してから五年目のことである。皇極天皇として在位していた乙巳の変以前とは異なり、斉明天皇としての在位時には、大化の改新以来政治を補佐・主導すること一〇年、長男である中大兄皇子が政務の経験を積んでいた。中大兄皇子の直系としての地位は確かなものとなっている。中大兄皇子という直系の皇位継承者、すなわち対中国交渉の表舞台に立つべき人物を得て、斉明天皇は遣唐使を派遣した。諸国王が代替わりごとに使者を派遣することは、朝貢国としてきわめて望ましい態度であった。

この第四回遣唐使は、蝦夷《えみし》（北方の民）の男女二人をともなって入唐している。蝦夷が唐に行くのはこれが初めてである。倭国からすれば、自らの勢力拡大を示すことになり、唐からすれば、倭国よりも遠方にある国の民が皇帝の徳を慕って初めて朝貢したことになる。倭国は、新たに蝦夷を朝貢させることで唐皇帝の歓心をかい、かつまた、唐の秩序下における大国としての地位獲得を目指したのである。

第四回遣唐使で興味深いのが、下級官吏として遣唐使船に乗った伊吉博徳《いきのはかとこ》の残した記録が、『日本書紀』に不完全ながらも引用されて残っていることである。

伊吉博徳の記録によれば、一行は六五九年七月三日に難波を出て、筑紫《つくし》から八月一一日に出航し、九月一三日には百済に到着する。百済を出発した一行は、九月一六日には越州会稽県《えっしゅうかいけいけん》（浙江省紹興市《せっこうしょうしょうこう》）に到着する。百済から中国へはわずか三日である。唐への旅は、朝鮮半島を経由しさえすれば短期間で可能だった。ただし大使の船は、百済を出発した翌日に逆風に流され、たどり着いた島で殺害された。

一行は閏《うるう》一〇月一五日に首都長安へ到着するが、皇帝は洛陽にいる。再び移動して二九日に洛陽に入り、翌日にようやく高宗に謁見した。接見の日、高宗は使者に倭王の様子を問い、蝦夷の朝貢を喜んだ。使者たちは、一一月一日には朔旦冬至《さくたんとうじ》を祝う行事にも参加する。「〔行事に参加した〕諸蕃の使者中で、倭国の客人がもっとも勝れていた」（『日本書紀』斉明天皇五年〈六五九〉七月戊寅《ぼいん》条）と伊吉博徳は述懐する。

友好ムードのうちに帰国するかにみえた第四回遣唐使は、この後予期せぬ状況に陥った。六五九年一二月三日、使節団の一人であった韓智興《かんちこう》の従者が、内容は定かではないが突如韓智興を誹謗《ひぼう》。その結果、使節全員が流罪に処せられることとなり、韓智興は先んじて都から三〇〇〇里の地に流された。伊吉博徳は使節の無実を主張し一行への疑いは晴れるが、高宗は、「我が唐朝は、来年海東征伐を行う予定である。そこで汝《なんじ》ら倭国の客人の帰国は許可しない」(『日本書紀』斉明天皇五年七月戊寅条)といい、一行は長安に幽閉される。

高宗が語った海東征伐とは、百済への出兵である。六五五年に、百済と高句麗はまたも新羅に侵入し、唐軍は六五五年、六五八年、六五九年と三度、高句麗軍と交戦していた。しかし戦線は膠着《こうちゃく》し、唐は高句麗と連携する百済を先に討つことにする。

六五九年に唐の名将蘇定方《そていほう》が帰朝した。タリム盆地で起きた西突厥反乱を鎮めた後の凱旋《がいせん》帰国であった。同年末に高宗は、蘇定方に百済討伐を命じる。六六〇年三月に兵を発し、水陸両軍で百済を攻めた蘇定方は、八月には百済の義慈王《ぎじおう》(在位六四一~六六〇年)を捕虜とし、ここに百済はいったん滅亡する。

百済復興運動と第四回使節の帰国

百済の義慈王が連行されたとの情報は、百済復興運動の開始とともに、翌九月には倭国に伝えられた。一〇月には百済の将軍である鬼室福信《きしつふくしん》が唐軍の捕虜を献上し、倭国に質としてとどまっていた百済王族である余豊璋《よほうしょう》の帰国と派兵を要請してきた。六六一年正月に倭の朝廷は難波を出て、三月には那津《なのつ》(福岡市)に到着、五月には百済復興運動中の行宮《あんぐう》(一時的な宮室）となる朝倉宮《あさくらのみや》（朝倉市）に遷居した。

ところで、幽閉されていた第四回遣唐使の使節たちはどうしていたのか。伊吉博徳ら遣唐使一行は、外出もままならないまま長安で年を越した。唐が百済を滅ぼした翌月、六六〇年九月一二日に伊吉博徳らは帰国を許され、一九日に長安を出発、一〇月一六日に洛陽に戻った。

一一月一日、高宗が洛陽で百済の虜囚《りょしゅう》に接見する。遣唐使一行は百済の義慈王を釈放する場面を見せられた。昨年の同日には、朔旦冬至を祝う賑々《にぎにぎ》しい儀式に参加したのと比べ、心寒い一日であったろう。一一月一九日には一年以上に及ぶ幽閉生活を慰労され、二四日に洛陽を出発した。一日も早い帰国を、といえば聞こえはいいが、冬のさなかの移動は、長い幽閉後の身には辛かったであろう。あとひと月もすれば正月を迎える。正月の華やかな行事に参加させてから帰国させるという手もあったであろうに。一行は、わびしくも路上で正月を過ごした。

往路には長安—越州を一ヵ月ほどで移動した一行は、帰路には二ヵ月を費やし、六六一年正月二五日に越州に至った。ここで良風を待ち、四月一日に出航。往路は百済経由だったが、いまはその百済はない。使者たちは朝鮮半島に寄港することなく、船上より万感の思いをこめて百済の故地を遠く眺めたであろう。五月二三日には朝倉宮で帰朝報告が行われ、幽閉期間も含めて一年九ヵ月に及ぶ、長かった第四回遣唐使はようやく終了した。

波乱に満ちた第四回遣唐使が帰国した二ヵ月後、高齢の斉明天皇が死去する。皇太子であった中大兄皇子らは飛鳥に戻り、六六一年一一月には斉明天皇の殯《もがり》（埋葬する前に遺骸《いがい》を特別に設けた建物＝殯宮《もがりのみや》に安置すること）が行われた。その期間中にも中大兄皇子は朝鮮半島情勢にのめりこんでいく。斉明天皇死去から間もない九月には、すでに百済の王子豊璋に織冠《しょくかん》を授け、五〇〇〇の兵とともに帰国させた。

白村江の戦いへ

蘇定方率いる唐の本軍は、六六一年五月から六六二年三月まで、高句麗攻略に集中していた。新羅もまた、六六二年正月に高句麗討伐中の唐へ援軍と軍糧を送っている。倭国は、唐・新羅が対高句麗に集中するいまこそ百済復興の機会と判断した。六六二年には阿曇比羅夫《あづみのひらぶ》に命じて一七〇艘の船とともに兵を送り、かつ物品による援助を繰り返し、翌年三月には新羅討伐のためとして二万七〇〇〇の援軍を送った。

ところが、六六一年に倭国の援軍とともに帰国した王子豊璋は、六六三年六月に王として迎えてくれた鬼室福信を殺害してしまう。謀反《むほん》を疑ったためであった。内紛のなかに派遣された倭国の援軍は、同年八月、百済の故地に残る唐の将軍劉仁軌《りゅうじんき》と劉仁願《りゅうじんがん》が率いる水軍に大敗を喫した。白村江《はくそんこう》の戦いである。唐軍には、百済王族の余隆《よりゅう》（義慈王の子で、父とともに六六〇年に唐軍に捕らえられる）も参加していた。

義慈王の時代に皇太子であった余隆の権威は、旧百済支配地域で豊璋を圧倒したはずである。倭国に長く滞留していた豊璋とは異なり、余隆は付近の地勢もよく承知していたろう。地勢への十分な知識もなく、大規模な海戦を経験したことはない倭国の軍が、歴戦の兵士で構成される唐・新羅連合軍に勝ち目があるはずもない。倭国の船は唐の船に左右から挟み撃ちされ、舳先《へさき》をめぐらすこともできず、兵士たちは海の藻屑《もくず》となって消え、倭国船を焼き尽くさんとする炎で海は赤く染まった。同年九月、敗軍は移住を希望する百済の遺民たちを連れて帰国した。

六六三年に、倭国はなぜ、唐の軍隊と対立してまで百済を救援したのか。

倭国は、高句麗・百済・新羅が平和的に並存するという唐の方針を受け入れてきた。その唐が、六六〇年に新羅と共闘して百済を滅ぼした。東アジア秩序は、盟主たるべき唐が崩壊させた。唐は六六八年に高句麗も滅ぼすと、新羅の領域も含めて朝鮮半島を三分し、二つの都督《ととく》府（百済＝熊津《ゆうしん》都督府、新羅＝鶏林州《けいりんしゅう》都督府）と一つの都護《とご》府（高句麗＝安東都護府）を設置する。しかし六六三年段階の倭国がそのような展開を予想できたはずはない。

新羅の言い分のみを聞き入れ、百済を滅ぼしてしまった唐に、長年の友好関係を百済と築いてきた倭国が強い反感を覚えたのは無理もないだろう。

古代から中世まで日本の対外関係史を研究する森公章は、倭国には新羅と戦う意識はあっても、唐との直接対峙という状況が十分に頭に入っていなかったとする。第四回遣唐使が唐で抑留されていたこともあり、唐の存在が念頭に置かれていなかったかはやや疑問であるが、高句麗が幾度も隋・唐と戦い、そのたびに撃退、謝罪しては許されてきたことは倭国の念頭にあっただろう。高句麗の先例からいえば、軍事的に唐と対立しても、有利な条件で戦闘を終え、その後に謝罪さえすれば唐の許しを得られるはずだった。

2　唐からの接近、国号「日本」変更の願い入れ

戦後処理——唐の使者の来日

白村江で唐の水軍を率いた劉仁願は、六六四年四月に配下の郭務悰《かくむそう》を倭国に遣わした。倭国の過剰反応を避けるため、郭務悰ら使節の本隊は対馬《つしま》にとどまる。

室町時代の『善隣国宝記《ぜんりんこくほうき》』が引用する『海外国記』（八世紀の作か）の逸文《いつぶん》（断片）によれば、倭国はすぐさま入唐経験のある僧侶の智弁《ちべん》らを派遣して来意を問うと、郭務悰は劉仁願の書状を渡した。倭国は対応に迷うが、郭務悰は皇帝の使者ではなく、勅書を持たないので

入京を許さないという結論を下した。
九月になってようやく、第四回遣唐使の副使であった津守吉祥《つもりのきさ》、伊吉博徳《いきのはかとこ》、僧侶の智弁が派遣され、郭務悰にこの結論が伝えられた。翌一〇月に中大兄皇子の腹心である藤原鎌足《ふじわらのかまたり》と僧侶の智祥《ちじょう》が帰国を促すために遣わされ、郭務悰らは一二月に帰国する。

劉仁願の書状がいかなる内容であったのかは、残念ながら伝わらない。唐軍と戦い大敗した倭国は、百済遺民を受け入れており、唐は当然倭国の動向を警戒していた。ただし、書状が倭国を威嚇《いかく》するだけのものではなかったことは確実である。倭国が郭務悰らの入京を拒否したからには、唐の譲歩を引き出せると判断できるような内容が含まれていたはずである。第四回遣唐使として入唐し、唐と新羅との百済戦役中には唐で幽閉された人物を派遣したのは、唐の意を尊重しつつ倭国の意図を伝えるのに最適の人選であった。

ここで注目しておきたいことがある。倭国が四月、九月、一〇月と僧侶を唐使の応接使に起用したことである。第2章で述べたように、皇帝が仏教信仰に乗り出すようになって以来、中国との交渉にさまざまな手段で仏教色を取り込む国が増えていた。七世紀初頭、倭国もまた隋の皇帝を「菩薩天子《ぼさつてんし》」とたたえて、隋の世界秩序に参入しようとしたことがあった。僧侶の派遣は、白村江の戦いを通じて悪化した日唐関係を、仏教という共通の宗教を持ち出すことで、改善しようと試みたのである。

郭務悰への対応も、僧侶の応接起用も、あやういバランスのなかで、入京拒否という決断を可能な限り穏便に伝えるためのさまざまな工夫の一つであった。

高句麗の平定、倭への接近

六六五年八月、百済の首都があった熊津で、新たに熊津都督に任じられた余隆（百済義慈王の皇太子）と新羅王の間で相互不可侵の盟約が結ばれた。六六五年九月には、劉徳高《りゅうとくこう》が唐の勅使として対馬に到着した。六六四年には勅使ではないために入京を許されなかった郭務悰も一緒である。入京を果たした劉徳高らは一二月に帰国した。中大兄皇子は劉徳高らを送るため、守大石《もりのおおいわ》や坂合部石積《さかいべのいわつみ》らを第五回遣唐使（送唐客使）として派遣する（鈴木靖民）。

唐からの使者派遣はその後も続く。六六七年一一月に劉仁願は司馬法聡《しばほうそう》を派遣し、第五回遣唐使であった坂合部石積らを送ってきた（守大石の消息は不明）。唐による高句麗討伐は継続しており、その戦況を伝えつつ倭国の介入を戒《いまし》めるための使者であろう。この司馬法聡を送るため、中大兄皇子は同月中に伊吉博徳・笠諸石《かさのもろいわ》を朝鮮半島まで遣わした。

六六八年には名将李世勣《りせいせき》が対高句麗戦役の総管《そうかん》となった。同年九月には高句麗が平定される。その報を得た倭国は、六六九年に河内鯨《かわちのくじら》を第六回遣唐使として派遣した。大使や副使が誰であったのか、使節の構成はわからない。中大兄皇子は六六八年正月に第38代天智《てんじ》天皇

（在位六六八～六七一年）として即位していた。そのためこれが、天皇として派遣した初めての遣唐使である。『冊府元亀《さっぷげんき》』という宋代の類書（事項別に分類、編纂された書物）には、六七〇年に倭国の使者が高句麗平定を賀したとある。倭国は、唐による新たな東アジア情勢を受け入れることを表明したのである。

六七一年一一月、対馬から僧侶の道久《どうく》・筑紫薩野馬《つくしのさちやま》らが到着したとの報告が入る。道久らによれば、郭務悰が六〇〇〇人もの人を率い、一四〇〇人の百済人亡命者を送り届けるために来日し、比知嶋《ひちしま》（不明）に停泊しているという。郭務悰の来日はこれで三度目である。六七〇年三月から、朝鮮半島に都督府・都護府を置こうとする唐と、唐軍を追い出そうとする新羅との間には軍事衝突が起こっており、新羅も倭国に接近を試みていた。唐は新羅と倭国の連携を防ぎ、唐との関係をこそ重視させようとした。

郭務悰にとっては思いがけないことに、使者来日の翌月、病の床にあった天智天皇が死去した。郭務悰は葬事を知って阿弥陀仏像を贈る。留学僧の道久を対馬に先触れとして送ったことといい、友好関係の推進を目指す場に、また仏教が登場したことに注目しておきたい。

対する倭国は、郭務悰に武器・武具と大量の布地を送った。白村江の戦いに突き進み、戦後はその処理に追われた天智天皇が、死の直前に唐使への対処方針を決定していたのであろう。天智天皇死後の近江《おうみ》朝廷は天智天皇の長子である大友皇子《おおとものみこ》を中心に機能していたから、実際の対応は大友皇子によって行われたはずである。朝鮮半島に送る兵士も集められたらしい。

壬申の乱後の国家建設――遣唐使の停止

六七二年六月、郭務悰の帰国後、天智天皇の弟である大海人皇子が、甥である大友皇子に反乱を起こし勝利する。壬申《じんしん》の乱《らん》である。大海人皇子が六七三年二月に第40代天武《てんむ》天皇（在位六七三〜六八六年）として即位。天武天皇は、兄天智天皇の娘であり、妻である鸕野皇女《うののひめみこ》、長男である高市皇子《たけちのみこ》とともに統治制度改革を急ぎ、また倭国最初の都城である藤原京《ふじわらきょう》造営を開始した。中国の統治システムをモデルとした都城の内に政治機能を集約させ、令《りょう》（成文法）によって全国を支配するという奈良時代に至る道筋が、この天武天皇によって明示されたのである。

天武天皇は即位から続けざまに改革を打ち出したが、都城造営・令整備の完成をみることなく六八六年に死去した。天武天皇の跡継ぎには、鸕野皇女との間に誕生した草壁皇子《くさかべのみこ》が見込まれていたが、草壁皇子は天武天皇死去の三年後、即位の前に死去してしまった。

天武天皇は、鸕野皇女以外にも三人の姪（すべて天智天皇の娘）を妻に迎えて皇子をもうけていた。皇女を母に持つ皇子こそ直系皇統の担い手にふさわしいという伝統的な王権の論理からすれば、鸕野皇女以外の皇女が生んだ皇子も直系を担う資格を十分に備えていた。とはいえ、天武天皇は反乱から即位までの道のりをともにし、統治を補佐した鸕野皇女を別格としていた。天武天皇が鸕野皇女の病気平癒のために薬師寺《やくしじ》を建立したこと、しかも薬師寺の寺地を天武天皇の父母である舒明天皇―斉明（皇極）天皇が建立した大官大寺《だいかんだいじ》と対になる位置に設定したことで、天武天皇はそのような認識を明らかにしてもいた。

天武天皇が鸕野皇女との婚姻を特別視していただけではない。天武天皇の補佐を長年務めたことで、群臣たちも鸕野皇女を尊重していた。鸕野皇女もまた、長年の努力が結集しつつある新都の玉座に、自分の血を引かない男子を座らせる気はない。鸕野皇女は、草壁皇子が残した唯一の男子――天武天皇・鸕野皇女からすれば孫――である珂瑠皇子《かるのみこ》の成長を待つため、六九〇年に中継ぎとして即位する。第41代持統《じとう》天皇（在位六九〇～六九七年）である。

天武天皇の遺志を継いだ持統天皇は、六八九年に飛鳥浄御原令《きよみはらりょう》を施行し、六九四年に藤原宮に遷居した。強力なリーダーシップを発揮した天武・持統天皇は、在位中に遣唐使を派遣することはなかった。新羅との交渉は前代よりも活発で、ほぼ年に一度は双方の使者が往来しており、外への関心が皆無であったわけではない。白村江の敗戦を経験した倭国は、新都造営と令制整備が完了し、新たな国家として生まれ変わるまで、唐との交渉を停止したと考えられている。

新羅との関係

先に述べたように、六六〇年八月に百済を滅亡させた唐・新羅連合軍は、六六八年九月に高句麗を滅ぼした。唐は両国の故地に熊津都督府・安東都護府を、新羅の領地に鶏林州都督府を置いた。新羅は六七〇年三月から、百済・高句麗故地の人びとを率い、朝鮮半島に統一国家の建設を目指しはじめる。倭国との関係悪化を避けたい新羅は、対日交渉の緊密化を図った。天武天皇は、新羅が半島における唐の主導権を排除することを支持、天武天皇の時代を通じて両国間で盛んに使者が交換された。

それから十数年がたった六八九年、両国の関係にひびが入りはじめる。持統天皇は、新羅が派遣した天武天皇の弔問使《ちょうもんし》の位が低いなどと批判し、送られてきた品々を返却してしまった。持統天皇が送り返した弔問品には、『日本書紀』によれば金銅の阿弥陀仏《あみだぶつ》像、脇侍《わきじ》たる金銅の観世音菩薩《かんぜおんぼさつ》像と大勢至菩薩《だいせいしぼさつ》像の合計三体の仏像が含まれていた。天武天皇の喪《も》を弔《とむら》うのにふさわしい品である。持統天皇の行動は、本質的には新羅による旧百済領完全併合への譴責《けんせき》を意味するものであった。

とはいえ倭国も、新羅との関係悪化を強く望んでいたわけではない。持統天皇は、新羅の非礼を批判しながらも、新羅使にともなわれて帰国した遣新羅留学僧の明聡《みょうそう》・観智《かんち》らに、新羅でお世話になった師匠・学友に贈るよう大量の真綿を下賜している。国家間交渉の表舞台で緊迫したやり取りを行いながら、倭国人僧侶と新羅人僧侶との間に築かれた師弟・学友関係をサブチャンネルに用いることで、倭国は、両国関係が過度に緊張しないよう配慮していた（中林隆之）。

国内制度整備を終えた持統天皇は、六九七年に珂瑠皇子を立太子させ、八月に譲位した。第42代文武《もんむ》天皇（在位六九七〜七〇七年）である。ちなみに天皇の生前譲位は、皇極天皇が最初、持統天皇で二人目である。ともに女性天皇であった。

七〇一年正月、三二年ぶりに、第七回目となる遣唐使が任命された。七〇一年の大宝《たいほう》律令の完成・発布を待ったためである。出発は翌年六月。執節使《しっせつし》（使節団のトップ）は粟田真人《あわたのまひと》、大使は高橋笠間《たかはしのかさま》、副使は坂合部大分《さかいべのおおきだ》である。しかし、高橋笠間は何らかの事情で大使の任から降りたようで、副使の坂合部大分が大使に、大位《だいい》（二人いる判官のうち、上位の者）であった許勢祖父《こせのおおじ》が副使となって入唐した。

大宝律令制定後の遣「唐」使

律令とは、刑法である律と、律以外の基本法である令のことである。七〇一年、大宝元年に制定されたため、その年号をとって大宝律令という。唐の律令に倣《なら》いながら、倭国の国情に見合うように改定されていた。天智天皇の時代の近江令《おうみりょう》、天武・持統天皇の時代の飛鳥浄御原令と続いて、大宝律令になってようやく律と令が揃うことになった。

大宝律令施行により、倭国は唐をモデルとした中央集権体制への道を邁進《まいしん》する。では、新生倭国は、唐と新たにどのような関係を取り結ぼうとしたのか。

粟田真人をトップに七〇二年に出発した使節は、厳密には遣使ではない。当時、中国の王朝名が唐から周へと変わっていたからである。王朝交代と、前例のない女性皇帝、則天武后《そくてんぶこう》（在位六九〇～七〇五年）に、使者たちは驚愕《きょうがく》した。史料を引用してみよう。

> はじめ唐に至りましたとき、人がやって来て「いずれの〔国の〕使者か」と尋ねてきました。〔臣は〕「日本国の使者である」と答えました。我々使者が「ここは何州か」と質問しますと、〔唐人は〕「ここは大周《だいしゅう》の楚州塩城県《そしゅうえんじょうけん》のうちである」と答えたのです。〔我々が〕「先にここは大唐だったはず。ところがいま大周であるとおっしゃる。いったい国号はなぜ変更されたのか」と重ねて尋ねますと、〔唐人は〕「永淳《えいじゅん》二年に天皇太帝が崩御し、皇太后が登位《とうい》された。その称号は聖神《せいしん》皇帝とおっしゃり、国号は大周となった」と答えた。問答が終わり、唐人が我々使者に、「海東には大倭国があり、この国こそ君子国であり、人民は豊楽《ほうらく》、礼・義がともによく行われていると聞いていた。いま使

者をみるに、儀容〔礼儀にかなった姿〕は大変清らか、まことにかねて聞くとおりである」と言って去っていきました。（『続日本紀《しょくにほんぎ》』慶雲《けいうん》元年七月甲申条）

唐人のいう「君子国」とは、漢の時代に成立した『山海経《さんがいきょう》』という書物に登場する国のこと。衣冠は整い、謙譲を好む人びとが住むとされる。「人民豊楽」の四字が、セットで登場するのは仏典のみ。仏法により国土が安穏となれば、人びとには豊かで楽しい日々が訪れるという意味である。「礼・義」は経書《けいしょ》の重んずるところであるから、唐人の賛辞は、背景を異にする三つの修辞によって構成されていることとなる。

粟田真人と則天武后

『続日本紀』が正確に唐人の発言を伝えるのかを確認するすべはない。ただし『旧唐書』東夷伝、日本条には「粟田真人はよく経史《けいし》〔経書と史書〕を読んでおり、文章をつくるのも巧み、立ち居振る舞いは温雅である」という記録が残り、粟田真人が高い評価を受けたことは間違いない。

この粟田真人は、六五三年の第二回遣唐使では僧侶として入唐し、帰国後にその才をかわれて還俗《げんぞく》していた。日本古代では、漢文仏典を読みこなすべく修行を積んだ僧侶は、高い教育を受けたトップエリートである。律令制時代の初期には、還俗し、学識をもって朝廷に仕えた人物が散見される。粟田真人もその一人であった。

粟田真人が使節トップに選ばれたのにはもう一つ理由がある。唐の時代には、仏教についての知識は貴族の一般常識となっており、入唐後における唐朝貴族との交流にも仏教についての基礎的な知識は不可欠であった。高度な教育を受け、仏教的な知識があり、入唐経験まで持つ粟田真人を大使に任じたのは最善の人選であった。

入念に準備を重ねた第七回遣唐使は、「周」の皇帝と朝見する。名は武照《ぶしょう》、日本では則天武后、または武則天の名で知られる、中国史上唯一の女性皇帝である。

父の家格はさほど高くはないが、母は隋帝室に連なる女性であった。武照は太宗の後宮《こうきゅう》に入るが、太宗の息子である高宗に見初められ、その後宮で皇后に登りつめる。ちなみに、父親の死後その妻を息子が娶《めと》ることは、北方遊牧諸族によく見られる習俗である。

高宗が死去すると、則天武后の生んだ中宗《ちゅうそう》（第一回在位は六八四年）が即位するが、意に従わないとみるや、すぐに中宗を廃し、睿宗《えいそう》（第一回在位は六八四～六九〇年）を即位させた。睿宗も則天武后の息子である。睿宗の在位中も、実権は則天武后の手中にあった。統治の実績を積み続けた則天武后は、六九〇年にとうとう睿宗を退位させて自らが即位する。

則天武后の政治家としての資質は、夫や息子たちよりもはるかに優れていた。出自にとらわれず才能ある臣下を登用し国内統治は安定した。あらゆる手段を使って王権を強化し、強いリーダーシップを発揮して求心力の低下を防ごうともした。しかし、稀代《きだい》の女傑《じょけつ》も、永遠に玉座を占めることはできない。則天武后は、六九八年に先の中宗、つまりは息子の李顕《りけん》を立太子させていた。

それにしても、則天武后もつまらない決定を下したものである。中宗は、則天武后が生んだ男子でもっとも凡庸《ぼんよう》であった。ともあれ、李顕が復位して中宗となるのは七〇五年である。第八回遣唐使は武后の治世末期に至っていた。

日本——国号変更の願い出と許可

第七回遣唐使の事跡についてみていこう。まずは、遣唐使が則天武后に国号を「日本」と改めたいと願い出て、それを許可された。

かつては、太陽の昇るところを意味する「日本」を国号に用いたのは、唐に対する対等、ないしは優越を主張するためであったと論じられることがあった。

この通説を覆す史料が、近年中国で発見された。百済祢軍《くだらでいぐん》の墓誌《ぼし》である。墓誌とは、死去した人物の功績を綴《つづ》る文章を刻みこんだもので、墓内に安置する。祢軍とは、百済が唐・新羅連合軍により滅亡したとき、唐側について戦った百済人である。六七八年に死去した。

さてこの祢軍の墓誌には、「日本」が百済を指して用いられている。墓誌は唐で作制されたものであるから、「日本」という語の用方は、当時の中国の一般常識を反映している。つまり、七世紀の東アジアでは、「日本」は、中国からみた極東を指す一般的な表現にすぎなかった。この日本を国号に用いることは、中国を中心とした世界観を受け入れることになる。つまり「日本」とは、唐（周）を中心とする国際秩序に、極東から参加する一国という立場を明示する国号であった（東野治之）。

「日本」は国号の変更を申し出て、それを則天武后が承認した。朝貢国であるからには、国号を勝手に変更することはできない。そのため、皇帝の裁可を仰いだのである。ここに、中華たる唐（周）に朝貢する「日本」という図式が定まる。決して唐への対等、優越を主張するためではなかった。

都城を完成させ、律令制を整備した日本が目指したのは、唐が主宰する世界秩序下への参入であった。朝鮮半島での戦闘を皇后の座から見守った則天武后は、日本の朝貢使にことのほか喜んだ。

日本の遣唐使が歓待されたことを示す文物が、いくつか残されている。うち一つが法隆寺蔵「四騎獅子《しきしし》狩文錦《かりもんきん》」（横一三四・五センチ、縦二五〇センチ）である。連珠重角円環文《れんじゅじゅうかくえんかんもん》の内文中央に果樹（生命の木）を配し、両側に天馬に乗り背後の獅子に振り向きざまに弓を引き絞る騎士を上下二人ずつ描く。天馬の尻《しり》には円のなかに「吉」「山」の字が織り込まれる。特殊な技法から、ササン朝宮廷工房の工人が参加する都の宮廷工房で、おそらくは七世紀後半、高宗・則天武后の時代に作制されたものとされる（長澤和俊・横張和子）。

則天武后の即位を正当化した『宝雨経《ほううきょう》』という経典も下賜された。正倉院に所蔵される奈良時代の写経に、七四五年五月一日の奥書を持つ『宝雨経』がある。本経は、則天武后即位の正当性を仏教的に裏づけるという目的から考えて、則天武后退位（七〇五年）以前に請《しょう》来《らい》されたとみるべきである。この『宝雨経』とともに、則天武后の即位を仏教的に正当化する役割を演じた『大雲経神皇授記義疏《だいうんきょうじんのうじゅきぎしょ》』も、このときに日本に来た。

そのほか、奈良国立博物館所蔵「刺繡釈迦如来説法図《ししゅうしゃかにょらいせっぽうず》」（勧修寺繡仏《かじゅうじしゅうぶつ》）もある。「釈迦如来説法図」（縦二〇七センチ、横一五七センチ）は、淡黄色の平絹に、絹の撚糸《ねんし》を用いた鎖繡《くさりぬい》と玉繡《たまぬい》の二種の刺繡技法により総繡《そうぬい》し、仏・菩薩など五六体の群像を刺繡したものである。

注目すべきは、画面中央下部で釈迦と相対する後ろ姿の女性である。女性を取り巻く一〇人の僧侶は、則天武后に近侍した一〇名の僧侶を表し、中央の女性は則天武后を描いたものであるらしい（大西磨希子）。周（唐）の富と文化を象徴した、刺繡による巨大な仏像である。

留学僧として入唐経験のある粟田真人には、『宝雨経』、『大雲経神皇授記義疏』、そして「釈迦如来説法図」が下賜されたことの意味が正確に理解できたであろう。

3-3　「刺繡釈迦如来説法図」（奈良国立博物館所蔵／撮影・佐々木香輔）

揺るぎない朝貢——遣唐使と年期

第七回遣唐使以降、遣唐使は平均して二〇年前後の間隔で派遣されることになる。東野治之は、八四〇年、延暦寺《えんりゃくじ》の僧侶である円載《えんさい》への返書に、唐の僧侶である維蠲《ゆいけん》が書いた「約二十年一来朝貢」の一文を、「二〇年に一度の朝貢を約してきた」という意味に解し、日本は二〇年に一度の朝貢を約束していたとした。

朝貢は本来毎年行うのが望ましい。だが所在の遠近によって、三年、五年、七年に一度の朝貢が認められることがあった。これを年期制という。中国では、朝貢国に年期を定めることが古来より行われていた。年期制が日本に適用されていたとしても不思議ではない。ただし、二〇年に一度という年期はほかに事例を見出せない。また東野の注目した維蠲書状の一文にしても、「約」を「およそ」という意味で解釈すると、「およそ二〇年に一度朝貢してきた」と読むこともできる（坂上康俊）。

表3－4からわかるように、遣唐使はその最初期から、特殊な事例（白村江の戦後処理や唐使を送る使者、藤原清河《きよかわ》を迎える使者など）を除けば、天皇一代に一度派遣される傾向が強い。この点を重視するならば、山尾幸久が主張したように、遣唐使には「外交権」を掌握する天皇の、一代一度の事業としての側面があったと認められてよいのではあるまいか。使者

使節	船数	備考
犬上御田鍬・薬師恵日	不明	唐使高表仁来日
吉士長丹（大使）・高田根麻呂（大使）・吉士駒（副使）・掃守小麻呂（副使）	1	遣唐留学僧・留学生を派遣
高向玄理（押使）・河辺麻呂（大使）・薬師恵日（副使）	2	高向玄理が唐で死去
坂合部石布（大使）・津守吉祥（副使）	2	蝦夷をともなう。百済戦役を見据え、唐に抑留される。「伊吉連博徳書」あり
守大石・坂合部石積・吉士岐弥・吉士針間（送唐客使）	不明	665年7月に来日した唐使劉徳高を送る
伊吉博徳・笠諸石（送唐客使）	不明	11月に百済鎮将劉仁願が遣わした司馬法聡を百済に送る
河内鯨	不明	
	不明	高句麗平定を賀す
粟田真人（執節使）・坂合部大分（副使→大使）・許勢祖父（大位→副使） ＊当初の大使は高橋笠間	不明	「日本」として初めての遣唐使
多治比県守（押使）・大伴山守（大使）・藤原馬養（副使） ＊当初の大使は阿倍安麻呂	4	孔子廟・寺観に参拝して帰国。阿倍仲麻呂・吉備真備・玄昉が入唐
多治比広成（大使）・中臣名代（副使）	4	「日本国王主明楽美御徳」に勅書を賜わる。唐人袁晋卿・皇甫東朝・道璿・婆羅門僧菩提僊那・林邑僧仏徹・波斯人李密翳が来日。栄叡・普照ら入唐。吉備真備・玄昉が帰国

3-4　遣唐使一覧（630～894年）

天皇（在位）	回数	出発
舒明天皇（629 - 641）	1	630年（舒明２）発 632年８月帰国
孝徳天皇（645 - 654）	2	653年（白雉４）発 654年７月大使帰国
	3	654年（白雉５）発 655年大使帰国
斉明天皇（655 - 661）	4	659年（斉明５）８月発 661年５月帰国
天智天皇（668 - 671）	5	665年（天智４）12月発 667年11月帰国
		667年11月発 668年帰国
	6	669年発
		670年（咸亨元）入朝
文武天皇（697 - 707）	7	701年（大宝元）正月任 702年６月発 704年７月執節使帰国
元正天皇（715 - 724）	8	716年（霊亀２）８月任 717年（養老元）発 718年10月押使帰国
聖武天皇（724 - 749）	9	732年（天平４）８月任 733年発 734年11月大使帰国

石上乙麻呂（大使）	＼	正倉院文書の経師等調度充帳、懐風藻の石上朝臣乙麻呂伝にのみ残る。停止
藤原清河（大使）・吉備真備（副使）・大伴古麻呂（副使）	4	新羅使と朝賀の席次を争う。鑑真来日。藤原清河と阿倍仲麻呂は帰途で難破
高元度（迎藤原清河使）	1	清河を迎える使。渤海経由で入唐。清河の帰国は許可されず、沈惟岳に送られて帰国。唐は牛角の送付を要請
仲石伴（大使）・藤原田麻呂（副使） ＊当初の副使は石上宅嗣	＼	牛角を送り、唐使沈惟岳を送るための使。翌年難波で船が損壊し、停止
中臣鷹主（送唐客使）・高麗広山（副使）	＼	唐使沈惟岳を送る使。同年中に停止
小野石根（持節副使）・大神末足（副使） ＊当初の使者佐伯今毛人（大使）・大伴益立（副使）・藤原鷹取（副使）は渡航せず	4	大使佐伯今毛人、病と称し行かず。帰途、副使小野石根・唐使趙宝英が死亡
布勢清直（送唐客使）	2	唐使孫興進を送る
藤原葛野麻呂（大使）・石川道益（副使）	4	805年の元日朝賀に参加し徳宗（在位779～805年）の死去に遭遇。最澄・空海・橘逸勢・霊仙入唐
藤原常嗣（持節大使）・小野篁（副使） ＊小野篁は乗船拒否して流罪	4	承和３年・承和４年と渡航に失敗。円仁・円載ら入唐。帰途、新羅船を雇い帰る
菅原道真（大使）・紀長谷雄（副使）	＼	沙汰止み

いない。3）同一の遣唐使でも帰国の年次は船ごとに異なることがある。そのような場合には、帰国が一番早い年次を帰国年として採用した

聖武天皇 （724－749）		*（746年任）*
孝謙天皇 （749－758）	10	750年（天平勝宝２）９月任 752年発 753年12月副使帰国
淳仁天皇 （758－764）	11	759年（天平宝字３）正月任 同年２月発 761年８月帰国
		（761年10月任）
		（762年４月任）
光仁天皇 （770－781）	12	775年（宝亀６）６月任 777年６月発 778年10月第３船帰国
	13	778年12月任 779年発 781年６月帰国
桓武天皇 （781－806）	14	801年（延暦20）８月任 803年４月発 804年７月再発 805年６月大使帰国
仁明天皇 （833－850）	15	834年（承和元）正月任 836年７月発 837年７月再発 838年６月再再発 839年８月大使帰国
宇多天皇 （887－897）		*（894年〈寛平６〉８月任）*

註記：1）「出発」内のイタリック表記は発遣しなかったもの。2）結局出発しなかった使者や、唐まで行っていない使者は、表には記載したが回数は割り振って

の任命が、天皇の即位からほどなくして、ないしは皇位継承者が決定した時点であることが多いのも注目に値する。

遣唐使が天皇の代替わりと関連して派遣されたとすれば、これはまさに朝貢国にふさわしい態度である。二〇年に一度の年期制という東野の見解は長く通説としての地位を保ってきたが、年期の存在を確実に裏づける史料がない以上、現時点では山尾説の可能性が高い。

とはいえ、二〇年に一度の遣使を約束していたにしても、代替わりごとに遣使していたとしても、日本が遣唐使で対等や優越を主張したのではなく、両国がともに日本を朝貢国と認めていたことを示している。東野がいうように、日本の遣唐使が朝貢であったことは、もはや疑問の余地がないことを強調しておく。

遣唐使船——航路と四船構成

第七回遣唐使からは、壱岐・対馬から朝鮮半島に至り、その西岸に沿って北上する従来の航路（北路）ではなく、五島《ごとう》列島より東シナ海を渡る航路（南路）が利用されはじめた。この頃、新羅との関係が悪化し、その沿岸部を北上することができなくなり、南路が利用されはじめたと説明されることがある。

しかし七〇〇年前後、さまざまな問題をはらみながらも、新羅—日本間の政治交渉は継続

3-5　遣唐使の通った北路と南路

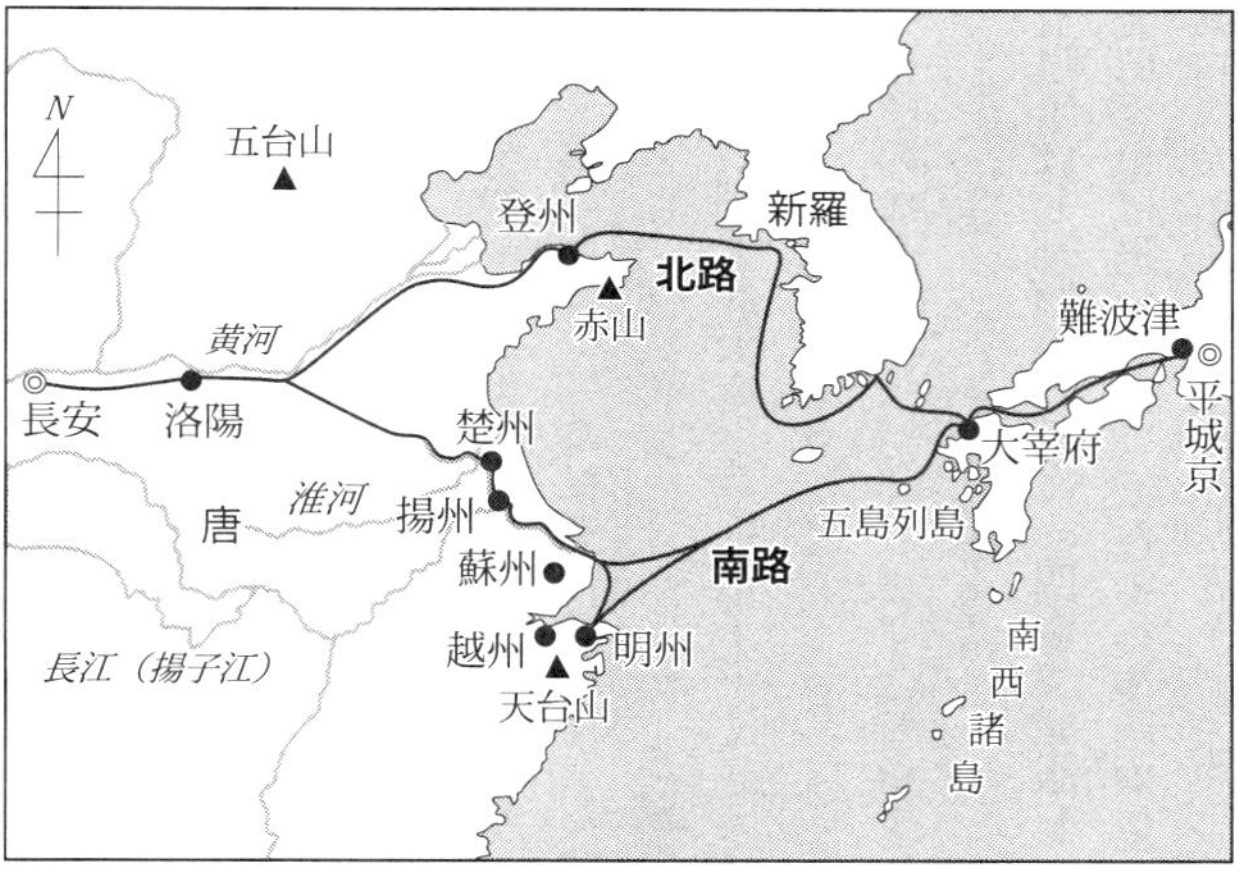

出典：東野治之『遣唐使』（岩波書店、2007年）を基に筆者作成

されていた。加えて、唐の冊封《さくほう》を受ける新羅が日本の朝貢を阻害するかも疑問である。当時、中国、特に長江河口地域への足がかりとなる五島列島の重要性が認識されはじめていたという面を考慮するべきであろう。

ちなみにこの時期の遣唐使について、かつては種子島《たねがしま》・屋久島《やくしま》・吐火羅《とから》・奄美《あまみ》・徳《とく》之島《のしま》・沖縄・久米島《くめじま》・石垣島《いしがきじま》を経て南シナ海を横断する南島路をとったと想定することがあった。七五二年の第一〇回遣唐使が復路、蘇州《そしゅう》を出港した後に沖縄に到着、そこから北上した事例などはあるが、当初から意図してこのルートを利用したことが確実な遣唐使はない。現在では、南島路は突発的な事象により利用されたルートとみなされている。

なお、第七回遣唐使で何艘の船が派遣されたのかは不明であるが、このときには遭難の記録はない。このあと、第八回遣唐使から第一五回遣唐使までは、第一一回遣唐使（迎藤原清河使）と第一三回遣唐使（送唐客使）を除き、遣唐使船は四船で構成された。しかし、四船の遣唐使船がすべて無事に帰国したのは、次回の第八回遣唐使のみである。

二代続けての女性天皇と第八回遣唐使

話を大宝律令制定後の皇位継承に戻そう。

持統天皇の期待を一身に受けて即位した第42代文武天皇は、七〇七年に若くして死去した。幸いなことに、文武天皇には首皇子《おびとのみこ》が誕生していた。だが首皇子は七歳、即位するにはあまりに幼い。天武天皇―草壁皇子―文武天皇と続いた直系継承を護持する役割は、再び女性が担うことになった（3-6）。

首皇子の成長を待つため、まずは首皇子の祖母である阿閉皇女《あへのひめみこ》が第43代元明《げんめい》天皇（在位七〇七～七一五年）として即位する。

首皇子は七一四年六月に一四歳で元服し、同年に立太子する。首立太子の翌年九月、祖母の元明天皇は退位した。ただその後に即位したのは首皇子ではない。伯母である氷高皇女《ひだかのひめみこ》が第44代元正《げんしょう》天皇（在位七一五～七二四年）として即位した。

3-6　天皇家系図④

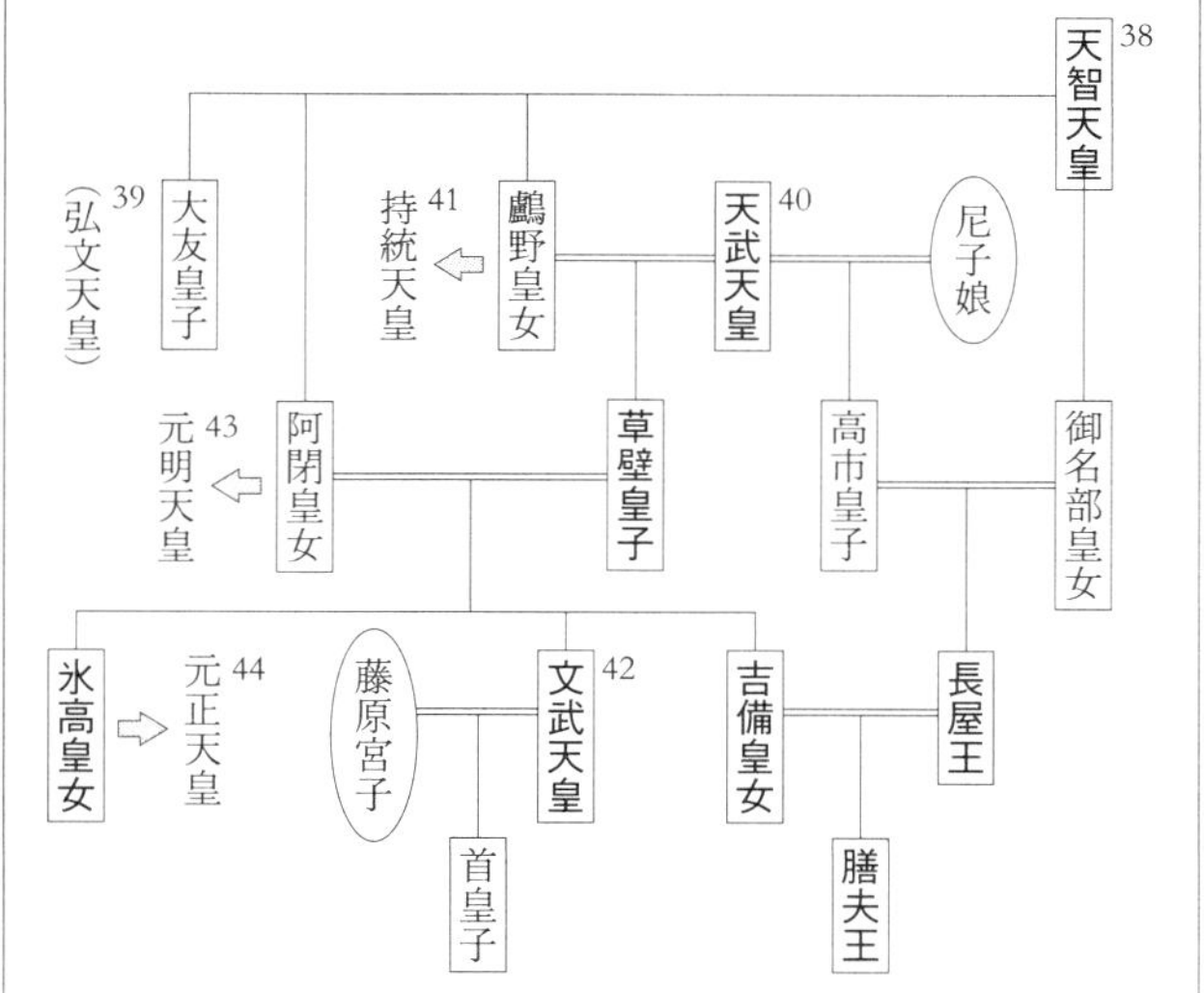

註記：皇族出身者は□、豪族出身者は○、両親が皇族の者は太字

父である文武天皇は一五歳で即位しており、首皇子の即位に年齢的な問題があったはずはない。七一五年に一五歳となっていた首皇子が即位できなかったのは、その生母に問題があったからである。

五世紀以来、直系継承の担い手は、生母が皇族出身の女性、特に皇女であることが望ましかった。しかし首皇子の生母は藤原氏の女性である。天武天皇の皇子には存命の者もおり、彼らも有力な皇位継承者になりうる。日本古代の王権の論理からすれば、首皇子の即位に合意を得るのは容易ではない。首皇子は天皇にふさわしいと群臣に示す必要があり、伯母の在位のもとで皇太子の地位にとどまった。

即位がただちには認められないとしても、立太子した首皇子が直系の継承者であることは、誰もが認めるところである。直系継承のゆくえが定まったことで、第八回遣唐使が七一六年八月に任命された。使節団のトップである押使は多治比県守《たじひのあがたもり》、大使は阿倍安麻呂《あべのやすまろ》、副使は藤原馬養《ふじわらのうまかい》である。理由は史書に記されないが、翌月に大使が大伴山守《おおとものやまもり》に交代した。遣唐使は、翌七一七年に四船で出発した。

この使節は、一船も遭難することなく唐に到着し、一〇月一六日には玄宗《げんそう》（在位七一二〜七五六年）の勅により日本使のための宴《うたげ》が設けられている。玄宗は睿宗《えいそう》の子、つまり則天武后の孫にあたる。唐中興の明主であるが、晩年は楊貴妃《ようきひ》を寵愛《ちょうあい》し、唐没落のきっかけをつくった皇帝である。

七一八年一〇月二〇日に大宰府《だざいふ》が多治比県守の帰国を報告している。使者らは一二月一三日に入京、玄宗から賜った朝服を着て翌年の正月朝賀に参列した。

唐の朝服は、品階に従って材質・色などが異なっており、使者らが朝服を下賜されたことは唐の品階のなかに位置づけられたことになる。それを朝賀の席で身に着けたのであるから、遣唐使は唐への臣属を前提にするという認識を、日本の官人たちは共有していた。冊封は受けないにしろ、遣唐使を派遣する限り唐に臣属することは、当時の官人たちの常識であった。

この第八回遣唐使では、奈良時代後半の政治・仏教を主導する吉備真備《きびのまきび》・玄昉《げんぼう》、唐に仕えて一生を終えることとなる阿倍仲麻呂《あべのなかまろ》が学生・学問僧として入唐した。留学生・留学僧の顔ぶれは派手であるが、肝心の使者の動向はあまり詳しくはわからない。『旧唐書』東夷伝、日本国条によれば、使者らは儒学の教授を望み、玄宗は鴻臚寺《こうろじ》で使者らに教授させたという。書籍の購入にも努力したらしい。

一行は、孔子廟《こうしびょう》・寺観・道観の参拝を申請し、許可されたことも知られる。学問僧を派遣し仏教を信奉する立場を明示しているからには、寺院の参拝を求めたとして何ら不思議ではない。また、律令制の基盤となる礼制について理解を深めるためには、孔子廟に参拝し、釈奠《せきてん》の方法を了解しておく必要があったのだろう。

問題は、道観、つまり道教寺院の参拝も行っていたことである。

唐が重んじた道教

唐代における道教とは、「道の説いた教え」という意味であり、「道」とは神格としての老子を指す。中国漢民族の土着的な宗教である。「道教」という語が創案されるのは五世紀中頃である。北中国の北魏では、五世紀初め、皇帝権力を強化するイデオロギーとして道教が利用されることもあったが、その北魏ものちには仏教信仰に転換するなど、仏教の勢いに押されがちであった。

唐の時代には、唐帝室は老子を宗室の祖と位置づけ、公的には道教をもっとも尊重した。そのため、仏教が中国―諸国間交渉に影響を及ぼしたように、道教が中国―諸国間交渉に影響することもあった。

六二四年に高句麗を冊封するときに、唐が道士を派遣したことは先にみた。唐の時代に道教が対外関係に及ぼした影響を研究する小幡みちるは、唐が冊封を補完するものとして道教を利用しており、高句麗は道教を受容することで唐との間に安定した関係を構築しようとしたと述べる。『三国史記』によれば、翌年には高句麗は、使者を派遣して仏教と道教を学ばせたいと願い出ている。さらに六四二年には、淵蓋蘇文が栄留王を殺害し、宝蔵王を即位させたとき、クーデターにより高まった唐との緊張関係を緩和するため、道士の派遣を願い出ていた。

七一七年、奚《けい》という東北アジアの遊牧国家から来た使者が、寺院と道観を参拝し、東西両市で交易したいと願い出て許可されている。この使者が来た背景には、突厥第二帝国の混乱がある。七世紀末より突厥第二帝国の支配下にあった奚は、七一六年、突厥第二帝国から離反して唐に臣従していた。七一七年に奚が道観への参拝を請求したのは、道教を重視する玄宗の宗教政策に迎合するものである。ただし、奚の使者もまた、高句麗と同様、道教のみならず仏教にも言及している。いかに玄宗が道教を尊重しようとも、良好な関係を促進する場面で仏教を強調することは、もはや対中国交渉の常識となっていた。

七一七年に出発した第八回遣唐使が、孔子廟や寺院に加えて道観の参拝許可を申請したことも、唐—諸国間交渉と道教をめぐる動向を踏まえたものであった。道教を尊重した玄宗の目に、道観参拝の申し出は好ましく映ったに違いない。この遣唐使を通じて玄宗は、日本は道教信仰にも熱心な国だと記憶したであろう。

聖武天皇の即位、外国人招請の任務

七二四年、皇太子であった首皇子がようやく即位した。第45代聖武《しょうむ》天皇（在位七二四～七四九年）である。聖武天皇は即位後もしばらく遣唐使を派遣しなかった。その間、生後二ヵ月で立太子させた某王の死去、長屋王《ながやのおう》の変といった王権にまつわる重大事件が相次ぐ。

七二九年、甲羅《こうら》に「天王貴平知百年」とある亀が発見され、天平《てんぴょう》と改元される。改元直後、藤原光明子《こうみょうし》が氏族出身の女性としては初めて皇后位に登った。光明子には先に死去した某王の他に男子はいない。しかも、別の夫人である県犬養広刀自《あがたいぬかいのひろとじ》には男子（安積親王《あさかしんのう》）が誕生していたにもかかわらずだ。光明子の立后により聖武天皇は、将来誕生が期待される光明

3-7　天皇家系図⑤

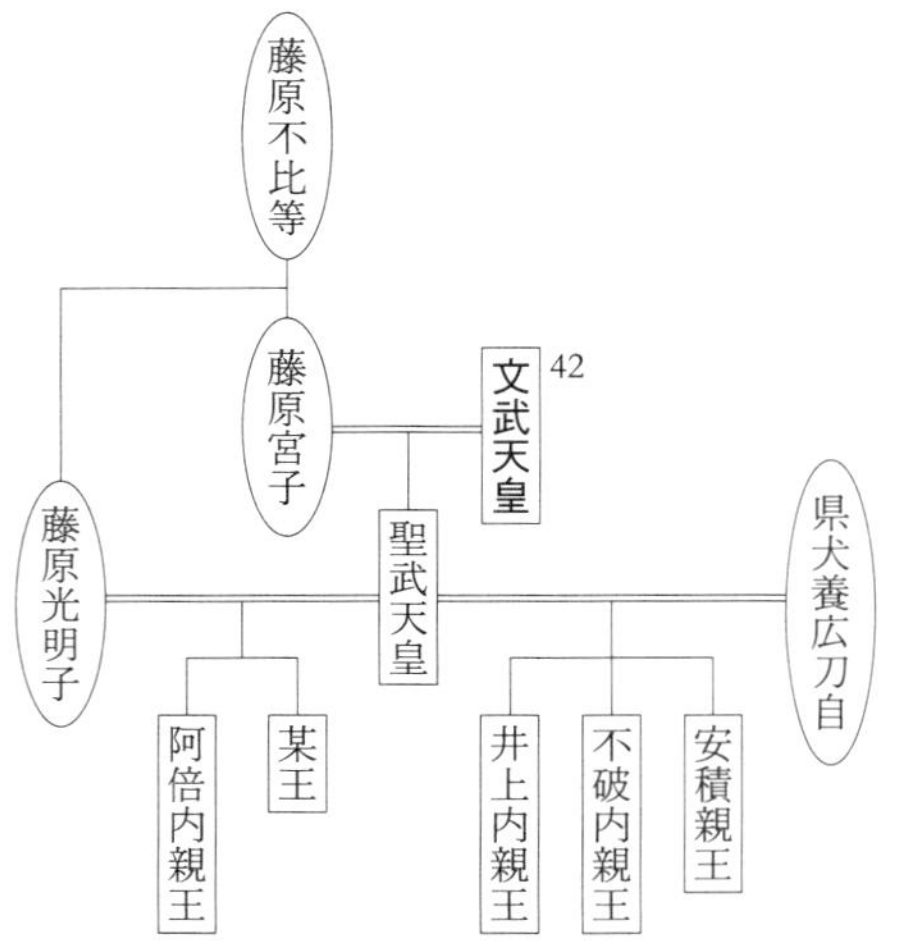

註記：皇族出身者は□、豪族出身者は○、
両親が皇族の者は太字

子所生の男子を直系の担い手にするという立場を示した。

3-7の系図をみてもわかるように、聖武天皇には皇族出身の妻がいない。八世紀以前の伝統からみれば、皇女（律令制下では内親王）との間に男子をもうけてこそ、直系としての立場は強固となりえた。

皇族出身の妻を持たないということは、聖武天皇の父である文武天皇の時代に始まっていた。文武天皇には石川《いしかわ》氏・紀《き》氏出身の妻がいたが、最終的には藤原宮子《みやこ》の男子である首皇子が皇位継承者に選定された。このときから藤原氏は、王権の伴侶《はんりょ》たる特殊な地位を獲得する。天皇が皇女を妻に迎え、二人の間に誕生した男子を直系と位置づけるという伝統は、文武天皇の時代に放棄されていた。

天平改元の翌七三〇年三月、聖武天皇は通訳養成を奨励する詔を出している。対外交渉の活発化を念頭に置く詔であろう。七三二年八月に大使以下が任命され、九月に遣唐使船の建造が開始された。

第九回となる遣唐使の大使は多治比広成《たじひのひろなり》、副使が中臣名代《なかとみのなしろ》である。完成した船が難波を出航したのは翌七三三年四月だった。一行には、のちに鑑真を招聘《しょうへい》することとなる栄叡《ようえい》・普照《ふしょう》の僧侶も含まれていた。この遣唐使には、さまざまな技能を持った外国人を招請する任務が課せられていた。唐人袁晋卿《えんしんけい》・皇甫東朝《こうほとうちょう》・道璿《どうせん》・婆羅門《ばらもん》僧菩提僊那《ぼだいせんな》・ベトナム僧仏徹《ぶってつ》・ペルシャ人李密翳《りみつえい》が、遣唐使に請われて来日することになる。

このとき日本の遣唐使が招聘したなかに道士は含まれていない。日本は道教の導入には消極的であった。先述したように唐室は道教の祖である老子の子孫を称していた。古代の日本は、道教を信奉することは、唐室の祖先崇拝を持ち込むことになると考えたらしい。前回の遣唐使は道観の参拝を申し出てはいたが、道士を招聘して道教を広めるつもりはなかった。

この第九回遣唐使の帰路は、七三四年一〇月に蘇州から出発し、大使の乗る第一船は七三四年一一月に種子島に到着している。しかし副使中臣名代の乗る第二船は難破して唐土に漂着。中臣名代は、帰国の便宜を得るために「老子経本」（玄宗自ら注を施した『老子道徳経』のこと）の下賜を願い出た。結局、中臣名代は、玄宗の援助を得て無事帰国する。この行為が、のちに思いもかけない問題を生むこととなる。

なお、七四六年正月にも遣唐使の派遣は計画されたが、結局派遣されることはなかった。派遣の目的も、派遣停止の理由も明らかではない。

3　崇仏国・唐への仏教アピール――鑑真来日と道教拒否

特殊な女帝、孝謙天皇の即位

七四九年に聖武天皇は出家し、光明皇后との間の唯一の子である阿倍内親王《あべないしんのう》が第46代孝謙《こうけん》天皇（在位七四九～七五八年）として即位した。天皇が在位中に出家するのは聖武天皇が初めてである。また、聖武天皇以前にも生前に譲位した天皇はいたが、先述したように、それらはいずれも女性天皇であり、生前に譲位した男性の天皇は聖武天皇が最初であった。

日本古代で、天皇となる内親王（皇女）は、自分の男子や孫、あるいは甥が即位するまでの中継ぎとなった（推古天皇、皇極天皇、持統天皇、元明天皇、元正天皇）。既婚者の場合は天皇の配偶者だった者に限られる。天皇以外を配偶者とする内親王が即位したことはない。また未婚の内親王が即位すると、在位中も譲位後も結婚することはなかった。皇位は父系によって継承されるべきと考えられたからである。女性天皇には、婚姻によって次代の天皇をもうけることが期待されていなかった。

孝謙天皇もまた、生涯一度も結婚することはなかった。その点は、未婚のまま即位し、譲位後も独身を通した元正天皇と共通する。しかし、元正天皇が立太子されていないのに対し、孝謙天皇は七三八年に立太子している。加えて、元正天皇即位時には、首皇子（のちの聖武天皇）が直系の継承者になることが決定していた。だが、孝謙天皇即位時には、次に直系を担うべき人物が確定していない。この背景には、藤原光明子に再び男子が生まれるのを望みながら、結局は皇位を継ぐべき男子が不在のまま譲位せざるをえなかったという、聖武天皇の直系継承構想の行き詰まりがある。

ここで女性天皇と遣唐使との関係をみておこう。飛鳥・奈良時代には、第33代推古天皇（治世後半期）、第35代皇極天皇、第40代天武天皇、第41代持統天皇、第43代元明天皇（在位七〇七〜七一五年）、第48代称徳《しょうとく》天皇（在位七六四〜七七〇年）の六人の天皇が在位中に遣唐使を派遣しなかった。国内制度整備を急いだため遣唐使を派遣しなかったとされる天武天皇を除けば、遣唐使を派遣しなかった天皇はすべて女性である。

このうち推古天皇（治世後半期）・皇極天皇については、次の直系たるべく、対唐交渉の表舞台に立つ男性皇族がおらず、遣唐使は派遣されなかったと述べた。残る元明・称徳天皇にも、この原則は当てはまる。二人の在位中には、次に即位が期待される首皇子と他戸王《おさべおう》（称徳天皇の甥、後述）はまだ立太子してもいない。天皇の代わりに対唐交渉の表舞台に立つことはできず、ゆえに、元明・称徳天皇の代には遣唐使が派遣されなかった。

ところが孝謙天皇は、直系のゆくえが定まらず、皇位継承予定者が決定していないにもかかわらず、七五〇年には第一〇回目となる遣唐使を任命した。これはおそらく孝謙天皇の異質さと関連している。

孝謙天皇は、女性であり中継ぎではあっても、直系の権威を担うべき唯一の存在として、一代一度の盛儀である遣唐使の派遣を実行するべきと判断されたのだろう。なにより、父である聖武天皇は存命であった。対外交渉上の問題が起こったときには、父が政治の表舞台を取り仕切ることも可能であった。

道士の招聘辞退、鑑真の密航

第一〇回遣唐使の大使は藤原清河《ふじわらのきよかわ》、副使は前回遣唐使で帰国した吉備真備《きびのまきび》と大伴古麻呂《おおとものこまろ》の二人で七五二年に出発した。

この使節は、朝賀の座で新羅と席次争いをしたことで知られる。『続日本紀』記載の大伴古麻呂の帰国報告には以下のようにある。朝賀するべく参集した諸国の使者は、宮殿内で東西に分かれて列立した。東は新羅がトップ、西のトップは中央アジアの覇権を唐と争う吐蕃《とばん》である。副使である大伴古麻呂は、新羅は古くより日本に朝貢している、ゆえに日本が新羅の上に配されるべきであると強硬に主張し、結局、新羅は吐蕃の次席に配されることとなったという話である。

日本が要求した東側トップという位置は、玄宗にもっとも近い場所、すなわち東方諸国で唐にもっとも尊重される朝貢国が立つべき位置であった。日本の要求は、唐の絶対的優位を認め、唐への忠義を自ら強調する行為であった。新羅への優位は、その付属の話といえる。

第一〇回遣唐使でもっとも有名なのは、戒律を伝授できる高僧を求めて、鑑真《がんじん》を招いたことであろう。大使である藤原清河は、鑑真来日の許可を玄宗に申し出た。玄宗はここで、鑑真の渡日を許可するとともに道士の派遣を提案する。かつての研究では、日本が仏教にのみ熱心で、道教を崇《あが》めていないことに玄宗が不満を持ち、道士の同行を命じたとするものもあるが、玄宗が日本の道教信仰に不満を持っていたとする史料は見出せない。

では、なぜ玄宗は道士の派遣を提案したのか。玄宗在位中の過去二度の遣唐使が、道観に参拝し、玄宗自ら注を付した『老子道徳経』を下賜品に要求するなど、導入に関心を寄せているように見えたからである。玄宗として、あくまで好意的配慮だったといえよう。

玄宗の勧めを受け入れて道士を招聘しては、日本で道教が信仰されていないことが唐に知られてしまう。前二回の遣唐使で道教に関心を示してきたことが、唐との交渉上のパフォーマンスにすぎないことが露見する。使節は、道士の来日を断り、あわせて鑑真の来日許可申請を取り下げた。

大使の藤原清河は、玄宗に鑑真来日許可の申請を取り下げる一方で、鑑真に日本への密航を提案し受け入れられる。ところが、鑑真の密航計画を唐が察知したと知るや、藤原清河は鑑真を下船させる。唐との間に良好な関係を構築・発展させることが遣唐使の最重要任務である限り、藤原清河の選択は当然だった。結局、鑑真は副使である大伴古麻呂が乗る船に密《ひそ》かに乗り込み、七五三年末にようやく日本に到着した。

七四二年一〇月に栄叡・普照に請われて渡日を決意してから一一年が経過していた。渡日の失敗は五回に及ぶ。実際に渡海しようとして船が遭難したのは二度目と五度目のこと。それ以外は計画段階で失敗していた。唐の時代には、公的な許可を得ずに出国することはできず、許可を得ていない鑑真の渡日は密航となり、計画が公となるたびに渡航が禁止されたからである。五度目の失敗で栄叡は死去し、相次ぐ失敗に疲弊した普照は去った。六度目にしてようやく日本の地を踏んだ鑑真の感慨は、計り知れないものがある。

さて、来日した鑑真が第一に行ったのは、聖武太上《だいじょう》天皇・光明皇太后・孝謙天皇に菩薩《ぼさつ》戒《かい》を授《さず》けることであった（『唐大和上東征伝《とうだいわじょうとうせいでん》』）。三人の受戒《じゅかい》は、唐の皇帝（則天武后、中宗、睿宗）たちが、鑑真の師匠筋にあたる僧侶から菩薩戒を受けたことを先例とする。

この頃、菩薩戒を授けるのに用いられていたのが『梵網経《ぼんもうきょう》』という経典である。儒教的な孝を説くことから、サンスクリット語から翻訳されたのではなく、中国で書かれた経典、偽経であるとされている。聖武太上天皇・光明皇太后・孝謙天皇の受戒も、『梵網経』に拠《よ》るものであった。そしてこの『梵網経』には、国王は菩薩戒を受けるべきで、それによって仏教の加護を受けられるとある。聖武太上天皇・光明皇太后・孝謙天皇の三人は、菩薩戒を受けたことで仏教信仰を主導する菩薩となり、かつ仏教の加護を受けることとなった。

各国の遣唐使と仏教

話を少し戻そう。道士の渡日を提案した玄宗は、日本が鑑真の来日許可を申請したことをどう評価したのか。

唐の皇帝のなかでも、玄宗は道教を優遇したことで知られる。道教を信奉する一方で玄宗は、則天武后が権力を掌握して以降、中宗・睿宗の時代を通じて勢力を増した仏教界に強く反発していた。七一四年に三万人の僧尼が還俗させられたのを皮切りに、僧侶の出家と寺院建立の禁止、市中での仏像・経典の売買禁止が次々と打ち出されていた。仏教に向ける冷ややかな視線からみれば、仏教の受容に熱心な日本に対し、玄宗が不快感を抱いたとしても不思議ではない。

しかし実際は反対であった。唐の時代にも仏教は、中国―諸国間交渉の思想的基盤の一部をなしていた。しかもそのような交渉は玄宗の治世下、つまり七一二～七五六年にもっとも頻繁に行われていた。ここで、玄宗の在位中に行われた仏教をキーワードとする対唐交渉の事例を紹介しておこう。

七二〇年には、南天竺《みなみてんじく》が、唐のために寺院を建立したとしてその寺院への寺額を要求した。これに対し玄宗は、「帰化」という名前を賜り、寺額を下賜したという。釈迦生誕の地である天竺が、唐のために寺院を建立し、中国に「帰化」を認められたというのである。

この南天竺による遺使以降、玄宗の在位中に、天竺および西域諸国はしばしば僧侶を使者として派遣した。結論を先に述べると、これら諸国は類似する目的をもって仏教僧を使者に起用したと考えられる。まずは3－8に事例を列挙してみよう。

これらの遺使が行われた背景を考察するうえで参考となるのが、中国仏教史に卓抜した功績を残した藤善眞澄と、中央アジア史を牽引してきた森安孝夫の研究である。

藤善は、南天竺が七二〇年に唐のために寺院を建立してその寺額を求めた際、南天竺による大食《たいしょく》・吐蕃討伐軍の名称も求めていたことから、南天竺は戦争と仏教の両面から唐との紐帯《ちゅうたい》を図っていたという。

森安は、七一〇年前後から七三〇年代にかけてムスリムが勢力を拡大するなかで、パミー

3-8　中国への僧侶派遣（玄宗在位中、712～756年）

遣使年	遣使国	内容	史料
729	トハリスタン（中央アジア）	僧侶を使者として派遣し、種々の薬を献上	『冊府元亀』
731	中天竺（インド）	僧侶を使者として派遣	『旧唐書』
733	カシミール（中央アジア）	僧侶を使者として派遣し、上表文を送る	『冊府元亀』
745	ギルギット（中央アジア）	僧侶を使者として派遣してきた。僧侶に右金吾衛員外中郎将を授けて帰国させた	『冊府元亀』
746	スリランカ	僧侶を使者として派遣し、貝葉に書写したサンスクリット語の大般若経一部などを献上してきた	『冊府元亀』
748	ギルギット（中央アジア）	国王と僧侶が来朝。僧侶には鴻臚員外卿を授けて帰国させ、国王は宿衛として留めた	『冊府元亀』
750	カーピシー（中央アジア）	僧侶を使者に派遣し、唐の使者派遣を希望したので、宦官を使者に派遣した	『仏説十力経大唐貞元新訳十地等経記』

筆者作成

ル山脈周辺の諸国やササン朝亡命政権、ないし、その残党と思《おぼ》しき波斯《はし》、さらにはネストリウス派キリスト教徒の集団などが唐への遣使・朝貢を繰り返したことに着目し、これら諸国・諸勢力と密接な関係にあり、時に表裏一体である仏教・ゾロアスター教・ネストリウス派キリスト教・マニ教も含めて、この地域が反ムスリム勢力という点で結集していたと推定する。

二人の論を合わせて考

えると、七二〇年代以降、中央・西・南アジアでは、反吐蕃（チベット）、反ムスリム勢力という立場から唐へ使者を派遣することが行われ、しかもそのような動きに各地の仏教界が参加していたことになる。

当時、中央・西・南アジア諸国はたしかに、吐蕃あるいはムスリム勢力からの侵略を受け、唐に対してしばしば軍事的な協力関係を求めていたことが史料から確認できる。折しも唐は、玄宗治世下で国は安定し、軍事的影響力の拡大を試みていた。諸国は僧侶を使者として派遣し、共通の宗教たる仏教を背景として友好関係を深め、軍事的協力関係を取りつけ、あるいは唐との関係を改善させようとしたのである。

崇仏国王としてのアピール

このような諸国の動きに、玄宗はどのように反応したのか。

七二〇年の南天竺への唐の対応は先述したとおりだ。南天竺が中国に「帰化」を認められたことは、仏教を介して唐の中華世界に参入するという南天竺側の態度を唐が承認したことになる。玄宗在位中の中華世界は、その初期より仏教に基づく国家関係に肯定的であった。

七三一年に僧侶を派遣してきた中天竺へは、玄宗は金剛智《こんごうち》という中天竺王室出身の僧侶（七二〇年に南天竺使と入唐）を返礼使として起用し（ただし出国前に死去）、中天竺王に唐室の姓である李姓を賜って厚遇し遊撃将軍の称号を授けている。

戦争と仏教の両面における紐帯を求めた南天竺・中天竺両国に対し、承諾の意を伝えたものであった。

このほか、吐蕃に服属したことで唐の征討を受けたギルギットの例を除けば、諸国の交渉は基本的に好意的に受け止められている。

玄宗の対外政策における仏教の重要性は、治世の後期にさらに高まる。玄宗は七四六年に、スリランカの使者として鴻臚寺に滞在していた密教僧の不空《ふくう》から灌頂《かんじょう》を受けた。受者の頭に水を注ぐという灌頂は古代インドの国王の即位式でもっとも重要な要素の一つである。玄宗の受灌頂は、玄宗が古代インドの国王と同じく、仏教的正当性を備えた崇仏国王であることを、内外にアピールするために行われた。玄宗はおそらく、反吐蕃、反ムスリム勢力の盟主にふさわしい仏教的正当性を獲得し、仏教を通じてそれら地域における影響力を拡大するために不空から灌頂を受けたのであろう。

つまり、吐蕃やムスリム勢力の侵略にさらされていた中央・西・南アジアの諸国では、僧侶を派遣するなど唐との間に仏教を介した良好な関係を構築し、反吐蕃・反ムスリム勢力の戦いに唐の介入を引き出そうとしたのである。玄宗はそれら諸国の意図を好意的に受け入れていた。

七五三年に鑑真の渡日許可を申請した日本に対し、玄宗が不満を抱いたはずはない。道士の派遣を辞退したとはいえ、仏教信仰における唐の仏教の優位性を前提とする日本の行動を、玄宗は好意的に評価したに違いない。

安禄山の乱——唐の混迷

話はやや遡って唐の太宗・高宗の時代、つまり六二六～六八三年、東は遼東半島、西はパミール高原、南はベトナム、北は天山《てんざん》山脈に至る広大な領土を得た唐は最盛期を迎えた。支配が常に安定していたわけではない。則天武后による革命とその失敗を経て、中宗—睿宗—玄宗と皇位が継承された時代、西域では、突厥第二帝国・吐蕃（チベット）・突騎施《とっきし》（トゥルギッシュ）などとの抗争・和平が繰り返された。東アジアでは渤海《ぼっかい》建国に関係して唐—渤海間の対立も見られた。だが、アジアにおける唐の国際的な優位は、にわかには揺るがないかにみえた。

この頃、突厥人を母、ソグド人（パミール高原西のソグディアナ地方を本拠地にシルクロード交易を主導した人びと）を父として生まれ、国際貿易に携わりながら軍事に習熟し、玄宗の寵臣《ちょうしん》として節度使《せつどし》（唐の境界地域に派遣された各地方軍政のトップ）となった人物がいた。安《あん》禄山《ろくざん》である。契丹・奚・ソグド系突厥の人びとをも自派に取り込んだ安禄山は、七五五年、奸臣《かんしん》を除くという名目のもと挙兵し、すぐさま洛陽を落とし、翌七五六年正月に大燕皇帝《だいえん》として即位した。玄宗は大軍を洛陽に派遣するが敗北し、四川《しせん》へと落ち延びる。

長安脱出後、途中から玄宗と別行動をとった皇太子は、霊武《れいぶ》に向かいそこで即位する。粛宗《しゅくそう》（在位七五六～七六二年）である。玄宗が退位したわけではない。事実上のクーデターである。粛宗の長男代宗《だいそう》は、ウイグルの援軍を借りて七六三年にようやく乱を平定した。これより先、七五七年に安禄山が殺され、その配下にあって安禄山死後には反乱軍を統率した史思明《ししめい》も七六一年に殺された。だが、唐に昔日の面影はない。ウイグル・吐蕃という二大敵国の侵入が続き、対外的影響力はもちろん、領土は縮小の一途をたどっていく。

渤海から帰国した使者により安禄山の乱の情報が日本にもたらされたのは、七五八年一二月のことである。

渤海は、中国東北部から朝鮮半島北部に及ぶ、靺鞨《まっかつ》と高句麗《こうくり》移民が建てた国家である。六九八年に樹立、七二七年に初めて日本へ使者を派遣していた。それ以降は八世紀中、日本からは一二回、渤海からは一四回の使者を数えた。安禄山の乱を伝えたのは、第三回目の遣渤海使である。第47代淳仁《じゅんにん》天皇（在位七五八～七六四年）の治世中であった。

異例の遣使――藤原清河〝救出〟、渤海使帯同

安禄山の乱の報を得た日本は、翌年、突如として藤原清河を唐から帰国させるために高元《こうげん》度《ど》（高句麗系の渡来人）を使者に任命した。藤原清河は、藤原北家《ほっけ》の祖先となる房前《ふささき》の第四子で、先述したように第一〇回遣唐使の大使として入唐していた。大使としての使命を終えた藤原清河は、阿倍仲麻呂をともなって帰国する途上、逆風に遭いベトナム北部に漂着、仲麻呂と長安に戻り唐朝に出仕していた。

七五九年まで、日本が藤原清河のために何らかの行動を起こした記録はない。唐の存亡すら危うい安禄山の乱のさなかに、一人の人物を帰国させるために使者を派遣するのは奇妙である。使者に任命された高元度は来日していた渤海使の船に便乗し、渤海経由で入唐する。実は、藤原清河を迎えるという名目のもと、最新情報の収集を図る遣使であった（山内晋次）。

渤海の賀正使に従い入唐した高元度だが、藤原清河を連れ帰ることは許可されなかった。朝貢にかかわる一連の行事が終わると、粛宗は兵仗《へいじょう》の様《ためし》（兵器の見本）、甲冑《かっちゅう》や槍《やり》などを使者に賜い、「特進・秘書監である藤原清河について、いま汝《なんじ》使者らの奏上により帰国させようと思ったものの、残党はいまだ平定に服さず、道々に多く困難が生じる恐れがある。そこで高元度よ、〔汝は〕南路をとって先に帰国し復命せよ」（『続日本紀』天平宝字《てんぴょうほうじ》五年八月甲子《かっし》条）と命じた。帰国の船は蘇州で造られ、越州の下級官吏である沈惟岳《しんいがく》が送使として日本に

派遣されることとなった。さらに粛宗は、武器の材料となる牛角の送付を高元度に求めた。

藤原清河を迎えに来た使節は帰国させながらも、なぜ藤原清河の帰国を許さなかったのか。八世紀に入ってから、日本の遣唐使は一代に一度、天皇の代替わりに関連して派遣されてきた。それが今回は、渤海使に帯同されるという異例の方法により使者を派遣した。藤原清河を迎えるためといいつつも、日本の目的が安禄山の乱後における情報収集にあることを唐は容易に察しただろう。国家再建に必死な唐は、藤原清河の帰国を許さず、また乱後に不足した武器を補うため牛角の送付を遣唐使に命じる。これにより、唐からの離反は許さないという意思を端的に伝えようとしたのである。粛宗の命を受け、七六一年八月に高元度は帰国し、日本は早速牛角の送付を計画する。

だが七六三年、渤海の使者を通じて、唐はいまだに混乱した状況にあり、蘇州を確保するのみで（実際にはそこまで危機的な状況にはない）、朝貢のすべがないとの情報を得た。朝廷は、牛角を送り届ける遣唐使の派遣を中止する。

送使として高元度とともに来日していた沈惟岳らは、皇帝の命を完遂して帰国することが不可能となった。沈惟岳のその後については後述しよう。

淳仁天皇の廃位と称徳天皇の重祚

渤海の使者を受け入れる前年、つまり七六二年六月に孝謙太上天皇は突如、「言うべきでないことを言い、するべきでないことをした」と、自らの後に即位した第47代淳仁天皇（在位七五八〜七六四年）を激しく譴責し、「平常の祭祀《さいし》や、〔国家の〕小事は今の帝《みかど》（淳仁）が行いたまえ。国家の大事・賞罰の二事は朕〔孝謙天皇〕が行う」（『続日本紀』天平宝字六年六月庚戌《こうじゅつ》）との著名な宣命《せんみょう》を出した。

孝謙太上天皇の最大の後見であった聖武太上天皇は七五六年五月に死去していた。翌七五七年三月、孝謙天皇は父聖武太上天皇の決めた皇太子道祖王《ふなどおう》（天武天皇の孫で、新田部《にいたべ》親王の子）が喪中に淫《みだ》らな行いをしたとして、皇太子を廃し、四月に大炊王《おおいおう》（天武天皇の孫で、舎人《とねり》親王の子。淳仁天皇）を皇太子とした。七月に橘奈良麻呂《たちばなのならまろ》の変が起こり、橘奈良麻呂が即位させようと計画した人物に道祖王が含まれていたため、道祖王は獄に下って刑死する。道祖王も大炊王も天武天皇の孫である。しかし、どちらも天武天皇―草壁皇子―文武天皇―聖武太上天皇という直系血統には列《つら》なっていない。

七五八年八月に、孝謙天皇は淳仁天皇に譲位した。とはいえ、即位とともに淳仁天皇が直系としての立場を固めたわけではない。そもそも淳仁天皇は、直系を生むのにふさわしい皇族や藤原氏の女性を妻にしていない。淳仁天皇の妻でもっとも尊重されたらしいのは、粟田《あわたの》諸姉《もろね》という女性である。時の権力者である藤原仲麻呂の長男の妻であったが、夫の死後に淳仁天皇に再嫁していた。この婚姻によって、藤原仲麻呂は淳仁天皇の後見になったとされるが、それにしても、直系を生み出すのにふさわしい婚姻とはいいがたい。

さて、冒頭に引いた孝謙太上天皇の宣命は、淳仁天皇即位からほぼ四年が経過したときのものである。在位の実績を積んでいたにもかかわらず、淳仁天皇の権限は孝謙太上天皇の勅命一つで否定されてしまう。淳仁天皇は、即位後も孝謙天皇在位時の年号である天平宝字を使用し続けていた。このような天皇は古代には他に例がない。「王を奴《やっこ》とするのも、奴《やっこ》を王とするのも汝〔孝謙天皇〕の意のままにせよ」（『続日本紀』天平宝字八年一〇月壬申条）という父聖武太上天皇の遺言どおり、直系継承を見守り導く役割は、孝謙太上天皇にこそ期待されていた。

孝謙太上天皇が淳仁天皇から取り上げた国家の大事とは何だったのか。そこには遣唐使の派遣が含まれていた（山尾幸久）。淳仁天皇・藤原仲麻呂が計画してきた牛角送付のための遣唐使は中止された。安禄山の乱により混乱する唐が軍事介入する余力はなかろうと、新羅に侵攻する計画もあったが、これも孝謙太上天皇―淳仁天皇の対立を機に停止された。

孝謙太上天皇はなぜ七六二年に突如として淳仁天皇を切り捨てたのか。孝謙太上天皇がこの頃そば近くに仕えるようになった僧侶の道鏡《どうきょう》に熱をあげたため、道鏡の即位を望んだという説がある。しかし道鏡は出家者である。婚姻し、子孫をもうけることができない道鏡は、中継ぎ以外にはなりえない。道鏡を直系の担い手とするほど、孝謙太上天皇が錯乱したはずはない。直系継承の護《まも》り手として、自らの役割を誰よりも理解していた孝謙太上天皇にとって、皇位継承という国家の最重要事項は個人的感情で片付けてよいものではなかった。それでは孝謙太上天皇は、道鏡の後に誰が直系を担うべきと考えたのか。父聖武天皇以来、直系の存続を至上命題としてきたからには、道鏡退位後の皇位継承について孝謙太上天皇は何らかの構想を抱いていたはずである。

ここで注目されるのが七六一年、異母姉の井上内親王《いのうえないしんのう》と白壁王《しらかべおう》（天智天皇の孫、父は施基皇《しきのみ》子《こ》）との間にできた他戸王《おさべおう》である。

井上内親王と同母である不破内親王《ふわないしんのう》には早くに男子が誕生していたが、不破内親王は聖武天皇から身分を剝奪《はくだつ》されたことがあり、しかも夫である塩焼王《しおやきおう》（天武天皇の孫、父は新田部皇子）は七四二年に聖武天皇の怒りをかって流刑に処されていた。両者の男子は氷上《ひのかみ》姓を与えられて臣籍降下しており、早くに皇位継承権を喪失していた。

井上内親王は伊勢神宮の斎宮《さいぐう》（伊勢神宮に奉仕した未婚の皇女）であった。弟の安積親王《あさかしんのう》が一七歳で死んだのを機に、天智天皇の孫である白壁王と結婚していた。聖武天皇の意向による婚姻であろう。なかなか男子が誕生しなかったが、七六一年にようやく他戸王が生まれた。

臣籍降下した不破内親王の男子とは異なり、他戸王の父母には彼の血統の価値を損なう経歴は皆無であった。河内祥輔によれば、孝謙太上天皇は、この他戸王を直系の継承者に望んだという。以下、河内の説によって王権を取り巻く状況について述べておく。

3-9　聖武天皇の子孫たち

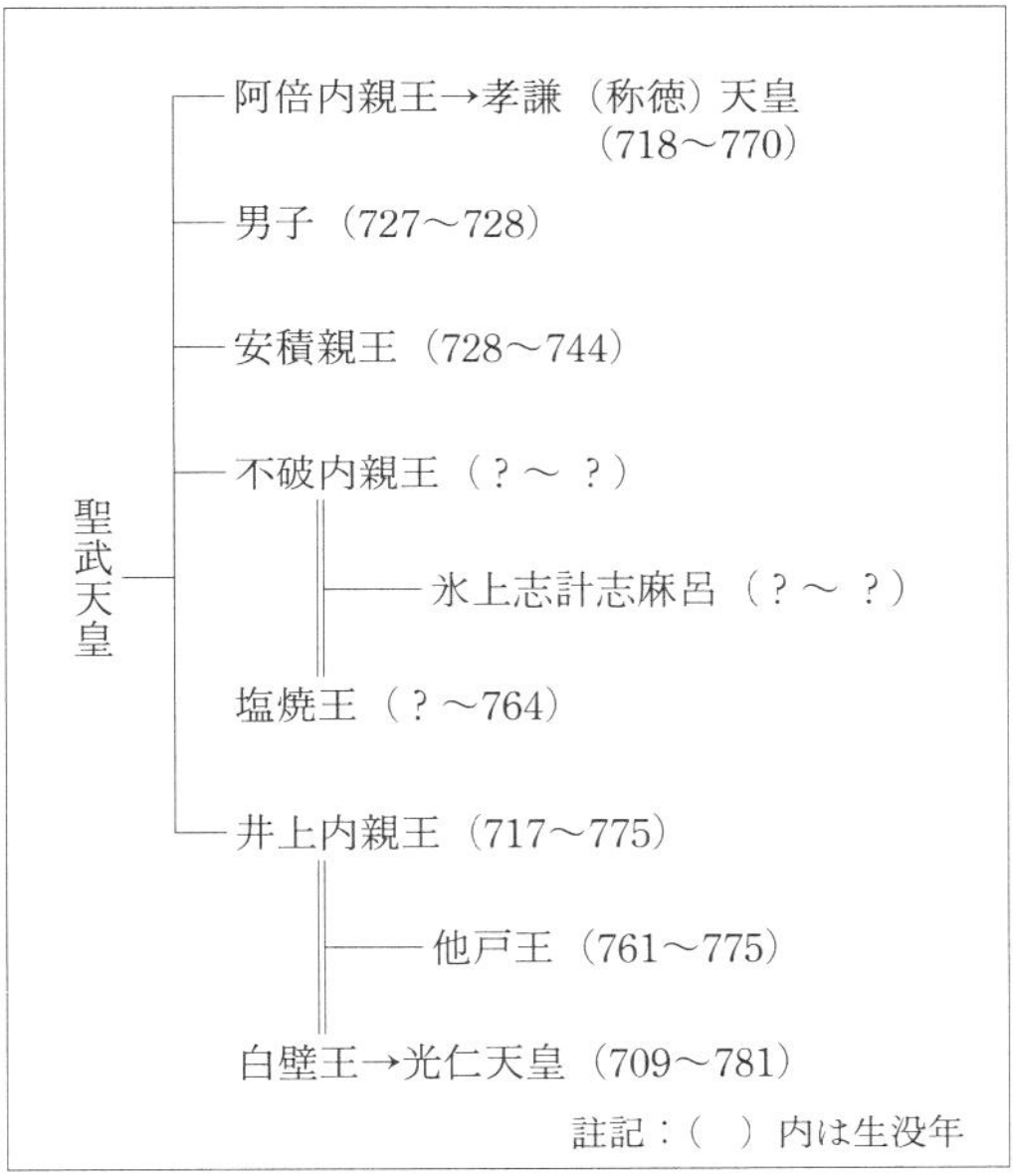

孝謙太上天皇とは六親等も離れ、聖武天皇の血を引かない淳仁天皇は、もはや他戸王の即位を阻《はば》む存在だった。しかし、他戸王を直系に据えようとする孝謙太上天皇の方針を、藤原仲麻呂は支持しなかった。藤原仲麻呂が将来の直系継承をどのように考えていたのかを語る史料はないが、七六四年の反乱時に藤原仲麻呂は不破内親王の夫である塩焼王を連れて逃げていることから、塩焼王と不破内親王と

の男子に期待をかけていたのかもしれない。先手を打たれた藤原仲麻呂は敗れ、淳仁天皇は廃位に追い込まれた。

七六四年に孝謙太上天皇は重祚《ちょうそ》する。第48代称徳天皇（在位七六四〜七七〇年）である。重祚時には称徳天皇は四七歳。誕生したばかりの他戸王が成人し即位するまで、その後見を務められるか不安を感じていた。

他戸王即位までの中継ぎという役割を期待されたのが道鏡である。僧侶の道鏡であれば、天皇に即位したとしても、結婚し、男子をもうけて直系継承を乱すことはない。また、聖武天皇・称徳天皇（孝謙天皇）は、王権が仏教の加護を得られるよう、大仏造立や寺院建立などの数々の崇仏政策にのめりこんでいた。鑑真から菩薩戒を受けたというのもその一環である。

王権の護持を仏教に期待した称徳天皇は、道鏡を中継ぎとすることで他戸王への皇位継承が無事に成功するよう望んだのであろう。直系の庇護《ひご》者を自認するからこそ下せる判断である。だが、余人はこの思考についていけなかった。道鏡を即位させるという称徳天皇の計画は挫折《ざせつ》する。

直系の転換と大使を欠いた遣唐使派遣

七七〇年に称徳天皇は死去し、他戸王の父白壁王が第49代光仁《こうにん》天皇（在位七七〇〜七八一年）として即位した。即位の翌月には五四歳の井上内親王が皇后に、二ヵ月後には一一歳となった他戸親王が皇太子に立てられた。

だが、後見がいなければ他戸親王の地位は危うくなるとの称徳天皇の予測は的中した。七七二年三月に井上皇后が光仁天皇を呪《のろ》い、謀反《むほん》を企てたとして皇后位を廃され、五月には他戸親王も廃太子となり庶人《しょじん》に落とされる。代わって七七三年正月に立太子されたのは、光仁天皇の長男である山部親王《やまべしんのう》、のちの桓武《かんむ》天皇であった。

一〇月に光仁天皇の姉である難波内親王《なにわないしんのう》が死去すると、井上内親王が難波内親王を呪詛《じゅそ》したとされ、井上内親王・他戸親王母子は大和国宇智《うち》郡に幽閉された。廃后・廃太子から幽閉まで一年半を要しているのは、七六一年の誕生以来、直系継承者たることを期待されてきた他戸親王の権威が、廃后・廃太子とされてもなお、残っていたためであろう。

井上内親王・他戸親王が死去して二ヵ月後の七七五年六月、第一二回遣唐使が任命された。大使は佐伯今毛人《さえきのいまえみし》、副使は大伴益立《おおとものましたて》と藤原鷹取《ふじわらのたかとり》であった。ところが、良風を得ずに博多に滞留している間に使者の間で不和が生じ、一一月には大使の佐伯今毛人が帰京してしまう。一二月には副使が更迭され、新たに小野石根《おののいわね》と大神末足《おおみわのすえたり》が副使となった。七七七年四月、再び入唐の命を受けた佐伯今毛人は、病と称して出発を拒んだ。大使を欠いたまま、第一二回遣唐使は七七七年の六月に出発する。

この遣唐使については、東野治之が優れた著作を刊行している。詳細は同書に任せ、本書の関心からいくつかの点を取り上げておきたい。

遣唐使入唐後の状況は、『続日本紀』所載の小野滋野《おののしげの》と大伴継人《おおとものつぐひと》の奏上から知ることができる。彼らは判官《はんがん》（副使に次ぐ、遣唐使のナンバースリー）として遣唐使に参加していた。

使者らは七七七年六月二四日に出航、七月三日には揚州《ようしゅう》に到着する。だが、安禄山の乱による疲弊《ひへい》を理由に長安への入京人数は絞られた。一〇月一五日（または一六日）に六〇人（または六五人）で上京するが、途上でやはり二〇人に限るとの勅を受ける。使者らの要請により、最終的には四三人の入京が許された。中国の史書によれば、この秋に洛陽以西で洪水が発生、水田が被害を受けていた。この前々年にも大雨で京畿の稲が損なわれていた。他所からの食料の運送に頼っていた長安では食料が不足していただろう。

遣唐使一行が長安に到着したのは、元日朝賀を過ぎたばかりの七七八年正月一三日であった。揚州に到着したのが七月初めである。ふつうに上京すれば遣唐使一行が正月朝賀に参加することは可能だった。日本の遣唐使は、元日朝賀への参加を望まれてはいなかったようである。

ここで想い起こしたいのが、粛宗が七六一年に帰国した前回遣唐使に牛角の送付を求めたことである。だが、安禄山の乱による唐の衰退を知った日本は、唐皇帝の命に背《そむ》いて牛角を送付しないばかりか、送使となった唐人を帰国させなかった。

第一二回遣唐使を受け入れたのは、前回遣唐使を受け入れた粛宗の長男、代宗（在位七六二〜七七九年）である。代替わりしているとはいえ、前回の遣唐使に粛宗が命じた内容は引き継がれていたであろう。何よりも唐使を帰国させなかった事実が唐で忘れられたはずはない。途上で突如入京人数を制限し、元日朝賀に参加させなかったことは、唐の非友好的な態度を伝えているように思われる。

長安にたどり着いた一行は、宿舎を割り当てられ勅使の訪問を受けた。正月一五日には宣《せん》政殿《せいでん》で礼見するが代宗の臨席はない。皇帝への面会がかなうのは入京から二ヵ月が過ぎた三月下旬のことだった。その間、日本の使者は宿舎にとどめられていた。

唐からの勅使の入京、日本への帰化

七七八年四月一九日、朝見後も長安に滞在していた遣唐使に「いま中使《ちゅうし》〔宦官《かんがん》〕である趙宝英《ちょうほうえい》らを派遣して、答信物《とうしんぶつ》を日本に届けさせようと思う。〔彼らの〕乗る船は、揚州で造らせている。卿らも〔唐使の来日を〕よく承知しておくように」という勅命が伝えられる。

四月二四日には拝辞となるが、その席で遣唐使は、「わが国への道のりは大変遠く、風に吹かれて〔海上を〕漂えば依るところもございません。いま中使が渡日することとなり、荒波を渡り、万がいち〔お使者の乗る船が〕難破しては、かえって陛下の命に背くことになると恐れるものでございます」と送使を辞退しようとした。代宗は「なになに、少しばかりの答信物を趙宝英らを遣わして届けさせるもので、道義にかなうものであり、労苦とするにはあたらない」（『続日本紀』宝亀《ほうき》九年一〇月乙未《いつび》条）と答えている。

六月二四日に両国の使者は揚州に到達するが、船は完成しておらず、唐使は日本の遣唐使の船に乗って来日することとなった。七七八年九月に出港したものの、大使趙宝英の乗った第一船は難破してしまう。ただし、唐使判官たる孫興信《そんこうしん》の来日はかなった。七七八年一〇月のことである。

適当な船もないままに代宗が使者の派遣を決めたのも、日本側の態度を探るためであったのだろう。この間の事情を遣唐使がどのように説明したとしても、日本に二心はないのか、唐が事の真偽を確かめようとしたのは当然である。

唐からの勅使の入京は白村江の戦後処理以来である。中国的な都城を造ってからは初めてのことであった。来日した唐使をいかに迎えるべきか、日本の朝廷はかなり慌てた。なお、前回遣唐使にともなわれて来日した沈惟岳らは、牛角を送付する遣唐使の派遣が計画されている間は、準備が整うのを待って大宰府（福岡）に留め置かれていた。沈惟岳らが入京したのは、牛角を送付する遣唐使派遣計画が中止になってから、つまり彼らの唐使としての身分が宙に浮いてからである。

朝廷は、新羅・渤海の使者が来日したときとは異なる作法で唐使の孫興信を迎えたらしいが、その詳細は史料に残されていない。孫興信らは七七九年四月三〇日に入京し、五月三日に朝見、一七日に饗が設けられ、二五日に辞見した。

『続日本紀』は五月一七日の宴席で唐使と光仁天皇の勅使とが問答したと伝える。ただし光仁天皇が「朕」と自称し、唐使が「臣」と自称したというのが史実であるかは疑わしい。第2章で触れたように、諸国王が上位に立って唐使を引見することもあったが、前回遣唐使以来の状況を考えれば、日本側が儀礼面で譲歩していた可能性も否定できない。

ともあれ、儀礼に何ら問題が生じることはなく、孫興信ら今回の唐使は、日本が用意した船で帰国した。

なお、翌七八〇年、第一一回遣唐使の送使として来日した沈惟岳は従五位下《じゅごいげ》を授けられ、姓を清海宿禰《きよみのすくね》と賜り、戸籍が左京に編附された。唐使来日を経て、沈惟岳の帰化が正式に認められたのである。沈惟岳は、唐で地方の下級官吏に戻るよりも、辺境とはいえ日本で貴族として活躍することを選択したのだろう。

4　衰微する大国と排外主義——円仁が見た中国

中国皇帝の死との遭遇と「唐消息」

七八一年、山部親王が第50代桓武天皇（在位七八一～八〇六年）として即位した。直系皇統の転換を強く意識した桓武天皇は、七八四年、天武天皇—文武天皇—聖武天皇という直系皇統の都であった平城京を棄てて長岡《ながおか》に都を移し、さらに七九四年には平安京へと遷都する。

桓武天皇が遣唐使を任命したのは八〇一年八月、即位から二〇年目のことである。平安遷都からは七年が経過していた。蝦夷《えみし》の征討と造都の二代事業に一応の目途《めど》がつき、光仁天皇—桓武天皇へとつながる直系継承に万全の自信をもって、一代一度の盛儀として実行されたといえよう。

派遣決定の二ヵ月後には、桓武天皇男子の安殿親王《あてしんのう》（のちの平城《へいぜい》天皇）・神野《かみの》親王（のちの嵯峨《さが》天皇）・大伴《おおとも》親王（のちの淳和《じゅんな》天皇）に配される三皇女に加笄《かけい》の儀（成人の儀式）が行われていた。これにより桓武天皇は、三親王の皇位継承権認定を公示したともされる。他方で、遣唐使の派遣は八〇四年まで遅れた。

第一四回遣唐使の大使は藤原葛野麻呂《ふじわらのかどのまろ》、副使は石川道益《いしかわのみちます》である。波乱の多かった一行の行程は『日本後紀《にほんこうき》』所載の帰朝報告から知ることができる。このたびも遣唐使は四船からなる。四船は八〇四年七月六日に同時に漕ぎ出した。だが翌日には大使を乗せた第一船は、第三船・四船と連絡が取れなくなる。第三船と第四船は渡航に失敗し、翌年に再び渡航を試み、第四船のみ入唐に成功した。第一船は三四日間も海上をさまよい、第二船の行方もわからないまま、八月一〇日にようやく福州《ふくしゅう》に到着した。この船には空海《くうかい》が乗船していた。

そこから海路で一〇月三日に常州《じょうしゅう》に到着、奏上して二三人の長安上京が許されることになった。長安までは七五〇〇里（約四〇〇〇キロメートル）、一行は昼夜なく道を急ぐ。一一月三日に常州を発した一行は、一二月二一日に長安に着き、二三日に内使より人数分の馬が遣わされ酒と干し肉が振る舞われた。ここですでに入京していた第二船のメンバー二七人と合流した。第二船は明州《めいしゅう》（寧波《ニンポー》）に到着し、九月には上京していた。この第二船には最澄《さいちょう》が乗っていたが、最澄は上京せずに天台山《てんだいさん》へ向かっている。

翌一二月二四日には国信《こくしん》・別貢物《べっこうもつ》を監使に渡して皇帝に献上し、皇帝から慰労の勅が下された。時の皇帝は徳宗《とくそう》（在位七七九〜八〇五年）である。日本の遣唐使は、含元殿《がんげんでん》で元日朝賀の儀式に参列した。遣唐使一行は、このまま何事もなく帰国するはずであった。

だが、徳宗は正月二日に病となり、二三日に死去した。倭の五王の時代から遣唐使停止までの長い日中交渉史で、日本の使者が中国皇帝の死去に居合わせたのはこれが最初で、そして最後である。正月二八日に使者らは葬儀に参列し、この日徳宗の長男である順宗《じゅんそう》（在位八〇五年）が即位した。それから三日間、外国の使者は朝夕に挙哀《こあい》（弔いの声をあげること）した。使者らは早期の帰国を願い出、二月一〇日には帰国を認められた。一行は四月三日に明州に到着、五月一八日に出航し、八〇五年六月八日に第一船が対馬に到着した。

この遣唐使は、その後の平安期仏教をリードした二人の天才最澄・空海が入唐したというだけでなく、「唐消息《とうしょうそく》」なる報告書が残る点でも大変に興味深い。「唐消息」とは、遣唐使が収集した唐の情報を詳しく記した文書である。この「唐消息」には、次の三点がまとめられている。

①順宗の諱《いみな》・年齢・子女の数といった、皇帝その人についての情報
②徳宗の死去後に淄青道節度使《しせいどうせつどし》（山東半島の節度使）の李師古《りしこ》が隣接する鄭州《ていしゅう》に攻め入ったこと、蔡州《さいしゅう》節度使呉少誠《ごしょうせい》に不穏な動きがあることなど唐国内の政治状況
③唐―吐蕃関係の緊張

特に③は、八〇三年に吐蕃に派遣された唐の使者が、唐―吐蕃の通婚を提案するために来たと偽ったため両国に誤解が生じ、通婚を進めたい吐蕃と避けたい唐との関係が緊張したこ

とを伝えている。唐の史料にも残されていない、きわめて貴重な情報である（山内晋次）。

安禄山の乱よりも以前、唐の国際的影響力が充実していたときには、アジアの諸国が多く唐に臣従した。だが安禄山の乱後に唐の影響力が大きく後退すると、東南アジア島嶼《とうしょ》部を除くアジアの大部分は、唐・吐蕃・ウイグルの間接・直接統治下に置かれた。三帝国鼎立《ていりつ》下の安定がいつまで継続するのかは、アジアで広く共有された関心事であった。この「唐消息」は、日本の目もまたアジアに向けられていたことを示している。

嵯峨太上天皇下、二度の難破

遣唐使の第一・二船が帰国した翌八〇六年正月に桓武天皇は病となり、三月一七日に死去した。直系たることを期待された他戸《おさべ》親王を排除して立太子・即位し、即位後は父が定めた実弟である皇太子早良《さわら》親王も退け、直系としての地位を力ずくで守った桓武天皇の後は、兄弟間で皇位が継承された。

まずは長子が第51代平城天皇（在位八〇六〜八〇九年）として即位したが、次弟を第52代嵯峨天皇（在位八〇九〜八二三年）として即位させると、自身の第三子であった高丘《たかおか》親王を立太子させた。退位した平城太上天皇は、平城宮に居を移した。ところがここで、平城太上天皇は、平城遷都を宣言する。父桓武天皇の造った都を棄てようとする強引な宣言により、平城太上天皇は孤立して自滅し、高丘親王も廃太子となった。

先に触れたように、桓武天皇は、平城天皇、嵯峨天皇、淳和天皇という三人の兄弟による継承を望んだという研究がある。もしもそうであるとすれば、嵯峨天皇の皇太子に自分の男子を立てた時点で、平城天皇は父桓武天皇の遺志に反したこととなり、人心を失っていたはずである。

八一〇年に立太子したのが、桓武天皇の第七子の大伴親王である。嵯峨天皇が譲位し、大伴親王が第53代淳和天皇（在位八二三〜八三三年）として即位すると、嵯峨天皇の男子である正良《まさら》親王が淳和天皇の皇太子となった。淳和天皇は八三三年に譲位し、この正良親王が第54代仁明《にんみょう》天皇（在位八三三〜八五〇年）として即位した。皇太子となったのは、淳和天皇の男子である恒貞《つねさだ》親王である（3 - 10）。

さて、淳和天皇即位の直後、八三四年正月に約三〇年ぶりとなる第一五回遣唐使が任命された。大使は藤原常嗣《ふじわらのつねつぐ》、副使はのちに病と称して離脱する小野篁《おののたかむら》である。

八三六年四月に餞別《せんべつ》の宴が設けられ、五月には難波を出航したが、七月になって第一船と第四船が肥前国《ひぜんのくに》に吹き戻された。その後、第二船も漂着するが、第三船は大破し、一〇〇人あまりが溺死《できし》した。

しかし嵯峨太上天皇らはあきらめなかった。八三七年の七月に第一船、第二船、第四船が

3-10　天皇家系図⑥

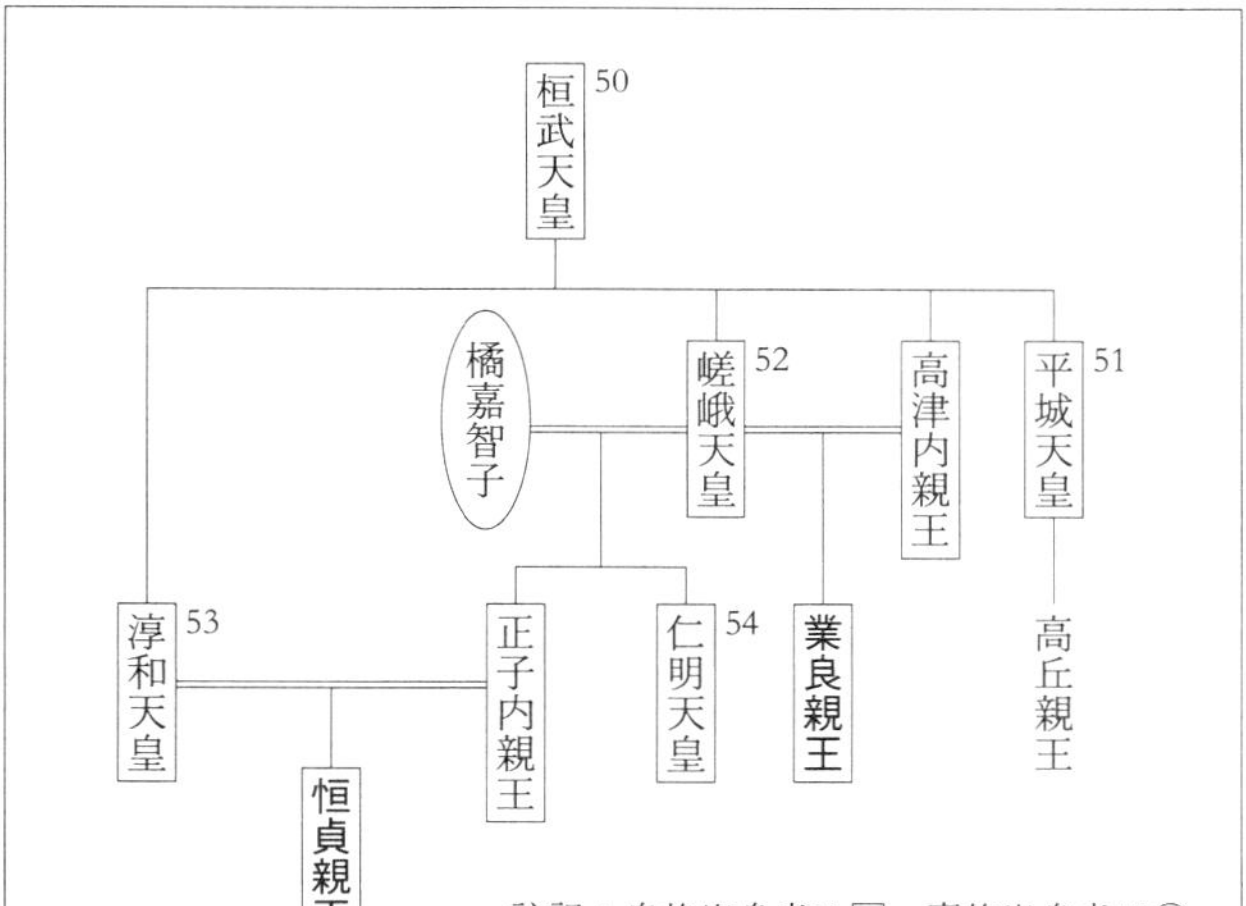

註記：皇族出身者は□、豪族出身者は○、両親が皇族の者は太字

再び出発する。だがすぐに吹き戻された。二度の漂流で船が壊れないはずはなく、状態に良し悪しが出た。大使である藤原常嗣は、比較的状態のよかった第二船を小野篁から取り上げて第一船とする。怒った小野篁は、病と称して出発せず、嵯峨太上天皇の勘気を被った。

仁明天皇ではなく、嵯峨太上天皇が激怒したのは、嵯峨太上天皇が遣唐使派遣を主導していたためだろう。なお、仁明天皇の皇太子となった恒貞親王は、嵯峨太上天皇の女子である正子内《せいしない》親王が母であった。

最後の遣唐使が見た唐の衰退

八三八年六月に第一船と第四船が、第二船は遅れて翌月に出発した。一行は、七月に唐に到着した。この遣唐使については、のちに天台座主《ざす》となる円仁《えんにん》の『入唐求法巡礼行記《にっとうぐほうじゅんれいこうき》』が詳細な記録を残している。

円仁は比叡山《ひえいざん》を代表し、天台山への教義上の質問状を携えて入唐した、請益僧《しょうやくそう》という短期留学の僧侶であった。入唐した使節は、大使らが長安に行く以外は、沿岸の大都市である揚州で大使らの戻りを待つこととなった。円仁は同じ比叡山から来た、長期留学を希望する円載《えんさい》とともに、滞在許可が下りるのを一日千秋の思いで待った。ところが、円載の天台山長期留学は許可されたが、円仁の短期滞在は皇帝に許可されなかった。円仁は比叡山の質問状を円載に託し、入京をすませた遣唐使一行と帰国せねばならなくなった。ちなみにこのときの質問への回答を付したのが、先に取り上げた維蠲《ゆいけん》である。

あきらめきれない円仁は、山東半島の赤山《せきざん》（山東省威海市《いかい》）にある新羅人コミュニティーの助力を得て、密かに唐に残り、遣唐使帰国後に、とり残されたと名乗り出た。さらに、新羅人たちの援助を受け、八四〇年に滞在が許可される。

円仁はまずは五台山《ごだいさん》に巡礼し、続いて長安で修学と経典の収集に励んだ。ところが長安滞在中、武宗《ぶそう》（在位八四〇〜八四六年）が仏教の弾圧を開始し、八四五年五月には円仁も還俗させられた。俗衣《ぞくえ》を着て、収集してきた経典を持った円仁は、帰国の便を求めて揚州、楚州、山東半島へ移動した。山東半島の赤山にいる頃、武宗皇帝が死去して仏教弾圧が終了した。再び髪を剃《そ》って僧侶の姿に戻った円仁は、八四七年九月に新羅人商人の船に乗って唐を離れた。

以上が、円仁のおおまかな行程である。

さて、憧れの唐を余すところなく書き残したかったのであろう、円仁の記録はきわめて詳細で多岐にわたっている。後代の僧侶と比較するために、一部引用して示したい。

〔八四〇年〕二月二七日、早朝に出発する。畚車《ほんしゃ》村の宋日成《そうにっせい》の家に至り、昼食のために足を止めた。醤・酢・塩・菜を施してくれるよう頼むが、一つも施しはなく、湯も飯も食べることができなかった。西北に向かい、海沿いに行くこと七里、牟平《ぼうへい》県に至った。県城の東半里のところに、廬山寺《ろざんじ》があった。未《ひつじ》の刻に寺に入り宿をとることにした。〔寺には〕ただ、三綱《さんごう》と典座《てんざ》と直歳《じきさい》の五人だけで、ほかに僧侶はいない。仏殿は壊れている。僧坊には俗人が住んでおり、俗人の家となってしまっている。

（『入唐求法巡礼行記』開成《かいせい》五年二月二七日条）

赤山を出発し、五台山に向かう途中の一コマである。

『入唐求法巡礼行記』の同年正月二一日条では、赤山出発直前の円仁に対し、土地の僧侶や人びとからの、この三、四年の間にイナゴの害が発生し、旅行者に飯を施す者もいないであろうから出発を延期せよ、との助言が記されている。円仁の赤山出発は二月二〇日、直後に予想どおりの応対を受けたわけである。この後も、地元の民家で食事を求めたがたびたび失敗し、そのたびに円仁は恨み言を述べている。

円仁と成尋の時代の差とは

栄華のイメージを持つ唐王朝とは異なるわびしい光景である。それは地方だけでなく長安でも見られ、特に僧侶の生活はかなり地味であった。八四〇年一一月二六日条を引用しよう。

二六日。冬至節《とうじせつ》である。すべての僧侶たちが拝賀して、「伏して思いますに、和尚《おしょう》よ、〔あなたこそは〕長く世間にとどまり、広く衆生を和しますように」と言いあう。臘下《ろうげ》〔出家してからの年数が少ない者〕や沙弥〔正式に出家する前の、若年の出家予定者〕が上座の僧侶に対し拝賀するさまは、まったく礼儀作法に則《のっと》っている。沙弥は僧侶に対し、右膝《ひざ》を地につけて、冬至節のお祝いを申し上げる。朝の粥《かゆ》を食する時間になると、餛飩《こんとん》

〔ワンタン〕と菓子が配られた。

これは円仁が冬至を長安の資聖寺で過ごした記録である。せっかくの冬至節も、粥に餛飩（冬至には餛飩を食べる風習があった）と菓子（ここでは果物）が追加で配られるのみだった。およそ二〇〇年後、宋の時代に中国に渡った成尋《じょうじん》の『参天台五台山記《さんてんだいごだいさんき》』と比較すると、唐僧は慎《つつ》ましく、哀れにも感じる。

一〇七二年、一一月二〇日の成尋による記録を引用する。

晴天である。卯《う》の一刻に、太原府知府《たいげんふちふ》の龍図閣直学士より粥が送られてきて、ならびにお斎《とき》〔食事〕のお招きがあった。巳《み》のときに、衆人が多くやって来る。すぐに〔我ら〕一〇人は府の斎に伺う。〔中略〕客人四人が同席し、三座おのおの三人、合わせて九人が一緒に頂く。三座の前すべてに、外へ向かって大きな香盤を捧げ持つ小間使いがおり、日本の不断香のように沈檀香《ちんだんこう》をたく。一人ひとりの席には一尺の長さに作られた人形が立つ。彩色はとても素晴らしく、香炉を捧げて人に向かう。焼香する。造花二坏《はい》、しいたけ二坏、クルミ一坏、椎《しい》一坏を、おのおの一尺ばかりの高さに盛る。その次に珍菓二〇坏を銀盞《ぎんさん》に盛り、菜十坏も同じく銀器に盛る。席についてのち、酒と菓子が十余度あ

り、最後に飯がある。本当に第一級のお斎である。（口語訳は藤善眞澄氏の訳注に依拠）

時代も場所も違うとはいえ、円仁の境遇が悲しくなるほどのご馳走《ちそう》である。成尋がこのような扱いを受けた背景には、成尋の移動が宋の庇護のもとに置かれたという事情がある。とはいえ、円仁もまた唐から居留を公認された外国人留学僧である。この待遇の差はいったいどこから生じるのか。

両者を取り巻く社会全体の雰囲気の違いは、九世紀半ばにおける唐の社会全体が、のちの時代と比べて決して裕福ではなかったことを反映している。唐が目指した中央集権とは、常に臨戦体制をとるもので、生産力を向上させ、余剰分をもって社会・経済を発展させることを主たる目的とするものではない。ゆえに中央集権国家では、社会全体が特に裕福になることはない。しかも、軍事力の低下は国際的競争力の低下に直結する。

安禄山の乱以降、間接統治下にあった地域の離脱、吐蕃・ウイグルの侵入、節度使の自立が続き、唐のかつての求心力は急速に衰えた。円仁が経験したのは、そのような斜陽期の唐であった。

唐の排外主義高揚と滅亡への道

八四五年、先にも述べたように、唐は大規模な廃仏を断行し、アジアに冠たる帝国としての栄光を自ら捨て去った。このときに弾圧されたのは、仏教に限らない。ネストリウス派キリスト教・イスラム教・ゾロアスター教・マニ教といった外来宗教は軒並み弾圧された。ウイグル・吐蕃が崩壊したことを契機に排外的ナショナリズムが高まり、儒教を貴び、仏教を含む外来宗教を排除する動きが生じたためとされる。廃仏を機に、唐の国際性は過去のものとなった。

還俗後の円仁の日記を紹介して、本章の結びとしよう。八四五年六月に円仁は、収集した経典を帯びて帰国しようと揚州を通過する。

二八日。揚州に至る。城内の僧尼がちょうど頭を包んで〔剃髪した頭部を隠し〕、本貫地《ほんがんち》〔出家前の戸籍に記された所〕に帰ろうとしているのをみた。寺舎は破壊され、銭物《せんぶつ》・荘園・鐘などは官によって没収されていた。

出家者であったことを隠し、本貫地へと逃げ帰る人びとを、円仁はどのような気持ちで見守ったのであろうか。遣唐使として揚州に到着したとき、揚州仏教の盛んなさまに触れたからこそ、悲哀は一段と深かったであろう。

排外的ナショナリズムの高まりとともに、唐は滅亡に向かうスピードを速めていく。アジア全体でみても、帝国による統合は存在しない。崩壊した吐蕃に代わる勢力は登場せず、ウイグルも分裂したままである。アジアはいくつもの国家に分断された。隣国の新羅でも、九世紀半ばの張保高《ちょうほうこう》の乱を経て国王の権威が弱体化、比例して社会不安が増大していく。

アジア全体が大きく動揺し、群雄が割拠する中国の、一部を押さえるにすぎない唐への使者派遣に、日本が一代一度の盛儀としての意味を見出さなくなるのも当然である。

遣唐使が再び計画されたのは、八三八年の第一五回遣唐使から半世紀後、第59代宇多《うだ》天皇（在位八八七～八九七年）の時代であった。

第4章

巡礼僧、海商の時代

——一〇世紀、唐滅亡以降

1　最後の遣唐使計画――宇多天皇の意欲、菅原道真の反対

九世紀半ばの恵蕚の入唐

八三八年に第一五回となる遣唐使が派遣されてから、八九四年に最後の遣唐使が計画されるまでおよそ五〇年。しかし、唐との接触が完全に絶たれたわけではない。日本と唐との間を行き来した人物は多い。

その代表が、六度の入唐を果たした恵蕚《えがく》である。東アジア古代の対外関係を研究する田中史生の研究を参考に、恵蕚の事績を追うところから本章を始めよう。

后《きさき》〔橘嘉智子《たちばなのかちこ》〕はかつて、多くの美しい幡《はた》・刺繡文《ししゅうもん》の袈裟《けさ》をおつくりになった。素晴らしい技巧を尽くしたものであったが、そば近くに仕える者は〔后がなぜおつくりになったのか〕その意とするところを知らなかった。その後〔后は〕沙門恵蕚を遣わし、海を渡り入唐させた。刺繡を施した袈裟は聖者である僧伽和上《そうぎゃわじょう》・康僧《こうそう》に施入《せにゅう》し奉り、美しい幡と箱入りの鏡を五台山《ごだいさん》の寺院に施入した。

（『日本文徳《もんとく》天皇実録』嘉祥《かしょう》三年五月壬午《じんご》条）

恵蕚は謎の多い僧侶である。所属した寺院、誰に仏教を学んだのか、出身地や生没年すらわかっていない。橘嘉智子の命により入唐し、五台山に種々の宝物を施入したのが、恵蕚についで知られる事績の最初である。橘嘉智子は、第一五回遣唐使派遣を主導した第52代嵯峨天皇（在位八〇九～八二三年）の皇后である。

この史料には、恵蕚がいつ入唐したのかは書かれていない。入唐の時期と足取りは、第一五回遣唐使にともなわれて入唐した円仁の日記『入唐求法巡礼行記《にっとうぐほうじゅんれいこうき》』から断片的にわかる。五台山巡礼を終え、長安にいた円仁は、八四一年九月七日に、恵蕚が弟子三人と五台山に至ったこと、十方僧供《じっぽうそうく》料を集めるため弟子二人を五台山にとどめて帰国予定であるとの報を得ている。

恵蕚が出国した年は不明であるが、遅くとも八四一年には中国に到着し、五台山の巡礼を果たしていた。恵蕚は八四二年に帰国し、すぐさま大規模な勧進《かんじん》を開始した。五台山に供養料を送り「日本国院」（日本人僧侶の巡礼に供するための小規模な庵《いおり》か）を建立するためである。

五台山とは、現在の中国山西省《さんせいしょう》の五台県にある山である。五世紀頃には寺院が建立されたらしいが、唐の中頃に、文殊菩薩《もんじゅぼさつ》の聖地とみなされるようになった。安禄山《あんろくざん》の乱で唐皇帝の権威が地に落ちた後、皇帝権力を仏教信仰によって強化するため、五台山に皇帝を信仰の対象とするための寺院が建立された。これを牽引したのが、中国密教を大成した不空《ふくう》である。日本に密教を伝えた空海の師匠は不空の弟子であるから、空海にとって不空は大先生《おおせんせい》にあたる。不空以降、歴代の唐皇帝が五台山仏教の檀越《だんおつ》、つまり寺院や僧に金品を布施する信者となり、五台山は仏教信仰の中心地としての地位を確立した。

文殊菩薩の聖地である五台山への信仰は、唐国外にも広がった。安禄山の乱から一〇〇年、九世紀半ば以降の五台山には、唐国内の僧侶はもちろん、新羅《しらぎ》・天竺《てんじく》・敦煌《とんこう》・吐蕃《とばん》（チベット）・鉄勒《てつろく》（チュルク）・ホータンの僧侶も訪れるなど、国際的な色彩が強まっていた。五台山はアジアに冠たる仏教聖地となっていた。

橘嘉智子が恵蕚を派遣したのは、第一四回遣唐使がもたらした文物を基礎に、華やかな唐風文化が花開いた時代であった。王権の中心にいる人びとは唐文化への関心が高く、五台山仏教に関する情報を得てはいただろう。しかし文殊菩薩の聖地である五台山仏教についての詳しい情報は、恵蕚によって初めてもたらされた。

唐末期の九世紀、恵蕚は新羅も含むアジア諸国がこぞって五台山に巡礼している状況を伝え、その結果、恵蕚の勧進に多くの有力者が賛同した。五台山仏教が唐皇帝の庇護《ひご》を受けている限り、日本の行動は唐にも好意的に受け取られたに違いない。

仏教聖地に布施を送り自国の資金で寺院を建立する。このような発想は、歴史上決して珍しいことではない。日本に限ってみても、最澄が後来の修学者のため、浙江省の会稽山禅林寺《かいけいざんぜんりんじ》に造った「伝法院《でんぽういん》」をはじめとして、八三八年に入唐した円載《えんさい》は浙江省の天台山国清寺《こくせいじ》に「日本新堂」を構え、八五六年には円珍《えんちん》が天台山国清寺止観院《しかんいん》に「止観堂」を建立している。最澄・円珍・円載は王権を檀越として唐に行ったのであり、これら庵を建立する資金は王権の与えた渡航費用から捻出されたに違いない。

第一義的には居住の場としての庵ではあったが、第二義的には、その存在を通じて天台山で学んだ日本僧とその檀越たる王権の存在を想起させるものでもあった。

ちなみに、釈迦牟尼《しゃかむに》（ゴーダマ・ブッダ）が悟りを開いた地に建立された、インド北東部にあるマハーボーディ寺周辺には、現在、日本はもとより、中国・韓国・タイ・ブータン・ミャンマー・ベトナムといった諸国の資金による寺院が建立されている。時代は変わっても、信徒が聖地で目指す行動はさほど変わらない。

六度の入唐——義空の招聘、真如親王の入唐

話を戻す。帰国して一年ほどで資金を集めた恵蕚は八四四年に再び入唐した。しかし日本国院建立の計画は、前章で触れた唐の廃仏によって失敗する。八四四年に蘇州で書写された『白氏文集《はくしもんじゅう》』の写本と、それをもとにした活字本は、祖本を書写した恵蕚による書き入れが

あることで有名である。その記述には以下のようにある。

会昌《かいしょう》四載〔八四四〕四月一六日、〔『白氏文集』の〕書写とチェックが終了した。日本国遊五台山送供居士空無《ゆうごだいさんそうくこじくうむ》、旧名恵蕚は、突如勅難にあい、一時的とはいえ〔剃髪した〕頭を包み隠し、しばらく蘇州の白舎人《はくしゃじん》の禅院《ぜんいん》に住んでいる。〔中略〕早く五台山に行き、文殊会《もんじゅえ》を開き、山内に日本国院を建造し、国の芳名を遠くまで伝えたいと思っている。

恵蕚は「送供使《そうくし》」と自称している。送供使とは、五台山へお布施を届けるための使者のことである。このとき唐の皇帝武宗（在位八四〇～八四六年）は、五台山への送供使派遣を禁じていた。恵蕚は足止めをくらったばかりか、廃仏が始まると、円仁がそうであったように還俗を命じられる。「居士」（在家信者）と名乗っているのはそのためである。蘇州で足止めされた恵蕚は、八四七年に帰国した。

思いがけず還俗の憂き目にあった恵蕚は、しかし帰国に際して杭州《こうしゅう》の禅僧義空《ぎくう》を招聘することに成功した。転んでもただでは起きない気概があってこそ、計六度もの入唐を成功させたのだろう。

義空を招聘したのは、橘嘉智子である。恵蕚は義空の手紙を持して八四九年に三度目の入唐を果たしている。このほか、正確な時期は不明であるが、唐僧志円《しえん》が義空へ宛てた手紙から、恵蕚が四度目の入唐を遂げていることもわかっている。

王権による唐僧の招聘は、七五三年末に来日した鑑真以来、およそ一〇〇年ぶりのことであった。しかし、鑑真が弟子とともに日本に骨をうずめる覚悟で来日したのに対し、義空は廃仏が終了し仏教復興が順調に進んでいると聞くや帰国する。義空が帰国したのは八五四年、滞在期間は七年間であった。恵蕚は義空に付き添って五回目の入唐を果たしている。

恵蕚は八六二年にも、真如《しんにょ》親王の付き添いとして入唐する。現存する史料で知られる、恵蕚最後の入唐である。真如親王の俗名は高丘親王、平城天皇の男子で、嵯峨天皇即位時に皇太子に立つが、父の平城上皇が嵯峨天皇と対立、反乱を起こそうとして失敗し皇太子を廃されていた。

出家して空海の弟子となった真如親王は、八四八年に比叡山に戻った円仁を訪ね入唐を志す。畿内から出たこともない真如親王が入唐の手はずを整えるには、入唐経験のある僧侶に介添えを頼む必要があった。真如親王の入唐を見届けた恵蕚はすぐに帰国するが、その後の消息は杳《よう》として知られない。なお真如親王は、唐皇帝懿宗《いそう》（在位八五九～八七三年）の許可を得て長安からさらに天竺を志し、道半ばで死去した。

大量の唐物――海商と航海技術の向上

さて、第八回遣唐使から第一五回遣唐使まで、第一一回遣唐使（迎藤原清河使）と第一三回遣唐使（送唐客使）を除き、遣唐使船は四船で構成されていた。しかし、四船の遣唐使船がすべて無事に帰国したのは、前章で述べたように第八回遣唐使だけである。四船のうち一艘は往路・帰路のいずれかで遭難するのが通例だった。

それに対して、恵蕚は入唐六度をかなえた。往来がかくも容易になった背景には、日唐間で活動する海商の存在があった。航海技術は向上し、日唐間の往来は飛躍的に安全になっていた。

大量の唐物《からもの》がもたらされるようになったことも重要である。唐物とは、海商によってもたらされた海外産物の総称で、具体的には、アジア産出の香料、貴木《きぼく》、染料、陶土、薬品、顔料、皮革類、陶磁器、サイや水牛の角、工芸品、繊維や生地、竹、書籍、オウムやクジャクといった動物、紙や墨、硯《すずり》といった文房具などを指す。これら大量の唐物が消費されるさまは、国風文化期の文学作品に詳しい（河添房江）。遣唐使が派遣されずとも、大量の唐物が確保できる時代が到来したのだ。

その一方で、唐朝廷で行われる儀式に参加するなど、唐の文化に直接触れた経験を持つ貴族（遣唐使の大使・副使レベルには貴族が選任されていた）はいなくなる。唐物は輸入されても、それを消費する貴族層は中国の最新トレンドを直接には知らない。この後、彼ら貴族層が唐物を消費する方法も、徐々に中国の流行から離れていくこととなる。

遣唐使時代には、唐の技術・学術を獲得するための人材も派遣されていた。玉生《ぎょくしょう》（ガラスや釉薬《ゆうやく》について学ぶ）・鍛生《たんしょう》（鍛金《たんきん》技術を学ぶ）・鋳生《ちゅうしょう》（鋳金《ちゅうきん》技術を学ぶ）・細工生《さいくしょう》（木竹工を学ぶ）・薬生《やくしょう》（薬物を学ぶ）などである。遣唐使派遣停止とともに、唐の最新技術を導入するための人材派遣もなくなる。そのため、たとえ唐物として既製品や原材料を輸入したとしても、唐物を手本に模造した製品や、唐物を原材料に加工した製品は、唐の流行とは離れていく。

たとえば、笛の材料となる竹は輸入されるが、笛の構造を知り、それを奏でる楽師が入唐することはない。輸入された竹は古くより継承されてきた技術によって加工される。改良が加えられていくなか、完成した笛と同時代における中国の笛との距離は、否応なく広がっていく。もちろん、その笛を使用して演奏する曲にも違いが生まれる。

遣唐使が派遣されなくなったことで、唐物の輸入は続いたが唐文化の導入は不可能となった。そのような状況のなかで、唐を意識しなくてもよい場や、新たに誕生する儀式行事では、和歌・催馬楽《さいばら》・東遊《あずまあそび》といった倭の世俗文化が比重を高めていく（佐藤全敏）。一〇世紀に国風文化が花開くのは、文化の消費者であり生産者である貴族層と、それを支える技術者層に入唐経験者がいなくなったことと無関係ではない。

最後の遣唐使派遣計画──「旧典とは違う」

第一五回遣唐使から半世紀、唐との交渉の記憶が薄れていくなかで、最後の遣唐使派遣計画が持ち上がった。八九三年三月、在唐中の日本人僧侶である中瓘《ちゅうかん》からの上表文に対し、遣唐使派遣の決定を伝える返書が八九四年七月二二日に作成される。中瓘の所属寺院や入唐時期などは一切不明である。

八月二一日には菅原道真《すがわらのみちざね》が大使に、紀長谷雄《きのはせお》が副使に任命された。ところが、九月一四日付けの奏状で菅原道真は、遣唐使派遣の再考を第59代宇多天皇〔在位八八七〜八九七年〕に促している。結局、遣唐使の派遣は沙汰止みとなった。

遣唐使派遣計画の契機となった中瓘の上表文は現存しない。ただし、太政官が中瓘へ与えた牒《ちょう》〔下達文書〕に、上表文の一部が引用されている。

温州刺史《おんしゅうしし》〔刺史は中国の行政単位である州の長官〕の朱褒《しゅほう》は、特に使者と書状を発して、遠く日本に遣わそうとしているとのことです。海路は果てしなく遠く、その宿願には感じ入るものでございますが、〔朱褒の行いを〕旧典と比べるに、どうして〔その願いを〕

受け入れてよいことがありましょうか。　　　　　（『菅家文草《かんけぶんそう》』巻一〇）

朱褒（不明～九〇二年）は、浙江省温州市の人である。塩の密売人であった王仙芝《おうせんし》と黄巣《こうそう》が起こした反乱（黄巣の乱。八八〇年末に長安を占拠したが八八四年に黄巣は自殺し終わる）の最中、八八二年に温州を襲い自立した。唐の皇帝には朱褒を討つ余力はなく、支配を追認して刺史に任じていた。

朱褒の「宿願」は日本に朝貢使を派遣させることであり、中瓘は仲介を依頼されたと考えられている。しかし、唐建国直後と白村江の戦後処理が行われた時期を除き、日唐交渉史のなかで、唐の官人が日本に朝貢を促したことはなかった。

また今までみてきたように遣唐使は基本的に天皇一代一度、直系の天皇のみが派遣するもので、派遣するか否か、いつ派遣するかは日本の事情で決定していた。今回のように唐が日本に使者の派遣を促すこと、さらにいえば地方長官たる刺史が使者を派遣して遣唐使派遣を推奨することはたしかに国家の旧典とは異なる（保立道久）。

ところが宇多天皇は、以下のように言う。

中瓘のいうところ、事の理はもっともであるとはいえ、〔使者の派遣を〕停止することはできない。〔なぜならば〕商人たちが大唐について話すのを聞くに、多くは、「黄巣の乱が起こって以来一〇余年となりますが、朱褒のみがその所部を保ち、天子も特に〔朱褒の〕忠勤を嘉《よみ》しておいでです」と言っており、今回のことは〔これを〕彷彿《ほうふつ》とさせるものである。噂《うわさ》で聞いたこととはいえ、君主として、〔朱褒の忠勤を〕聞いて喜ばないものはおるまい。〔中略〕さらに、この頃しきりに災害が発生しており、資金・用具を準備するのが難しい。とはいえ朝議はすでに決定し、使者を派遣することとなった。準備が整うまでの間、あるいは年月を経ることになるかもしれないが、もしも大官からお尋ねがあれば、朕《ちん》の意を踏まえてそのように述べるように。

（『菅家文草』巻一〇）

つまり遣唐使派遣を決定したのである。

遣唐使の派遣には、莫大な労力と資金がかかる。そうであるにもかかわらず宇多天皇が遣唐使派遣に意義を見出したのには、宇多天皇を取り巻く政治状況が関係していた。

派遣を後押しした宇多天皇の立場

宇多天皇は本来、即位するべくして即位した人物ではない。父である第58代光孝《こうこう》天皇（在位八八四～八八七年）は、第57代陽成《ようぜい》天皇（在位八七六～八八四年）が宮中で殺害事件を起こし退位させられた後、中継ぎとして即位した。そのため即位から二ヵ月で、宇多天皇も含めて光孝天皇の子女はすべて源姓が与えられ、臣籍降下される。光孝天皇の男子が即位する可能性は、この時点で完全に否定されていた。

光孝天皇の治世は三年半に及ぶが、死去の間際まで皇太子は立てられなかった。皇位継承者について藤原氏を中心とする貴族たちの間で合意が成立しなかったためである。結局、死を目前にして光孝天皇の意思が尊重され、八八七年八月二五日に第七子である宇多天皇が親王宣下をうけ、翌二六日に立太子、同日に光孝天皇が死去したため、すぐに即位する。

いったん臣籍降下した人物が即位した前例はない。退位させられたとはいえ陽成上皇、陽成上皇の男子、あるいは同母弟も健在であった。第54代仁明天皇（在位八三三～八五〇年）、第55代文徳《もんとく》天皇（在位八五〇～八五八年）、第56代清和《せいわ》天皇（在位八五八～八七六年）、そして陽成上皇と続いた皇統に列なる人びとのみならず、その皇統を支えてきた貴族たちからみても、宇多天皇の権威は甚だ劣っていた。

八八七年、宇多天皇が藤原基経《もとつね》を関白に任じる詔《みことのり》に「阿衡《あこう》」とあったことで、藤原基経は一切の政務を放棄した。貴族層は藤原基経を支持し、孤立した宇多天皇は詔を撤回した。阿衡事件と呼ばれるが、権威の脆弱《ぜいじゃく》さを宇多天皇に自覚させるための貴族層全体による嫌がらせである。

4-1　天皇家系図⑥

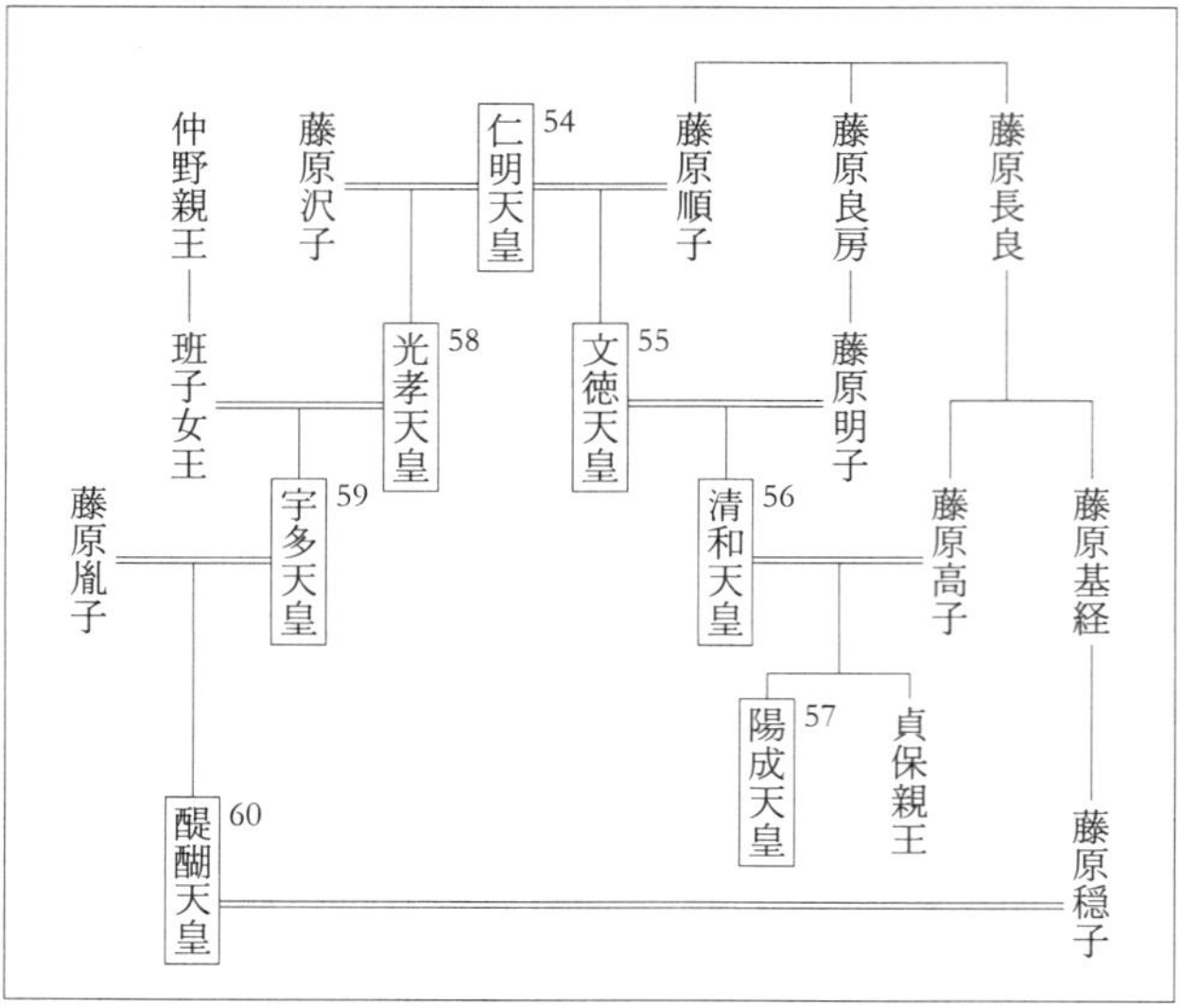

立場の弱さを見せつけられた宇多天皇は、藤原基経を中心とした貴族たちへの反感をばねに、自身の権威向上に力を注いだ。宇多天皇の権威が脆弱なのは、何よりも直系としての重みが欠けているためである。宇多天皇は、藤原基経が八九一年に死去するや、八九三年四月に長子敦仁《あつひと》親王（第60代醍醐《だいご》天皇、在位八九七〜九三〇年）を立太子させた。自身の男子に皇統を継がせ、直系皇統たる地位を一日も早く確たるものとするためである（4-1）。

　父の光孝天皇から宇多天皇を挟んで息子の醍醐天皇に至る直系皇統確立へ――。直系皇統確立への足場を固めていた宇多天皇にとって、一代一度の盛儀である遣唐使の再開は、大変魅力的に映ったであろう（山尾幸久）。その要請が敦仁親王を立太子する直前にきたのである。祖父にあたる仁明天皇の派遣した、第一五回遣唐使の盛儀も想起されたはずである（保立道久）。

ところが八九四年九月一四日に、菅原道真の奏上により、遣唐使派遣は白紙に戻される。遣唐使の派遣は、宇多天皇の意思により決定されたが、唐内部の情報を詳細に分析すれば、入国後の安全が確保できるか大いに不安である。使者が皇帝に謁見《えっけん》し、書状を交わし、諸々の儀式に参加してこそ、正式な国家間の交渉は完遂される。派遣した遣唐使が、以上の職務を完遂できなければ、派遣を押し切った宇多天皇の権威にも傷がつこう。菅原道真が宇多天皇に再考を促したのももっともであった。

2　戦乱の五代十国時代――「聖地」を目指す日本の巡礼僧

唐滅亡から五代十国時代へ

遣唐使の派遣が議論されていた八九〇年代の唐は、黄巣の乱を経て末期的様相を呈していた。

王朝の存続を図る皇帝昭宗《しょうそう》（在位八八八～九〇四年）は、各地に割拠する軍閥たちをまったくコントロールできていなかった。九〇〇年代に入ると、軍閥たちの争いに勝利した人物が、唐から禅譲を受けて新王朝を開くことは誰の目にも明らかであった。そして九〇七年、唐最後の皇帝となった哀帝《あいてい》（在位九〇四～九〇七年）から朱全忠《しゅぜんちゅう》が禅譲を受ける。後梁《こうりょう》の建国である。

その一方で、九世紀の東アジアの海には商人が登場し、彼らによってさまざまな情報・文物・宝物が日本にもたらされていた。往来する海商は当初新羅人が占めていたが、日本が新羅人の来航を禁止すると、唐商人が日本との交易に乗り出してくる。ただしここでいう唐商人とは、在唐新羅商人、彼らと行動をともにした唐商人によって構成されている。海商たちの活動によって、舶来される文物・宝物の量は、遣唐使の時代を凌駕した。情報も同様である。海商を通じて文物が入手できるのであれば、少なくとも文物入手という点では、過重な負担となる使者の派遣は不要となった。

しかし、外に出てゆく人びとも少数だがいた。五台山・天台山といった聖地巡礼を目指した僧侶たちである。

九〇七年に唐が滅んでから、九七九年に宋が全国を統一するまでの分裂した時代を五代十国《ごだいじっこく》と呼ぶ。この時代は、北中国に成立した後梁・後唐《こうとう》・後晋《こうしん》・後漢《こうかん》・後周《こうしゅう》（それぞれ、かつて存在した同名の王朝と区別するため、「後」の字をつける）の五王朝、それ以外の地域は江《こう》

4-2　五代十国時代（後唐期、920年代後半）

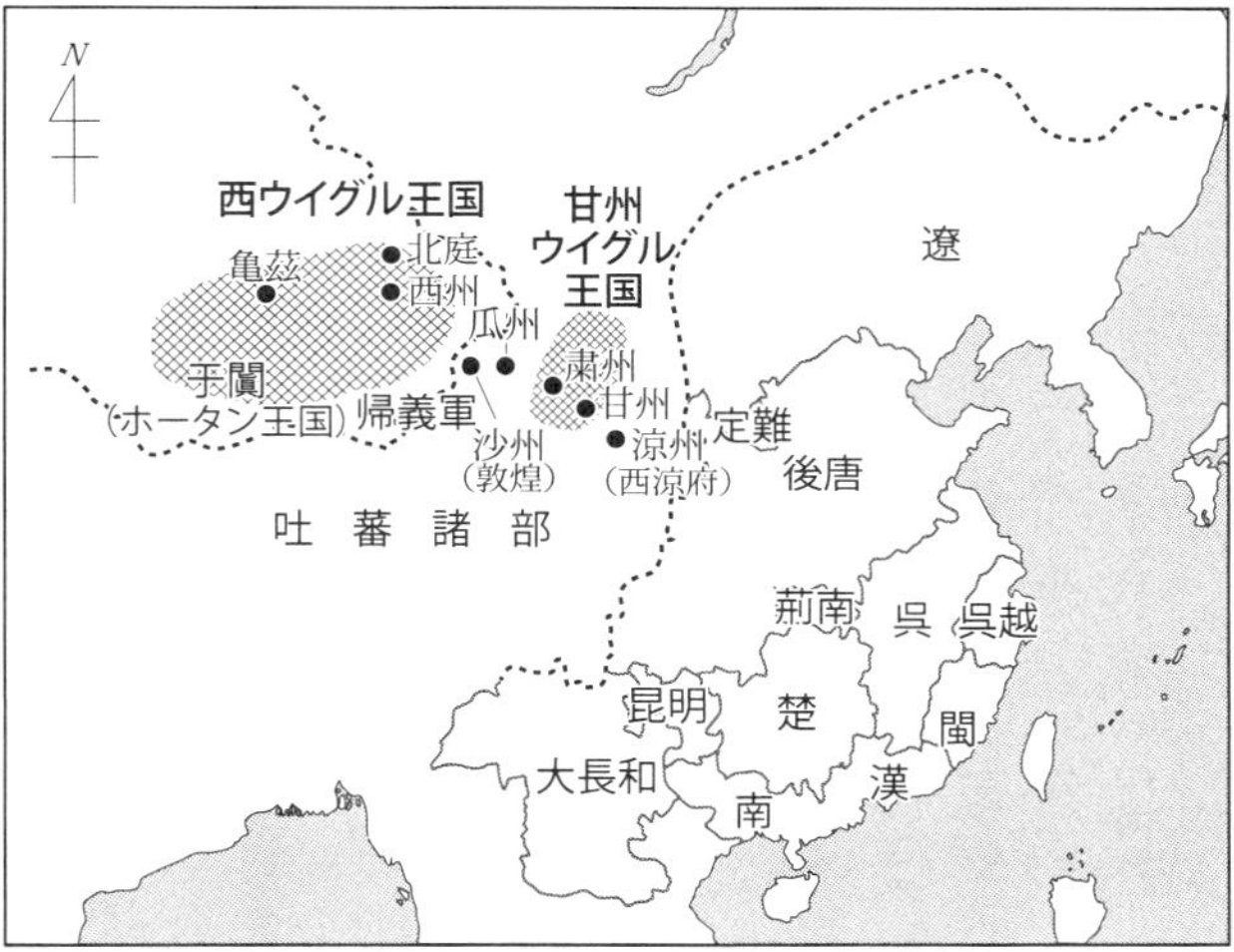

4-3　五代王朝の概要

王朝名（存続年）	創始者（生没年）	前王朝での創始者の身分	都
後梁（907〜923）	朱全忠（852〜912）	宣武軍節度使（唐代）	開封
後唐（923〜936）	李存勗（885〜926）	河東節度使・晋王（父李克用が唐から封ぜられた王号を継ぐ）	洛陽
後晋（936〜946）	石敬瑭（892〜942）	後唐明宗の娘婿で、河東節度使（後唐代）	開封
後漢（947〜950）	劉知遠（895〜948）	河東節度使（後晋代）	開封
後周（951〜960）	郭威（904〜954）	枢密使（後漢）	開封

筆者作成

蘇《そ》・安徽《あんき》・江西省《こうせいしょう》の呉《ご》、呉の後継者である南唐《なんとう》、浙江省の呉越《ごえつ》、福建省《ふっけんしょう》の閩《びん》（九〇九〜九四五年）、湖北省《こほくしょう》の荊南《けいなん》、湖南省《こなんしょう》の楚《そ》、広東省《かんとんしょう》の南漢《なんかん》、山西省《さんせいしょう》の北漢《ほくかん》、四川省《しせんしょう》の前蜀《ぜんしょく》と後《こう》蜀《しょく》といった一〇国によって支配されていた。

それぞれの王朝や国家では内部抗争も激しく、また対立する国家間の抗争が絶えなかった。それだけではない。北には耶律阿保機《やりつあぼき》がたてた契丹《きったん》（四世紀から中国の史料に登場する遊牧部族。耶律阿保機により帝国として結集された）が広大な領土を有し、南進の機会をうかがっていた。実際、後晋の時代には、幽州《ゆうしゅう》（河北省・北京《ペキン》）付近の一六州が契丹に割譲され、さらには当時の都であった開封《かいふう》も契丹に一時占拠された。五代諸王朝は、常に北の動向にも対処せねばならなかった。

五代十国時代の日本の巡礼僧たち

この分裂と戦乱の時代から、趙《ちょう》氏が再び中国を統一した宋を建国するまで、日本の巡礼僧は、王権を擅越として中国に渡り、皇帝に面会を許されることがあった。僧侶の派遣にかかるコストは、派遣によって得られる政治的な利益とつりあうものではない。しかし、五台山のようなアジアに冠たる仏教聖地への憧れが絶えたわけではない。日本の貴族は中国仏教聖地との結縁を求め、その仲介者として僧侶の巡礼が許可された（榎本渉）。

その先駆けとなったのが興福寺《こうふくじ》僧の寛建《かんけん》である。寛建は、九二六年五月に唐人の船で「入唐」し、五台山を巡礼したいと朝廷に願い出た。寛建の請願は許可され、旅費として砂金が与えられた。唐は九〇七年に滅んでいるため、寛建が「入唐」を目指したのは、その後継者を自称する後唐である。翌年には、一行に大宰府《だざいふ》の牒（身分証明書であり通行手形）が与えられる。寛建はこれを持し、従僧ら（寛輔《かんほ》・澄覚《ちょうかく》・超会《ちょうかい》・長安《ちょうあん》）とともに福州行きの船に乗り込んだ。

一行は後唐明宗《めいそう》の治世（在位九二六〜九三三年）中に到着する。ところが肝心の寛建は、到着地であった福州の隣、建州《けんしゅう》にあった某寺の浴室で死んでしまった。残された一行は、長興《ちょうこう》年間（九三〇〜九三三年）には入京を果たし、五台山や諸所の仏跡を巡礼する。

一行のうち、寛輔は九三二年四月に後唐の都であった洛陽にいたようである。寛輔が洛陽で書写した『諸教壇図《しょきょうだんず》』の奥書には、「持念弘順大師・賜紫寛輔」とあるから、これ以前に大師号と紫衣《しえ》を後唐の皇帝から賜っていたことがわかる。大師号とは、空海に与えられた弘《こう》法《ぼう》大師のような尊号のことで、紫衣とは、古代でもっとも高貴な色とされた紫の袈裟のこと。どちらも、特に優れた僧侶に勅許《ちょっきょ》で与えられる。日本を出国したとき、寛輔は寛建の従僧にすぎなかった。寛建すら与えられていない大師号や紫衣を、寛輔が天皇から与えられていたはずはない。寛輔に大師号と紫衣を与えたのは、後唐の皇帝、入唐した時期から、後唐の明帝であったに違いない。

また、東大寺僧で九八三年に中国に渡った奝然《ちょうねん》（九三八〜一〇一六年）の記録である「奝《ちょう》然在唐記《ねんざいとうき》」には、各地の巡礼を終えた澄覚が、漢語を習得して『唯識論《ゆいしきろん》』や『弥勒上生《みろくじょうしょう》経《きょう》』を講じたため紫衣と資化《しか》大師の号を与えられたとある。澄覚の足跡を奝然に伝えた超会も、皇帝から紫衣と照遠《しょうおん》大師の号を賜っていた。なお、奝然については、後で詳述する。

日本の巡礼僧を受け入れる後唐の目に、公使は派遣しないが巡礼僧の受け入れは要求するという日本の態度はどのように映っていたのか。

唐の時代には、外国人僧侶の巡礼・留学は皇帝の許可を受けて可能となった。安禄山の乱で政治・経済状況が急激に悪化するや、外国人僧侶の受け入れ枠は縮小した。遣唐使とともに入唐した僧侶には、円仁のように、滞在・留学許可が下りない者もいた（第3章で触れたように円仁は帰路に山東省の新羅人コミュニティーに匿《かくま》われ、彼らの助力で何とか滞在許可を得た）。頻繁に交代する五代諸王朝の経済力は、唐代と比較すればきわめて脆弱である。まして日本は正式な国家間交渉を開始していない。現代の感覚からいえば、内乱が続いているのに、通交停止中の隣国から留学生がやってきたようなものである。追い返してもよさそうであるが、後唐は日本の巡礼僧を受け入れ紫衣・師号を与えて歓迎した。

外国人僧侶を歓迎したのは後唐に限らない。五代諸王朝は、廃仏があった後周の世宗《せいそう》期以外、基本的に巡礼僧を歓迎した。その頻度から、五代には僧侶の受け入れに大変積極的であったようである。それはどうしてだったのだろうか。

沙陀による短命な五代諸王朝

唐滅亡以降、後梁に始まる短命な王朝が北中国を支配した。後梁は三代一七年の短命な王朝であった。後梁に続く後唐・後晋・後漢は、あまりよく知られていない。いずれも漢族ではなく、沙陀《さだ》という集団が開いた王朝である。

沙陀とは、九世紀初めに現在の山西省北部の大同《だいどう》盆地に移住してきたトルコ系の人びとである。沙陀の本拠地には五台山があった。

沙陀は、首領の李克用《りこくよう》を中心に、黄巣の乱を機に活発な活動を展開する。李克用は初め唐と対立し、敗れて亡命するが、黄巣の乱平定のために呼び戻され、彼のもとに遊牧系諸族が合流する。この集団が、五代諸王朝のうち後唐・後晋・後漢の母体となった。五代最後の王朝である後周も、その後を継ぐ宋も、沙陀軍閥のなかから登場している。五代～宋初期は沙陀の時代であった。

この時代には実子・養子の区別なく、実力ある者が皇位を継ぐべきとされた。そのゆえに、どの王朝でも皇帝の実子・養子たちが激しい皇位継承争いを繰り広げる。結果として短期間に王朝が交代する。この不安定な時代には、意外なことに多くの巡礼僧がアジア各地から北中国を訪れた。

九一一年、甘州《かんしゅう》ウイグルと吐蕃（『冊府元亀《さっぷげんき》』によれば温末《おんまつ》という九～一〇世紀に涼州《りょうしゅう》を中心に活動した部族）が使者を後梁に派遣し、その一員として入朝した僧侶に紫衣が下賜された。甘州ウイグルとは、かつてのウイグル帝国が分裂、シルクロードの入り口となる河西回廊《かさいかいろう》に侵入した集団の国家で、甘州を中心に支配を確立していた（4－2参照）。両国の首領は従者たち一二二人とともに至り、上表して方物を献上した。かなり大規模な使節団であったことが注目される。

厳密には独立国とはいえないが、敦煌帰義軍《きぎぐん》の使者として入唐した敦煌の僧侶にもしばしば紫衣が下賜された。敦煌帰義軍とは、敦煌のある沙州《さしゅう》に本拠地を置いた漢人の集団である（4－2参照）。トップは帰義軍節度使に任命され、シルクロード交通の要所である沙州とその周辺を支配した。敦煌には、シルクロード交通の安寧を祈る商人や、地元の有力者によって多くの石窟《せっくつ》寺院が建立されていた。石窟寺院には、現在も美麗な壁画と仏像が残る。世に名高い敦煌莫高窟《ばっこうくつ》であるが、ここで発見され、二〇世紀初頭にフランスのポール・ペリオやイギリスのオーレル・スタインによって世に出された貴重な文献群がある。俗にいう敦煌文書である。

膨大な文献群のなかで、スタインによってイギリスに運ばれた史料の一つにS.529v「諸《しょ》山聖迹志《ざんせいせきし》」と名付けられたものがある。「諸山聖迹志」には、五台山に巡礼した僧侶が、九一〇年代後半に五台山を出て、広州まで南下していく行程が詳細に描かれている。「諸山聖迹志」を執筆した僧侶の移動はきわめてスムーズで、各地で有力者の庇護を受けていたことが予想される。

このほかにも、九一八年二月に敦煌の僧侶が五台山を巡礼し、九三一年一一月に帰国した際の記録が、大変断片的ではあるが残されている（P.3973「往五台山行記」）。

天竺から新羅まで下賜される紫衣、大師号

これら諸国から至る巡礼僧に対して、五代の皇帝はしばしば紫衣と大師号を下賜した。たとえば、後唐の時代である。九二九年、西ウイグルの僧侶に紫衣が下された。また九三四年、「西域」からの巡礼僧が皇帝に朝見し、紫衣・大師号を下賜された。九三六年にも、後唐は師子国（スリランカ）のバラモン僧と甘州ウイグルからやってきた僧侶に紫衣を賜った。南アジアの海上交易国であるスリランカのバラモン僧が、なぜ陸上シルクロードの要地である甘州の僧侶と入唐したのか、また彼らがいかなる身分で入唐したのかは不明である。あるいは、古くから仏教を信奉したスリランカのバラモン僧であると偽称することで、手厚い保護

を受けられると期待したのかもしれない。後唐は、使者の真偽を論じることなく彼らに紫衣を下賜した。

紫衣も大師号も、唐の時代には、皇帝の権限として特に優れた僧侶に下賜された。当初は中国人僧侶のみが下賜の対象であったが、のちに外国人僧侶も対象に含まれるようになった。たとえば、日本僧円載には講経の功によりに紫衣が下賜された。つまり五代の皇帝たちが外国から来た僧侶に紫衣や大師号を下賜したのは、自分たちが唐の皇帝と同じく、中国の正統な支配者であると主張するためであった。

他方外国の僧侶たちからすれば、紫衣・大師号の下賜は、優れた僧侶であるというお墨付きを中国の皇帝から得ることとなる。紫衣・大師号とともに下賜される物品も、外国人僧侶には魅力的に映ったに違いない。のち宋の時代には、サンスクリット語も解さない「天竺僧」の存在が問題視されている。出身地を詐称《さしょう》することで、宋の庇護を受けようとした人びとであった。五代の皇帝たちも、僧侶の出身に疑いを持つことはあったかもしれないが、せっかくやってきた巡礼僧たちを厚遇した。

さて、紫衣を下賜されたのは西域諸国の僧侶だけではない。後唐の九三六年には朝鮮半島の後百済《ごくだら》の僧侶が、「これより先に朝廷から紫衣を賜っておりましたが、帰国に際しまして、今度は大師号を頂戴できませんでしょうか」（『冊府元亀』）と申請し、後唐は「法深《ほうしん》大師」という称号を下賜している。

この頃の朝鮮半島はかつての覇者である新羅と、九〇〇年に自立した後百済と、九三六年に朝鮮半島を統一する高麗《こうらい》という三つの国に分裂していた。「法深大師」がいつ後唐に至ったのか、どのような身分で入朝したのかまったくわからない。僧侶の発言からみて、紫衣を下賜されてから大師号を下賜されるまで、一定の時間が経過していたようである。この間に、後唐領域内や後唐の勢威が及ぶ領域内での巡礼を果たしたのだろう。なお、九三六年には後百済と高麗の使者が入朝しているから、僧侶は「法深大師」の称号を得て彼らとともに帰国したとみてよい。

後唐の禅譲を受けた後晋の時代、九三七年には、中印度《ちゅういんど》の僧侶とホータン（タクラマカン砂漠の南にある国）の僧侶に紫衣と大師号が下賜されている。両者の入朝時期はわからない。インドの僧侶とホータンの僧侶はどういった目的で入朝したのか。先のバラモン僧と同じく、インド出身の僧侶といっても、真にインドからやってきたものかは不明である。むしろ、この時期のインドで仏教信仰が下火であることを考えると、後晋の庇護を受けることを目的に、仏教誕生の地であるインドの出身と詐称した可能性のほうが大きい。

紫衣・大師号の授与は、五代の皇帝にとって、唐の対外政策方針を継承することと同義であった。それら皇帝たちは、唐皇帝に倣い、皇帝としての権限を行使することで自らの権威を内外に強調するため、諸国の僧侶に紫衣・大師号を与え、巡礼を許可し庇護を加えたのである。唐の時代には例外的であった紫衣・大師号の授与という厚遇が、九二七年に寛建とともに「入唐」した僧侶たちにも与えられた背景には、こうした事情があった。

後唐による仏教支持

五王朝のなかでも後唐の時代（九二三～九三六年）には、特に仏教と王権の距離が近かった。後唐は五台山仏教の支持を受け、それによって王朝の正統性をアピールしたが、その対象は国内に限られなかった。

九二四年、後唐から西域へ向かう智厳《ちごん》という僧侶によって、五台山の情報が敦煌に伝えられた。注目すべきは、智厳の到来を機に、敦煌の帰義軍が後唐に使者を派遣したことである。智厳は、五台山に支持される後唐の正統性を西域に喧伝《けんでん》する役割も担っていたのであり、だからこそ帰義軍は、智厳の到来に応えて使節団を後唐に派遣したのであろう。複数の僧侶が後唐に派遣されたのは、後唐による対外的なアピールがあったためと考えられる。

後唐は、外国僧の到来、特に彼らが領内の五台山を巡礼することを歓迎し、紫衣・大師号を下賜するなど外国僧を厚遇することで、対外的な求心力の向上を図っていたのである。

唐皇帝たちはしばしば、人びとが仏教に向けるエネルギーを王権に取り込み、その王権の正統性を高め、あるいは数多くの留学僧・巡礼僧を受け入れることで国際的な求心力を高めていた。その後継者を自称するからには、後唐は仏教信仰を主導し、外国の僧侶を積極的に受け入れる必要があった。後唐の皇帝たちが仏教に多大な関心を持ったのは、純粋な信仰心からだけではない。仏教が王朝の正統性にかかわる重要な政治問題であったからだ。

後唐の建国は、李存勗《りそんきょく》が初代皇帝に即位したその年のうちに中国各地の諸国に伝えられた。情報は、国家間交渉でのみ必要とされるわけではない。交通路の安定に生業が左右される商人層には、後梁の滅亡と後唐の建国は速やかに伝わったであろう。

さて、あらためて寛建の「入唐」に戻る。

寛建が日本の朝廷に「入唐」を願い出たのは九二六年であった。その二年前には「唐人」が来日し「唐物」を献上している。翌年には来日した「唐僧」に衣服と食料が供給された。この「唐人」と「唐僧」によって、後唐の建国、および後唐と五台山との緊密な協力関係が日本に伝わったのであろう。後唐が建国から速やかに西域へ僧侶を派遣して五台山への巡礼僧を誘致したように、巡礼僧歓迎の方針が東アジアに伝えられたとして何ら不思議ではない。少なくとも、後唐の治世中には五台山巡礼を目的とした移動の安全が保障される、という見通しを抱かせるには十分な情報が伝達されたに違いない。

寛建らが、長らく途絶えていた五台山巡礼を思い立ち、申請して朝廷に許可された背景には、このような中国の状況があった。

戦乱のなかの中国の日本人僧たち

九二七年に寛建らが福州に到着したときには、後唐の皇帝は第二代明宗（在位九二六〜九三三年）であった。明宗は、政権交代の激しい五代にあって、質素倹約に努めた名君の一人に数えられている。死去した寛建を除く一行は、当時の都であった洛陽に無事に到着し、五台山の巡礼と各地の仏跡の巡礼も果たした。彼らのうちには明宗から紫衣と大師号を賜る者もいた。「入唐」・巡礼は思った以上の成果をあげたといえる。

あるいは、日本からかつて多くの留学僧が入唐したという記憶は、五台山や洛陽のような古くから続く仏教信仰の中心地では脈々と受け継がれていたであろう。後唐にとって、日本の巡礼僧が「入唐」・巡礼に来たことは、巡礼僧を誘致する国策に合致するだけでなく、唐の継承王朝であるという自らの主張にも適うものであった。

即位時点で壮年を過ぎていた明宗は、在位八年で九三三年に没する。その後は、明宗の息子の李従厚《りじゅうこう》（在位九三三〜九三四年）が即位した。ところが李従厚は軍閥の支持を得られず、明宗の養子であった李従珂《りじゅうか》（在位九三四〜九三六年）が即位する。先述したようにこの時代、皇位継承は実力主義だった。

その後に後唐は倒れ、北方の契丹も介入し、中国北部は二四年間にわたり、後晋、後漢、後周と王朝がめまぐるしく変わる戦乱の時代となる。

あわただしい政権交代が続く北中国で、寛輔・超会ら日本人巡礼僧はどのように日々を過ごしたのか。

澄覚は一人帰国を志したようであるが、その後の足取りは知れない。ただ、中国の義楚《ぎそ》という僧侶が寛輔に会ったことはわかっている。義楚は、儒家の経典にも仏家の経典にも通じ、九四五年から九五四年にかけて『義楚六帖《ぎそろくじょう》』という書物を完成させた僧侶である。『義楚六帖』は後周の皇帝世宗（在位九五四〜九五九年）に献上され、世宗はその労を嘉して義楚に紫衣と明教《めいきょう》大師の号を賜った。寛輔についての記述も、『義楚六帖』に残る。

だが、世宗は九五五年から廃仏を開始する。義楚は廃仏が始まる以前に、後周の都である開封で寛輔に出会ったのだろう。廃仏の間、寛輔はずっと開封の寺院にとどまったのであろうか。たとえ寛輔が都にとどまったとしても、今回の廃仏では、唐の武宗のときのように、外国人僧侶まで還俗させられたふしはない。第3章でみた円仁や円載のように、還俗を迫られることはなかったはずである。

国風文化と呉越との交流

他方で、寛建ら一行が「入唐」した頃、江南を支配する呉越《ごえつ》国から日本に使者が派遣されていた。九三六年には、呉越より商人が来日し、第二代呉越王の銭元瓘《せんげんかん》（在位九三二～九四一年）に日本との通交の意があることを伝えてきた。九四七年と九五三年にも呉越より商人が来日し、第三代呉越王の銭弘佐《せんこうさ》（在位九四一～九四七年）と第五代銭弘俶《せんこうしゅく》（在位九四八～九七八年）の書状を献上している。残念ながら、書状は現存しない。

これに対し、初回は左大臣藤原忠平《ふじわらのただひら》、次回は左大臣藤原実頼《さねより》、三回目は右大臣藤原師輔《もろすけ》が返書をしたためた。藤原忠平の書状は残っていない。藤原実頼と藤原師輔の書状は、臣下として外に交わるべきではないものの、厚情には報いるという礼状である。

呉越と日本の書状のやり取りには、天皇が関与することは一度もない。つまり国王間に正式な交渉が持たれることはなかった。銭元瓘・銭弘佐・銭弘俶らは、呉越の地を支配しているとはいえ、彼らの王位は中原《ちゅうげん》王朝の承認を経たものである。「人臣に外交なし」、すなわち人の臣下たるもの、君主の意を受けずに外と交わってはならない原則からいえば、人臣たる呉越王にも日本の左右大臣にも、他国の君主との通交は許されない。それでもなお書状のやり取りは、呉越にとっては王徳を海外に顕《あらわ》すこととなり、日本にとっては天皇を呉越王の優位に立たせることとなる。そのため書状による交渉が繰り返されたのである。

ところで、二通目の呉越王の書簡が日本に到着したのは九四七年七月、実は送付した銭弘佐は六月に死去していた。銭弘佐の弟である銭弘倧《せんこうそう》（在位九四七年）が王位を継ぐが、激しい内部抗争によりその治世は一年も持たなかった。代わって擁立されたのが、銭弘佐・銭弘倧の弟である銭弘俶である。銭弘俶の治世中に呉越は消滅するから、第三代以降の王位継承はすべて兄弟間で行われたこととなる。

銭弘俶の時代には、九五一年、呉越領内にある天台山の義寂《ぎじゃく》・徳韶《とくしょう》の請願により、日本に天台経文《てんだいきょうもん》の送付が依頼される。唐末期の廃仏や唐末の争乱で散逸《さんいつ》した経典《きょうてん》の収集を図るため日本に経典を求めたのである。ちなみに、書物の収集は、単に宗教上の要請からのみ行われるものではない。書物の収集を通じて天下の知を結集することは、中国では王者にふさわしい行為として伝統的に行われてきた。

日本からは多くの経典が呉越に送られるが、朝鮮半島の高麗が送った典籍《てんせき》と比較してあまり高い評価は受けなかった。その一方で、日本の天台山から派遣された日延《にちえん》が日本に請来した天台典籍や、銭弘俶が鋳造《ちゅうぞう》した金銅製阿育王塔《あいくおう》（インドのアショーカ王が八万四〇〇〇塔を建立したとの伝説に倣い、何と八万四〇〇〇もの仏塔が鋳造された）は、日本の世俗権力と仏教界に大きな影響を与えた。このほか、暦道《れきどう》や明経道《みょうぎょうどう》・紀伝道《きでんどう》に関連する情報・書籍が日本にもたらされたことも重要である。これら呉越から伝わった文化は、国風文化の礎の一部をなした（西本昌弘）。

3　宋による統一——国家間交渉の終焉

宋による開宝蔵の制作

唐末の混乱期から宋による統一まで、およそ一〇〇年が経過していた。四世紀に始まる東《とう》晋《しん》・五胡十六国時代から南北朝時代にかけての分裂が三〇〇年であったのに対し、今回の分裂はその三分の一である。とはいえ、分裂後の統一事業と安定した統治の構築はいつの時代も困難である。宋初代皇帝の趙匡胤《ちょうきょういん》は、皇帝を自称するとはいえ、その出身は沙陀軍閥の武将にすぎなかった。宋の正統性が、すぐさま衆人に納得されることはなかったであろう。

宋は、分裂前の時代＝唐の時代を政治・文化のさまざまな面で理想に掲げつつ、諸国に分散する書物・絵画などを収集することで円滑な統治の確立を目指した。仏教文物も例外ではない。九七五年に呉越が宋に併合された後には、呉越王の鋳造させた舎利塔《しゃりとう》が宋に献上される。宋は、各国王が尊崇《そんすう》した仏教文物を首都開封に集中させ、仏教によっても王朝の中心性・正統性を主張しようとした。

大蔵経《だいぞうきょう》（仏教聖典の総称。「一切経《いっさいきょう》」とも）出版の版木《はんぎ》を四川省成都《せいと》で制作したのもその一環である。四川省の後蜀を滅ぼした宋は、九七二年、勅命により蜀で大蔵経の版木制作を開始させた。開始時の年号である開宝《かいほう》（九六八～九七六年）を取って開宝蔵と呼ばれるもので、この開宝蔵をモデルとして高麗や契丹でも大蔵経が出版される。現在世界の仏教研究で基本とされる『大正新修大蔵経《たいしょうしんしゅうだいぞうきょう》』は、開宝蔵を下賜された高麗が、一三世紀にそれを模刻した大蔵経を基本テキストとしている。

開宝蔵の版木は、占領したばかりの蜀の人心を掌握するために制作された。版木とする経典を取捨選択し、整理・分類するために用いられたのは、唐代に作成された目録である。完成した版木は一三万枚あまり。九八三年に都へ進上され、大蔵経の印刷がはじまる。印刷された大蔵経は全部で五〇四八巻である。世界史上初めての大規模木版印刷事業であった。

時の皇帝は太宗《たいそう》（在位九七六～九九七年）。初代皇帝である趙匡胤の弟であった。太宗は、唐の皇帝徳宗（在位七七九～八〇五年）の時代以降は下火になっていた、勅命による仏典漢訳を再開した。主要経典は唐の時代に訳出されていたため、太宗の時代に漢訳されたのは密教関係の小規模経典であった。しかし、たとえ小部であったとしても、宋の時代に訳出された漢訳仏典が大蔵経に付け加えられたことは重要である。勅命による大蔵経の印刷は、宋時代の漢訳経典が追加されたことで、唐―宋間の連続性を強調するものとなった。

刷り上った大蔵経は、国内の主要寺院に配布され、皇帝による恩典として高麗・ベトナムといった被冊封国《ひさくほう》や、交渉のある周辺国に下賜された。大蔵経の下賜は、唐―宋と継承された王朝の正統性を、仏教という側面から強調する政策の一環であった。

宋が完成したばかりの開宝蔵を最初に下賜したのは、実は日本である。開宝蔵を受け取り、日本へともたらしたのは東大寺僧の奝然《ちょうねん》である。天竺巡礼を志した奝然は、九八三年、東大寺と延暦寺が発給した牒（身分証明書であり通行手形）を手に、従僧六人と中国商人の船で入宋《にっそう》した。天台山のある台州で入国手続きをした後、台州の官人たちに付き添われ、天台山などを巡礼しつつ北上する。首都の開封に入るや、太宗に謁見して紫衣を賜った。翌九八四年、開封の寺院の巡礼を終えた奝然は、五台山巡礼へと向かい、帰京するとまた太宗と面会している。このときに奝然は開宝蔵を下賜された。九八五年三月のことである。同時に大師号も授与された奝然は、開封を出発、台州で釈迦如来像（清凉寺《せいりょうじ》所蔵）を制作して帰国、志した天竺への巡礼は実行されなかった。

巡礼僧が紫衣・大師号を授与されるのは、唐の時代には見られず、明らかに、ここまでみてきた五代以来の伝統につながる。

しかし奝然の扱いは、巡礼僧の待遇を超えていた。巡礼は公的な庇護を受けており、滞在中に三度も皇帝に面会している。そこでは日本の歴史・風土を問われてもいた。奝然の返答は、外交を司《つかさど》る鴻臚寺《こうろじ》の記録に残され、奝然が献上した「王年代紀」一巻とともに正史である『宋史』にも採用された。

帰国時に奝然は、日本に朝貢を促すよう太宗から求められた。しかし、日本は朝貢使を派遣することなく、代わりに奝然の弟子が太宗のもとに奝然の上表文を持参している。過剰にへりくだりつつ、皇帝への謝意を表すものであった（上川通夫）。

国家が派遣した巡礼僧への戸惑い

九八六年に奝然は帰国したが、その後も複数の日本人巡礼僧が入宋した。国家間交渉は行わないが、巡礼僧を派遣し続けるという日本の態度に、宋は少なからず戸惑いを感じたであろう。

奝然入宋からおよそ九〇年後、一〇七二年に成尋《じょうじん》（一〇一一～八一年）という僧侶が入宋した。第3章の末尾で、唐の時代に留学した僧侶である円仁の『入唐求法巡礼行記』と比較した、『参天台五台山記』という旅行記を残した僧侶である。成尋は天台宗の僧侶で、公的な庇護・管理のもとで巡礼を遂げ、皇帝に朝見して紫衣と大師号を下賜されている。

国王の書状は持参しないが、本国の王権からの支援を得て入宋した成尋の謁見儀礼はどのように行われるべきか。迷った末に宋は、青海省《せいかいしょう》方面の吐蕃諸部を糾合した木征《もくせい》という人物の使者として入宋した僧侶に準じて謁見することとした。日本の意図とは別に、成尋は使者に準じる待遇を受けたわけである（榎本渉）。

国家による使者として中国に至った僧侶は、唐の時代から見出せた。第3章でみたように、玄宗（在位七一二～七五六年）の時代に中央アジア・南アジアの僧侶が使者として入朝していたことを思い返してほしい。五代諸王朝にも引き続き使者として入朝する僧侶はいた。しかし僧侶を使者に派遣するのは中央アジア諸国に偏《かたよ》っていた。そのような五代以来の流れを受け継いで、宋も使者の役割を担う僧侶を、主として中央アジア諸国から受け入れていた。君主による文書を持参してはいないが、王権の支援を受けて入宋した奝然を使者に準じて扱うのは、宋からすれば当然のことであったろう。

しかし日本は、繰り返される厚遇にも心を動かされない。それだけではない。日本は、宋のみならず、この前後に通交を求めた呉越や高麗とも正式な国交を開かなかった。呉越国王の書状に、天皇ではなく左大臣・右大臣といった貴族のトップが返書したのもそのためであった。諸国と一切国交を結ばないという日本の頑《かたく》なさを、平安期日本で閉鎖的な認識が発達したためとみる向きもある。

なるほど、九世紀には新羅で社会情勢が不安定化し、本国で生業を失った新羅人が来寇《らいこう》することがあった。下って一〇一九年には、領土を拡大する契丹に追い詰められた満州の女真《じょしん》族《ぞく》が壱岐・対馬に来寇した（刀伊《とい》の入寇《にゅうこう》）。これらの事件は、混乱期にある中国・朝鮮半島と交渉することのデメリットを意識させたであろう。こうした事件により、日本の朝廷が外圧を感じ続けたかは疑問であるが、王権と貴族層が外への関心を失う契機になったことは間違いない。

そもそもこの時代の天皇とは、後見《うしろみ》たる藤原氏を頂点とした貴族社会に支えられる存在であった。遣唐使を派遣していた頃のように、個としての天皇が、王権のなかで突出した力を持っていたわけではない。天皇にのみ許された権限であり、一代一度の盛儀であった遣唐使、あるいは海外への公使派遣事業は、このような内外における情勢の変化を受けて過去のものとなっていく。

それと同時に、海商たちにより、唐の時代を上回る量の「唐物」が宋から輸入される限り、当時の日本が、公的ルートをあらためて開拓・維持する必要はなかった。

日本は、僧侶は派遣するが、朝貢使は派遣しない方針を堅持していく。天皇の名のもとに書かれた文書を中国の皇帝に奉るという行為は、第一五回の遣唐使を最後に、二度と行われることはなかった。

おわりに　歴史的事実とは――「外交」と遣隋使

古代東アジアでの「外交」

古代の日本は、地理的な制限のなかで可能な限り情報を収集し、そこで得た情報を綿密に分析することで、アジアにおける立ち位置を把握し、最大限の利益を得るべく対中国交渉を企画・実行した。彼らが交渉に期待した利益はその折々に異なるが、王権の安定を目的とする点では一貫していた。

だが対外交渉には莫大な費用と時間がかかる。そのため、必要がないと判断されれば対中国交渉は速やかに停止された。中国の対東アジア政策に反発することはあっても、面子《めんつ》というあやふやな概念にこだわり、余計なもめごとを起こして利益を損なうことは好まなかった。

以上から考えると、日本古代の対外交渉は、冷静に状況を判断し、実利を追求する、現在からみればきわめてクールでスマートなものであった。

さて、五世紀の倭の五王から遣唐使派遣停止後の一〇世紀まで、日本古代の対中国交渉をアジア史に位置づける本書の試みは、曲がりなりにも達成できたと思う。

最後に、本書執筆の大前提について少し記しておきたい。

通常、国家間の交渉を表現するのには「外交」という言葉が用いられる。しかし本書では「外交」の語は使用しなかった。

前近代の東アジアでは、「外交」という言葉はマイナスのイメージを持つ言葉であった。一つ事例を紹介しておこう。五世紀の高句麗《こうくり》の対外交渉である。

当時高句麗は、中国の南朝と北朝の両方に使者を派遣していた。南朝と北朝が軍事的に対立していたことから、両王朝に使者を送っていることは双方に秘密であった。ところが、北《ほく》魏《ぎ》第六代皇帝である孝文帝《こうぶんてい》（在位四七一～四九九年）の時代に、南朝に派遣した使者が海上で捕らえられ、高句麗の二面交渉が露見《ろけん》する。北魏の正史『魏書《ぎしょ》』高句麗伝は、孝文帝が高句麗王に次の詔《みことのり》を与えたことを記している。

蕭道成《しょうどうせい》〔南斉《なんせい》の初代皇帝〕は、君主〔宋《そう》最後の皇帝である順宗《じゅんそう》〕を殺して江南《こうなん》でかつて〔皇帝として〕号令を下している。〔そこで〕朕《ちん》は、旧地に滅んだ国〔宋〕を復興させ、かつての皇族である劉氏《りゅうし》に国を継承させようと思っている。ところが卿《けい》〔高句麗王のこと〕は境を越えて外交し、遠く〔使者を派遣して皇位を〕簒奪《さんだつ》した賊《ぞく》と通じている。どう

して、藩臣《はんしん》の守るべき節度《せつど》に適《かな》っているといえようか。〔以下略〕

孝文帝が言う「外交」とは、国境を越えて外と交わることであり、これは海外の臣下として許されない行為であった。

ここでいう「外」は、北魏皇帝の威徳《いとく》を奉じる天下より外、すなわち蕭道成の南斉を意味する。孝文帝の文脈でいえば、宗主国への遣使《けんし》は朝貢《ちょうこう》、宗主国と敵対する中華の外の国＝南斉への遣使は「外交」となる。そのため高句麗の「外交」は、北魏皇帝の強い非難を受けたのである。

近代以降の「外交」という用語

ところが現在、かつては批判すべき行為を指した「外交」が、“diplomacy”の訳語として使用されている。訳語となった背景は後述するが、ここではまずヨーロッパ近代で誕生した“diplomacy”について、二〇世紀のイギリス外交官であり歴史家であったハロルド・ニコルソン（一八八六～一九六八年）の『外交』（一九三九年）から述べておきたい。

“diplomacy”につながるラテン語の“diploma”は、古代ローマ帝国で二重の金属板に捺印《なついん》され、折り畳まれ、縫い合わせられた金属旅券を意味した。現在の「外交」につながる

“diplomacy”は、一八世紀末、近代ヨーロッパで登場する。日本がこの語に触れたときには、“diplomacy”にまつわる概念などすべてがまだ発展途上にあった。

近代外交が誕生する以前には、国王が必要に応じて派遣する使者により、国家間交渉は断続的に行われていた。一六・七世紀に入ると、ヨーロッパで外交機関が組織され、常駐大使が交渉相手国に滞在するようになる。この段階の外交は、ヨーロッパで共有される貴族文化や法体系を基礎としていた。これが「旧外交」と呼ばれるものである。交渉はその場限りのものではなく継続的なものとなり、ある種の秩序が機能しはじめた。

旧外交では、国家間の取り決めは国民に知らされることはなかった。そのことを統治者も被統治者も問題視していなかった。ところが第一次世界大戦では、国民の合意を得ずに下された外交上の決定が、ヨーロッパを未曽有《みぞう》の総力戦に巻き込む。

秘密裏に締結された約定《やくじょう》が社会に甚大《じんだい》な損害を与えた結果、外交は民主的統制を受けるべきという認識が急速に拡大する。民衆の支持を得て推進される外交が、「新外交」である。ニコルソンは、新外交は、不正確な情報をもとにした世論に左右される危険性があると指摘している。世界情勢はいまだ新外交の時代にあるが、ネット上の不確かで無責任な言説に左右されるのをみるにつけ、ニコルソンの指摘が響く。

では、日本における「外交」の始まりはいつか。一八六八年、外政機構として初めて「外国事務掛」が置かれた。翌年、「外国官」を経て「外国事務」を省略した「外務省」に改名。この機関で取り扱われるのが「外国交際」であり、この語を省略したものが「外交」であった。それから一〇数年、実際の国際関係のなかで、「外交」は交際により結ばれた関係だけではなく、交際術やその指針となる政策という意味も帯びていく。

いくつもの意味を持たされた「外交」の語が、最終的に熟語として定着するのは、一八九三年に「外交官領事官及書記生任用令」と「外交官及領事官試験規則」が出され、その翌年に初めて外交官試験が行われてからであった。

以上の経緯から、日本語における「外交」は、“foreign relations”という場ないし関係を指すとともに、“diplomacy”という行為ないし術を指す複雑な言葉となった。近代日本の「外交」は、伝統漢文とはまったくかかわりのない文脈で誕生する。

“diplomacy”が持つ概念は古代アジアの国家間交渉にはまったく合致しない。かくも複雑な背景を持つ「外交」を、古代日本が行った対外交渉に当てはめることに強い躊躇《ため》いが生じる。そこで本書では、一貫して「外交」の語を用いなかった。

遣隋使評価の変遷

本書では、倭の五王以来、日本（倭国）の対中国交渉について述べてきたが、太平洋戦争前の教育では、五世紀以前の対中国交渉は、九州北辺の豪族が勝手に行った交渉とされ、教科書に記されることはなかった。

独立国家たる日本が初めて行った外交として初等科教科書に書かれたのが、遣隋使である。明治初期の歴史教科書では、聖徳太子は蘇我氏と共謀したとして、基本的に低く評価され、記述も少なかった。ところが一八九〇年代前半、皇室に対する忠義の観念が小学校教育に持ち込まれると、聖徳太子についての評価は一転する。聖徳太子は、推古天皇の命を受けて天皇権力強化に活躍した人物として描かれるようになっていく。

ただし、聖徳太子が肯定的に描かれるようになってからも、遣隋使の扱いはほとんど変化しなかった。

一九〇三年発行の第一期国定教科書『小学日本歴史 一』でも、遣隋使は直接文化導入の契機とされるのみで、遣隋使自体に関する記述はあっさりとしたままだった。一九〇九年に発行を開始する第二期国定教科書もほぼ同じである。

遣隋使についての記述が大幅に増加するのが、一九二〇年発行の第三期国定教科書『尋常小学国史』からである。やや長くなるが引用しておきたい。

太子は又使《またつかい》を支那《しな》につかわして、交際をはじめたまえり。其《そ》の頃、支那は国の勢《いきおい》強く、学問なども進みいたりしかば、常にみずから高ぶりて、他の国々を皆属国の如くにとりあつかえり。されど太子は少しも其の勢に恐れたまうことなく、彼《か》の国につかわしたまいし国書にも、「日出《ひい》ずる処《ところ》の天子《てんし》、書を日没《ひぼっ》する処の天子にいたす、恙《つつが》なきか。」とかかせたまえり。支那の国主これを見ていかりたれども、程なく使を我が国につかわしたり。よりて太子はさらに留学生をも彼の国に送りたまい、其の後引きつづき両国の間にゆききありたれば、これまで朝鮮を経て我が国に渡り来りし学問などは、ただちに支那よりつたわることとなれり。（『日本教科書大系』一八）

まず注目されるのが、国定教科書としては初めて、「日出処」ではじまる文書が掲載されたことである。文章はほぼ同じながら、一九三四年発行の第四期国定教科書から「対等」の語が教科書の本文に挿入される。

意図があった歴史叙述

遣隋使についての扱いが一変した第三、第四期に、国定教科書編纂担当者であったのが、藤岡継平《ふじおかつぐひら》である。藤岡が一九二一年に発表した「国史教育に対する意見と小学国史編纂の方針」（『小学校』三三―二）によれば、「国史教育の尤《もっと》も重要とする点は、国体観念を強烈に国民の頭に打ち込む」ことであった。藤岡による遣隋使への評価は、次に引用した、一九三四年の「思想の研究と国史の教育」（『教育研究』四二二）に明らかである。

この隋と日本は聖徳太子によって国際関係をはじめたという是《これ》が非常なる刺激を与えて、国体観念というものを強くした。〔中略〕更《さら》に日本は天皇中心であるということは伝統的精神であるが、それが隋という強国との交際によって一層強化された結果十七条憲法になって現れて来た。それから外交方面を見てもやはり自国ということを強く強調して居る。即《すなわ》ち対等に交際をして居る。

藤岡によれば、万世一系の天皇を中心とする国体の観念は、隋という強国との対等な交際、すなわち遣隋使によって強化されたという。ゆえに遣隋使についての記述は、従来よりも多くの分量が割かれるべきであった。

ここで重視したいのが、第三期国定教科書からはじまる、周囲の国々を植民化する大国隋の国勢にひるむことなく対等な関係を勝ち取った日本という構図が、当時の日本を取り巻く国際状況と合致することである。

一九一九年に第一次世界大戦後の講和条件を討議したパリ講和会議では、新たな国際体制構築＝国際連盟についても討議された。日本は、国際連盟の規約に「各国の平等及びその国民に対する公正な待遇の原則を是認し」という一文を入れるべく運動する。国家対国家の関係は、対等でなければならないという主張であるが、一九一〇年に韓国を併合したばかりの日本が言う「各国の平等」は、現代の感覚とはかけ離れている。

アメリカなどで日本人排斥運動が盛んな情勢下にあって、日本は「人種的偏見より生ずることあるべき帝国の不利を除去せん」（日本政府代表団への指示）とした日本の要求は、ヨーロッパとアメリカに受け入れられることはなかった。このような時期に、日英同盟を口実に第一次世界大戦に参入し、国際連盟の規約を通じて名実ともに西欧列強と肩を並べようとしていた日本にとって、「わが国」の「外交」が始まったのはいつかという問題が浮上したのであろう。

国体観念は、時代が下るほど強調されていく。一九四〇年度より使用開始となる第五期国定教科書では、「日出処天子」で始まる書状によって、聖徳太子が「国威をお示しになった」と表現されるようになる。この教科書の下巻、近世史・現代史の修正について修正趣意書には、一〇項目の主眼が設けられている。そのうち第四から第六までの三項はすべて国際関係に関連する。

第四が「現代の世界情勢の由《よ》って来たる所を明かにすること」、第五が「わが国の一貫せる外交方針を明かにし、その自主的態度を強調すること」、第六が「わが国の東亜並《ならび》に世界に於ける指導的地位の自覚を促すこと」である。

さて、この修正趣意書、上下巻とも末尾に内容修正要点一覧表がついており、そのうち上巻の「聖徳太子」の項目に「太子の対隋外交に於ける自主的御態度、及び国体明徴の御精神強調」とある。「自主的態度」を強調するというスタンスが、下巻修正第五項目と一致するのは偶然ではあるまい。修正趣意書に従えば、「わが国の一貫せる外交方針」とは、遣隋使以来の、自主的態度により強国と対等に渡り合ってきたことであった。国定教科書編纂者にとっては、聖徳太子の遣隋使こそ、近現代につながる「外交」の始まりであった。

しかし古代の国家間交渉は、本文で述べてきたように、実際には国家の面子を重視しない。交渉の目的が達成されればよいのであって、交渉プロセスにおける対等や、結果として構築された関係が対等であるか否かは、必ずしも重要とされなかった。

近代外交の立場から国定教科書で対等な外交とされた遣隋使が、史実として隋と対等な関係を構築しようと試みたのか否か——。あらためて本書で確認してもらいたい。

あとがき

憧れの奈良の地に初めて立ったのは、一六歳の夏だった。教科書で読んだ日本古代史の舞台を訪れて、胸がいっぱいになった（ただし経験したことのない暑さにたじろぎもした）。遠く離れた北海道の地で抱いた、日本古代史への焦がれるような憧れが、この歳に至るまで尽きたことはない。

母の趣味で、実家の本棚には歴史小説が並んでいた。少ない蔵書はすぐに読み終わり、小学校から高校では図書館で歴史系の本を読みあさった。ただ、その頃の興味はむしろ中国史や中東史に向いていた。

北海道大学に入り、南部昇先生の授業を受講して日本古代史の面白さに目覚めた。史実は小説よりも奇だった。端整な字で板書される内容を、必死で写し取ったのを昨日のことのように思い出す。

対外関係史に踏み込んだのは卒業論文の時だった。悩んだ挙句に遣隋使をテーマとした。

大学院修士課程ではアジア諸国による対隋交渉の勉強も始めたが、しかし当時北海道大学には東アジア史を専門とされる先生はおられず、坂上康俊先生のいらっしゃる九州大学の大学院に進学することとなった。

北海道大学でも一応は努力していたつもりだったが、九州大学に比べればぬるま湯だった。坂上先生のご指導は本当に厳しく、しかしやみくもに面白かった。必死になって勉強しても、周囲についていくのがやっと。毎週のゼミ担当で徹底的にしごかれながら、指導に応えられない自分が悔しかった。

東洋史の素養がないのも問題であった。川本芳昭先生にご指導いただき、東洋史研究室のメンバーに励まされながら勉強した。お正月にも研究室に入り浸り、東洋史のメンバーとストーブの上で餅《もち》を焼いて食べたことが懐かしい。

それからおよそ一〇年、遅々としてでも進んできた結果が本書である。

歴史学のなかで、対外関係史はその本流をなしたことはない。「外交史のどこが面白いのか」「外交史に意味はあるのか」という声を聞くこともある。何を面白いと思うかは個人によって違うけれど、現代に生きる我々にとって、国民国家の枠組みを取り払った歴史を知ることは重要であるし、その入り口として対外関係史研究が最適であることは誰もが認めるところであろう。

そこで本書では、「わが国の歴史」という束縛から抜け出し、アジアの歴史として日本の対外関係史を考えるべく、客観的な眼差《まなざ》しを保つように心がけてきた。同様の試みは過去にも行われてきたが、仏教を切り口としたことに本書の特徴がある。かつてアジアで隆盛を誇った仏教が、アジアの国際関係をどのようにとり結んできたのか。私にとっては『隋書』を読み、倭国の遣隋使が「海西の菩薩天子」と隋皇帝に呼びかけていたことを知って以来の課題であった。それと同時に本書では、王権を取り巻く政治状況にも注目した。日本史学においては傍流とされてきた対外関係史が、政治史の根幹とも密接にかかわることを明らかにするためであった。

大変にたどたどしい試みではあったが、この本を手にとってくださった方々に、対外交渉史の面白さの片鱗《へんりん》でも伝えられたならば、それ以上の喜びはない。

本書を手にしてくださった方々だけでなく、完成に至るまでに助言くださった方々、特に片山慶隆氏と本庄総子氏に感謝したい。

なお本書は、二〇一七年の春には完成していなければならなかった。体調を大きく崩して執筆が大幅に遅れるなか、助言と励ましをかけ続けてくださった中公新書編集部の白戸直人さんには、感謝の気持ちしかない。やり遂げる機会をくださったことに深謝申し上げる。

ぼろぼろの体調で、研究を続けるのも困難な状況ではあったけれど、たくさんの友人たちに助けられた。これほど友人をありがたいと思う日々はなかった。特に、一人で歩くこともできない日々に、松村淳子先生と西村さとみ先生に助けられたことは一生忘れない。娘には山ほどの愛を。大福餅のようなほっぺたに何度癒《いや》されたことか。
何よりも、生きて本書を完成させることができたのは、すべて夫、藤井光のおかげです。どうやって恩返しをすればよいか、日々考え中。藤井君が捧げてくれた本の数にはかなわないけれど、文字ではとうてい表現することなどできないほどの、精一杯の愛をこめて本書を藤井君に捧げます。

河上麻由子

二〇一九年二月一九日

原文史料

〈第1章〉

『宋書』巻九七、夷蛮伝、高句驪国条

使持節・都督営州諸軍事・征東将軍・高句驪王・楽浪公璉、使持節・督百済諸軍事・鎮東将軍・百済王映、並執義海外、遠修貢職。惟新告始、宜荷国休。璉可征東大将軍、映可鎮東大将軍。持節・都督・王・公如故。

『宋書』巻九七、夷蛮伝、倭国条

世祖大明六年詔曰、「倭王世子興、奕世載忠、作藩外海、稟化寧境、恭修貢職。新嗣辺業、宜授爵号。可安東将軍・倭国王」。

『宋書』巻九七、夷蛮伝、倭国条

封国偏遠、作藩于外。自昔祖禰、躬擐甲冑、跋渉山川、不遑寧処。東征毛人五十五国、西服衆夷六十六国、渡平海北九十五国。王道融泰、廓土遐畿。累葉朝宗、不愆于歳。臣雖下愚、忝胤先緒、駆率所統、帰崇天極、道遥百済、装治船舫。而句驪無道、図欲見呑、掠抄辺隷、虔劉不已。毎致稽滞、以失良風、雖曰進路、或通或不。臣亡考済、実忿寇讎、壅塞天路、控弦百万、義声感激、方欲大挙、奄喪父兄、使垂成之功、不獲一簣。居在諒闇、不動兵甲、是以偃息未捷。至今欲練甲治兵、申父兄之志、義士虎賁、文武效功、白刃交前、亦所不顧。若以帝徳覆載、摧此強敵、克靖方難、無替前功。窃自仮開府儀同三司、其余咸各仮授、以勧忠節。

江田船山古墳出土鉄剣銘文

治天下獲□□□鹵大王世、奉事典曹人、名无□(利カ)弖、八月中、用大鉄釜、幷四尺廷刀。八十練□(九カ)十振、三寸上好□(刊カ)刀。服此刀者、長寿子孫洋々、得□恩也。不失其所統。作刀者、名伊太□(和カ)、書者張安也。

「職貢図」倭国条

倭国在帯方東南大海中。依山島居。自帯方循海水乍南下東対其北岸。歴三十余国、可万余里。倭王所止(？)、大拡(玹カ)在会稽東。気暖地温、出真珠・青玉。無牛・馬・虎・豹・羊・鵲。「男子皆黥」面文身、以木綿帖首。衣横幅無縫但結「束相連」。

＊「男子皆黥」は北宋代の写本では破損。「題記逸文」により補う。
＊「束相連」は北宋代の写本では破損。「題記逸文」により補う。

稲荷山古墳出土太刀銘文

辛亥年七月中記。乎獲居臣、上祖名意富比垝、其児多加利足尼、其児名弖已加利獲居、其児名多加披次獲居、其児名多沙鬼獲居、其児名半弖比、其児名加差披余、其児名乎獲居臣。世々為杖刀人首、奉事来至今。獲加多支鹵大王寺、在斯鬼宮時、吾左治天下。令作此百練利刀、記吾奉事根原也。

『晋書』巻三四、羊祜伝

蜀平之時、天下皆謂呉当幷亡。自此来十三年、是謂一周、平定之期復在今日矣。（中略）以一隅之呉、当天下之衆、勢分形散、所備皆急。

「晋起居注」『芸文類聚』巻三九、朝会

武帝太康元年詔曰、江表初平、天下同其歓予、王公卿士、各奉礼称慶。其於東堂小会設楽、使加于常。

『晋書』巻七〇、応詹伝

宜分遣黄・散若中書郎等循行天下、観採得失、挙善弾違、断截苟且、則人不敢為非矣。

〈第2章〉

『宋書』巻九七、夷蛮伝、訶羅陁国条

（本文では前半後半の一部を抜粋したが、ここでは全文を掲げておく）

伏承聖主、信重三宝、興立塔寺、周満国界。城郭荘厳、清浄無穢、四衢交通、広博平坦。台殿羅列、状若衆山、荘厳微妙、猶如天宮。聖王出時、四兵具足、導従無数、以為守衛。都人士女、麗服光飾、市廛豊富、珍賄無量、王法清整、無相侵奪。学徒遊集、三乗競進、敷演正法、雲布雨潤。四海流通、万国交会、長江眇漫、清浄深広、有生咸資、莫能銷穢、陰陽調和、災厲不行。誰有斯美。大宋揚都、聖王無倫、臨覆上国。有大慈悲、子育万物、平等忍辱、怨親無二。済乏周窮、無所蔵積、靡不照達、如日之明、無不受楽、猶如浄月。宰輔賢良、群臣貞潔、尽忠奉主、心無異想。伏惟皇帝、是我真主。臣是訶羅陁国主、名曰堅鎧、今敬稽首聖王足下。惟願大王知我此心久矣、非適今也。山海阻遠、無縁自達、今故遣使、表此丹誠。所遣二人、一名毗紉、一名婆田、令到天子足下。堅鎧微蔑、誰能知者、是故今遣二人、表此微心、此情既果、雖死猶生。仰惟大国、藩守曠遠、我即辺方藩守之一。上国臣民、普蒙慈沢、願垂恩逮、等彼僕臣。臣国先時人衆殷盛、不為諸国所見陵迫、今転衰弱、鄰国競侵。伏願聖王、遠垂覆護、并市易往反、不為禁閉。若見哀念、願時遣還、令此諸国、不見軽侮、亦令大王名声普聞、扶危救弱、正是今日。今遣二人、是臣同心、有所宣啓、誠実可信。願勅広州時遣舶還、不令所在有所陵奪。願自今以後、賜年年奉使。今奉微物、願垂哀納。

『隋書』東夷伝、倭国条
開皇二十年、倭王姓阿毎、字多利思比孤、号阿輩雞弥、遣使詣闕。上令所司訪其風俗。使者言、「倭王以天為兄、以日為弟、天未明時出聴政、跏趺坐、日出便停理務、云委『我弟』」。高祖曰、「此太無義理」。於是訓令改之。

『隋書』東夷伝、倭国条
大業三年、其王多利思比孤、遣使朝貢。使者曰、「聞海西菩薩天子、重興仏法。故遣朝拝、兼沙門数十人、来学仏法」。其国書曰、「日出処天子致書日没処天子。無恙」云云。帝覧之不悦、謂鴻臚卿曰、「蛮夷書有無礼者、勿復以聞」。

『隋書』北狄伝、突厥条
辰年九月十日、従天生大突厥天下賢聖天子、伊利倶盧設莫何始波羅可汗致書大隋皇帝。

『広弘明集』巻一七
日日共設大斎、礼懺受戒。請「従今以往、修善断悪、生生世世、常得作大隋臣子」。

北涼曇無讖訳『金光明経』巻三
因集業故、生於人中、王領国土、故称人王。処在胎中、諸天守護、或先守護、然後入胎、雖在人中、生為人王、以天護故、復称天子。三十三天、各以己徳、分与是人、故称天子。神力所加、故得自在、遠離悪法、遮令不起、安住善法、修令増広、能令衆生、多生天上。

『続高僧伝』巻一二「釈浄業伝」
大業四年、召入鴻臚館、教授蕃僧。

『続高僧伝』巻一三「釈静蔵伝」
大業九年、召入鴻臚、教授東蕃。三国僧義、九夷狼戻、初染規猷。

『続高僧伝』巻一五「釈霊潤伝」
大業十年、被召入鴻臚、教授三韓。

『続高僧伝』巻一三「釈神迥伝」
大業十年、召入禅定。尋又応詔、請入鴻臚。為敷大論、訓開三韓諸方士也。

『隋書』東夷伝、倭国条
我聞海西有大隋、礼義之国、故遣朝貢。我夷人、僻在海隅、不聞礼義、是以稽留境内、不即相見。今故清道飾館、以待大使、冀聞大国惟新之化。

〈第3章〉
『日本書紀』推古天皇三一年七月条
於是、恵日等共奏聞曰、「留于唐国学者、皆学以成業。応喚。且其大唐国者、法式備定之珍国也。常須達」。

『唐会要』巻九九、倭国条

貞観十五年十一月使至。太宗矜其路遠、遣高表仁持節撫之。（中略）表仁無綏遠之才、与王争礼、不宣朝命而還、由是復絶。永徽五年十二月、遣使献琥珀・瑪瑙。琥珀大如斗、瑪瑙大如五升器。高宗降書慰撫之、仍云、「王国与新羅接近。新羅素為高麗・百済所侵。若有危急、王宜遣兵救之」。

『旧唐書』巻一九九上、倭国条

貞観五年、遣使献方物。太宗矜其道遠、敕所司無令歳貢。又遣新州刺史高表仁持節往撫之。表仁無綏遠之才、与王子争礼、不宣朝命而還。

『日本書紀』斉明天皇五年七月戊寅条

十一月一日。朝有冬至之会、々日亦覲。所朝諸蕃之中、倭客最勝。（中略）十二月三日、韓智興傔人西漢大麻呂、枉讒我客。々等獲罪唐朝、已決流罪。前流智興於三千里之外。客中有伊吉連博徳奏、因即免罪。事了之後勅旨、「国家来年必有海東之政。汝等倭客、不得東帰」。遂匿西京、幽置別処。閉戸防禁、不許東西。困苦経年。

『続日本紀』慶雲元年七月甲申条

初至唐時、有人来問曰、「何処使人」。答曰、「日本国使」。我使反問曰、「此是何州界」、答曰、「是大周楚州塩城県界也」。更問、「先是大唐。今称大周。国号縁何改称」、答曰、「永淳二年天皇太帝崩、皇太后登位。称号聖神皇帝、国号大周」。問答略了、唐人謂我使曰、「亟聞、海東有大倭国、謂之君子国、人民豊楽、礼義敦行。今看使人、儀容大浄、豈不信乎」。語畢而去。

『旧唐書』巻一九九上、東夷伝、日本国条

長安三年、其大臣朝臣真人来貢方物。（中略）真人好読経史、解属文、容止温雅。

『続日本紀』天平宝字五年八月甲子条

初元度奉使之日、取渤海道、随賀正使楊方慶等、往於唐国。事畢欲帰。兵仗様・甲冑一具・伐刀一口・槍一竿・矢二隻分付元度。又有内使、宣勅曰、「特進・秘書監藤原河清、今依使奏、欲遣帰朝、唯恐残賊未平、道路多難。元度宜取南路、先帰復命」。

『続日本紀』天平宝字六年六月庚戌条

加久為弖今帝止立弖須麻比久流間尓、宇夜宇也自久相従事波无之弖、斗卑等乃仇能在言期等久、不言岐辞母言奴、不為岐行母為奴。（中略）但政事波、常祀利小事波、今帝行給部。国家大事賞罰二柄波朕行牟。

『続日本紀』天平宝字八年一〇月壬申

挂末久毛畏朕我天先帝乃御命以天朕仁勅之久、天下方朕子伊末之仁授給。事乎之云方、王乎奴止成止毛、奴乎王止云止毛、汝乃為牟末仁末尓。

『続日本紀』宝亀九年一〇月乙未条

四月十九日、監使楊光耀宣口勅云、「今遣中使趙宝英等、将答信物、往日本国。其駕船者、仰揚州造。卿等知之」。廿四日、事畢拝辞。奏云、「本国行路遥遠、風漂无准。今中使云往、冒渉波濤、万一顛躓、恐乖王命」。勅答、「朕有少許答信物、今差宝英等押送、道義所在、不以為労」。

『入唐求法巡礼行記』開成五年二月二七日条

廿七日、早朝発。到牟車村宋日成宅、断中。乞醤・酢・塩・菜、専無一色、湯飯喫不得。西北傍海行七里、到牟平県。城東去半里、有廬山寺。未時、入寺宿。只有三綱・典座・直歳五人、更無僧人。仏殿破壊。僧房皆安置俗人、変為俗家。

『入唐求法巡礼行記』開成五年一一月二六日条
廿六日。冬至節。僧中拝賀云、「伏惟和尚、久住世間、広和衆生」。臘下及沙弥対上座説、一依書儀之制。沙弥対僧、右膝着地、説賀節之詞。喫粥時、行餛飩・菓子。

『参天台五台山記』
天晴。卯一点、従太原府龍図許送粥、并有斎請。巳時衆人人多来。即十人参府斎。(中略)客人四人同坐、三座各三人、合九人同喫。三座毎前向外有頂捧大香盤作人、焼沈檀香如日本不断香。毎一人床有作長一尺立人形。彩色甚妙、捧火舎向人。焼香。造花二坏、苔二坏、胡桃一坏、椎一坏、各高一尺許盛之。其次珍菓二十坏以銀盞盛之。菜十坏同銀器。著座之後、酒菓十余度、最後有飯。真実第一斎也。

『入唐求法巡礼行記』会昌五年六月二八日条
廿八日。到揚州。見城裏僧尼正裹頭、遞帰本貫。擬拆寺舎、銭物・荘園・鐘等、官家収検。

〈第4章〉
『日本文徳天皇実録』嘉祥三年五月壬午条
后嘗多造宝幡及繡文袈裟。窮尽妙巧、左右不知其意。後遣沙門恵蕚、泛海入唐。以繡文袈裟、奉施定聖者僧伽和上・康僧等、以宝幡及鏡奩之具、施入五台山寺。

前田育英会所蔵『白氏文集』

時会昌四載四月十六日写取勘畢

日本国遊五台山送供居士空無、旧名恵蕚、忽然偶着勅難、権時裹頭、暫住蘇州白舎人禅院。（中略）早入五台、交閑文殊之会、擬作山裏日本国院、遠流国芳名。

『菅家文草』巻一〇

牒。奉勅、「省中瓘表悉之。『久阻兵乱、今稍安和』。一書数行、先憂後喜。（中略）来状云、『温州刺史朱褒、特発人信、遠投東国。波浪眇焉、雖感宿懐、稽之旧典、奈容納何。不敢固疑』。中瓘消息、事理所至、欲罷不能。如聞、商人説大唐事之次多云、『賊寇以来、十有余年、朱褒独全所部、天子特愛忠勤』、事之髣髴也。雖得由緒於風聞、苟為人君者、孰不傾耳以悦之。（中略）又頃年頻災、資具難備。而朝議已定。欲発使者、弁整之間、或延年月。大官有問、得意叙之」者。

〈おわりに〉

『魏書』巻一〇〇、高句麗伝

高祖詔責璉曰、「道成、親殺其君、窃号江左。朕方欲興滅国於旧邦、継絶世於劉氏。而卿越境外交、遠通簒賊。豈是藩臣守節之義。（以下略）」。

参考文献

註記／配列はおおむね本文の叙述の順。また再度の掲載はしない

全体にかかわるもの

山尾幸久「遣唐使」（井上光貞ほか編『東アジア世界における日本古代史講座6　日本律令国家と東アジア』学生社、一九八二年）
大津透『天皇の歴史1　神話から歴史へ』（講談社、二〇一七年）
吉川真司『天皇の歴史2　聖武天皇と仏都平城京』（講談社、二〇一八年）
河内祥輔『古代政治史における天皇制の論理〈増訂版〉』（吉川弘文館、二〇一四年）
坂上康俊『シリーズ日本古代史④　平城京の時代』（岩波書店、二〇一一年）
拙著『古代アジア世界の対外交渉と仏教』（山川出版社、二〇一一年）

第1章

三崎良章『五胡十六国　中国史上の民族大移動〔新訂版〕』（東方書店、二〇一二年）
坂元義種『倭の五王　空白の五世紀』（教育社、一九八一年）
吉川忠夫『劉裕　江南の英雄　宋の武帝』（中央公論社、一九八九年）
河内春人『倭の五王　王位継承と五世紀の東アジア』（中央公論新社、二〇一八年）
川本芳昭『中国の歴史05　中華の崩壊と拡大　魏晋南北朝』（講談社、二〇〇五年）
西嶋定生「東アジア世界と冊封体制　六〜八世紀の東アジア」（『中国古代国家と東アジア世界』東京大学出版会、一九八三年、初出一九六二年）
東野治之『日本古代金石文の研究』（岩波書店、二〇〇四年）
田中史生『倭国と渡来人—交錯する『内』と『外』』（吉川弘文館、二〇〇五年）
趙燦鵬「南朝梁元帝《職貢図》題記佚文的新発現」（『文史』二〇一一年第一輯）
趙燦鵬「南朝梁元帝《職貢図》題記佚文続拾」（『文史』二〇一一年第四輯）
氣賀澤保規「アジア交流史からみた遣隋使　煬帝の二度の国際フェスティバルの狭間で」（同編『遣隋使がみた風景　東アジアからの新視点』八木書店、二〇一二年）
金維諾「職貢図的年代与作者—読画礼記—」（『文物』一九六〇年七号）
榎一雄『榎一雄著作集7　中国史』（汲古書院、一九九四年）
深津行徳「台湾故宮博物院所蔵『梁職貢図』模本について」（『調査研究報告』四四、一九九九年）
堀内淳一「『魯国』か『虜国』か」（鈴木靖民・金子修一編『梁

職貢図と東部ユーラシア世界』勉誠出版、二〇一四年）
Il'yasov, Jangar Ya. "The Hephthalite Terracotta". *Silk Road Art and Archaeology*. 7 (2001)
拙稿「『職貢図』とその世界観」（『東洋史研究』七四―一、二〇一五年）
渡辺信一郎『中国古代の王権と天下秩序　日中比較史の視点から』（校倉書房、二〇〇三年）
戸川貴行『東晋南朝における伝統の創造』（汲古書院、二〇一五年）
熊谷公男『日本の歴史03　大王から天皇へ』（講談社、二〇〇八年）
鎌田元一「日本古代の『クニ』」（『日本の社会史　第六巻　社会的諸集団』岩波書店、一九八八年）
佐川英治「漢帝国以降の多元的世界」（『歴史の転換期2　378年　失われた古代帝国の秩序』山川出版社、二〇一八年）
東野治之『遣唐使船　東アジアのなかで』（朝日新聞社、一九九九年）
吉村武彦『シリーズ日本古代史2　ヤマト王権』（岩波書店、二〇一〇年）
岸俊男「画期としての雄略朝　稲荷山鉄剣銘付考」（『日本古代文物の研究』塙書房、一九八八年、初出一九八四年）

第2章

佐藤智水『北魏仏教史論考』（岡山大学文学部、一九九八年）
吉川忠夫『侯景の乱始末記　南朝貴族社会の命運』（中央公論社、一九七四年）
森三樹三郎『梁の武帝　仏教王朝の悲劇』（平楽寺書店、一九五六年）
諏訪義純『中国南朝仏教史の研究』（法蔵館、一九九七年）
薗田香融「東アジアにおける仏教の伝来と受容　日本仏教の伝来とその史的前提」（『関西大学東西学術研究所紀要』二二、一九八九年）
清水昭博『古代朝鮮の造瓦と仏教』（帝塚山大学出版会、二〇一三年）
末松保和『新羅史の諸問題』（東洋文庫、一九五四年）
上川通夫『日本中世仏教形成史論』（校倉書房、二〇〇七年）
中林隆之『日本古代国家の仏教編成』（塙書房、二〇〇七年）
榎本淳一「比較儀礼論」（『日本の対外関係2　律令国家と東アジア』吉川弘文館、二〇一一年）
東野治之「日出処・日本・ワークワーク」（『遣唐使と正倉院』岩波書店、一九九二年、初出一九九一年）
廣瀬憲雄「倭国・日本史と東部ユーラシア　六〜十三世紀における政治的連関再考」（『歴史学研究』八七二、二〇一〇年）
山崎宏『支那中世仏教の展開』（清水書房、一九四二年）
塚本善隆「国分寺と隋唐の仏教政策ならびに官寺」（『塚本善隆著作集　第六巻　日中仏教交渉史研究』大東出版社、一九七四年、初出一九三八年）
大島幸代・萬納恵介「隋仁寿舎利塔研究序説」（『奈良美術研究』一二、二〇一二年）
Chen, Jinhua. *Monks and Monarchs, Kinship and Kingship: Tanqian in Sui Buddhism and Politics*. Kyoto: Italian School of East Asian Studies, 2002
新川登亀男編『仏教』文明の東方移動　百済弥勒寺西塔の舎利荘厳』（汲古書院、二〇一三年）

藤善眞澄「王劭の著述小考」（『道宣伝の研究』京都大学学術出版会、二〇〇二年、初出一九七三年）
礪波護「天寿国と重興仏法の菩薩天子と」（『隋唐仏教文物史論考』法蔵館、二〇一六年、初出二〇〇五年）
森克己『増補版　遣唐使』（至文堂、一九六六年）
堀敏一『中国と古代東アジア世界　中華的世界と諸民族』（岩波書店、一九九三年）
金子修一『隋唐の国際秩序と東アジア』（名著刊行会、二〇〇一年）
池田温「裴世清と高表仁　隋唐と倭の交渉の一面」（『東アジアの文化交流史』吉川弘文館、二〇〇二年、初出一九七一年）
榎本淳一「『隋書』倭国伝について」（大山誠一編『日本書紀の謎と聖徳太子』平凡社、二〇一一年）

第3章

榎本淳一「遣唐使の役割と変質」（『岩波講座　日本歴史　第3巻　古代3』岩波書店、二〇一四年）
水谷千秋『女帝と譲位の古代史』（文藝春秋、二〇〇三年）
河内春人『東アジア交流史のなかの遣唐使』（汲古書院、二〇一三年）
市大樹『飛鳥の木簡　古代史の新たな解明』（中央公論新社、二〇一二年）
鈴木靖民「東アジアにおける国際変動と国家形成　七世紀の倭国」（『倭国史の展開と東アジア』岩波書店、二〇一二年、初出一九九四年）
森公章「遣外使節と求法・巡礼僧の日記」（『日本研究』四四、二〇一一年）
森公章『「白村江」以降　国家危機と東アジア外交』（講談社、一九九八年）
鈴木靖民「百済救援の役後の日唐交渉　天智紀唐関係記事の再検討」（『日本の古代国家形成と東アジア』吉川弘文館、二〇一一年、初出一九七二年）
倉本一宏『戦争の古代史2　壬申の乱』（吉川弘文館、二〇〇七年）
古瀬奈津子『遣唐使の見た中国』（吉川弘文館、二〇〇三年）
中林隆之「東アジア〈政治―宗教〉世界の形成と日本古代国家」（『歴史学研究』八八五、二〇一一年）
佐伯有清「山上氏の出自と性格」（『日本古代氏族の研究』吉川弘文館、一九八五年、初出一九七八年）
東野治之「日本国号の研究動向と課題」（『史料学探訪』岩波書店、二〇一五年、初出二〇一三年）
長澤和俊・横張和子『絹の道　シルクロード染織史』（講談社、二〇〇一年）
藤善眞澄『隋唐時代の仏教と社会　弾圧の狭間にて』（白帝社、二〇〇四年）
肥田路美「奈良国立博物館所蔵刺繍釈迦如来説法図」（『初唐仏教美術の研究』中央公論美術出版、二〇一一年、初出一九九四年）
大西磨希子『唐代仏教美術論攷　仏教文化の伝播と日唐交流』（法蔵館、二〇一七年）
東野治之「遣唐使の朝貢年期」（『遣唐使と正倉院』岩波書店、一九九二年、初出一九九〇年）
小林正美『唐代の道教と天師道』（知泉書館、二〇〇三年）
小幡みちる「唐代の国際秩序と道教　朝鮮諸国への道教公伝を

中心として」(『史滴』二五、二〇〇三年)
小幡みちる「日本古代の道教受容に関する一考察　八世紀前半の日唐関係を通じて」(『早稲田大学大学院文学研究科紀要』五〇—四、二〇〇四年)
小幡みちる「八世紀後半の日唐関係と道教」(『史滴』二九、二〇〇七年)
上田雄『遣唐使全航海』(草思社、二〇〇六年)
藤善眞澄「金剛智・不空渡天行釈疑　中・印交渉を手懸りに」(『中国仏教史研究　隋唐仏教への視角』法蔵館、二〇一三年、初出一九七六年)
森安孝夫「唐代における胡と仏教的世界地理」(『東西ウイグルと中央ユーラシア』名古屋大学出版会、二〇一五年、初出二〇〇七年)
森安孝夫『興亡の世界史05　シルクロードと唐帝国』(講談社、二〇一六年)
森部豊『安禄山　「安史の乱」を起こしたソグド人』(山川出版社、二〇一三年)
濱田耕策『渤海国興亡史』(吉川弘文館、二〇〇〇年)
山内晋次「国際情報と律令国家」(『日本の対外関係2　律令国家と東アジア』吉川弘文館、二〇一一年)
保立道久『黄金国家　東アジアと平安日本』(青木書店、二〇〇四年)
西本昌弘『桓武天皇　造都と征夷を宿命づけられた帝王』(山川出版社、二〇一三年)
藤善眞澄訳注『参天台五台山記』上下(関西大学出版部、二〇一一年)
氣賀澤保規『中国の歴史06　絢爛たる世界帝国　隋唐時代』(講談社、二〇〇五年)
石見清裕「円仁と会昌の廃仏」(鈴木靖民編『円仁とその時代』高志書店、二〇〇九年)
拙稿「外国への使節たち　遣隋使・遣唐使の時代」(舘野和己・出田和久編『日本古代の交通・交流・情報　第二巻　旅と交易』吉川弘文館、二〇一六年)

第4章

田中史生編著『入唐僧恵蕚と東アジア　附恵蕚関連史料集』(勉誠出版、二〇一四年)
佐伯有清『悲運の遣唐僧　円載の数奇な生涯』(吉川弘文館、一九九九年)
佐伯有清『円珍』(吉川弘文館、一九九〇年)
佐伯有清『高丘親王入唐記　廃太子と虎害伝説の真相』(吉川弘文館、二〇〇二年)
河添房江『唐物の文化史　舶来品からみた日本』(岩波書店、二〇一四年)
佐藤全敏「国風とは何か」(『日本古代交流史入門』勉誠出版、二〇一七年)
石井正敏「いわゆる遣唐使の停止について　『日本紀略』停止記事の検討」(『中央大学文学部紀要』三五、一九九〇年)
森公章「菅原道真と寛平度の遣唐使計画」(『遣唐使と古代日本の対外政策』吉川弘文館、二〇〇八年、初出二〇〇六年)
榎本渉『シリーズ選書日本中世史4　僧侶と海商たちの東シナ海』(講談社、二〇一〇年)
森部豊・石見清裕「唐末沙陀『李克用墓誌』訳注・考察」(『内陸アジア言語の研究』一八、二〇〇三年)

石見清裕「沙陀研究史　日本・中国の学界における成果と課題」（『早稲田大学モンゴル研究所紀要』二、二〇〇五年）
森部豊「河東における沙陀の興起とソグド系突厥」（『ソグド人の東方活動と東ユーラシア世界の歴史的展開』関西大学出版部、二〇一〇年、初出二〇〇四年）
杉山正明『中国の歴史08　疾駆する草原の征服者　遼・西夏・金・元』（講談社、二〇〇五年）
森安孝夫「ウイグルの西遷について」「ウイグルと敦煌」（『東西ウイグルと中央ユーラシア』名古屋大学出版会、二〇一五年、初出はそれぞれ一九七七・一九八〇年）
栄新江『帰義軍史研究　唐宋時代敦煌歴史考索』（上海古籍出版社、一九九六年）
中田美絵「沙陀の唐中興と五台山」（原田正俊編『日本古代中世の仏教と東アジア』関西大学出版部、二〇一四年）
前田正名『河西の歴史地理学的研究』（吉川弘文館、一九六四年）
藤枝晃「沙州帰義軍節度使始末（一～四）」（『東方学報』一二－三～一三－二、一九四一～一九四三年）
馮培紅「帰義軍時期敦煌与周辺地区之間的僧使交往」（鄭炳林主編『敦煌帰義軍専題研究続編』蘭州大学出版社、二〇〇三年）
土肥義和「帰義軍（唐後期・五代・宋初）時代」（榎一雄編『講座敦煌　二　敦煌の歴史』大東出版社、一九八〇年）
拙稿「五代諸王朝の対外交渉と僧侶」（古瀬奈津子編『東アジアの礼・儀式と支配構造』吉川弘文館、二〇一六年）
劉恒武「五代呉越国の対日『書函外交』考」（『古代文化』五九－四、二〇〇八年）
西本昌弘「『唐風文化』から『国風文化』へ」（『岩波講座　日本歴史　古代5』岩波書店、二〇一五年）
塚本麿充「北宋初期三館秘閣の成立とその意義」（『北宋絵画史の成立』中央公論美術社、二〇一六年、初出二〇一一・二〇一二年）
竺沙雅章『宋元仏教文化史研究』（汲古書院、二〇〇〇年）
石上英一「日本古代一〇世紀の外交」（『東アジア世界における日本古代史講座　東アジアの変貌と日本律令国家』七、学生社、一九八二年）
榎本渉「書評　手島崇裕著『平安時代の対外関係と仏教』」（『ヒストリア』二五六、二〇一六年）
鄭淳一『九世紀の来航新羅人と日本列島』（勉誠出版、二〇一五年）

おわりに

ハロルド・ニコルソン著、深谷満雄・斎藤眞訳『外交』（東京大学出版会、一九六八年）
細谷雄一『外交　多文明時代の対話と交渉』（有斐閣、二〇〇七年）
森田吉彦「Diplomacyから外交へ　明治日本の「外交」観」（岡本隆司編『宗主権の世界史　東西アジアの近代と翻訳概念』名古屋大学出版会、二〇一四年）
Satow, Ernest. *A Guide to Diplomatic Practice*. 3rd ed. London: Longmans, 1932
寿福隆人「明治20年代中期の古代史教材の転換　聖徳太子教材の成立を通して」（『日本の教育史学』二八、一九八五年）
蒲澤悠貴「国定教科書第3期における歴史教育の特質　藤岡継

平の歴史教育論に着目して」（『歴史教育史研究』一五、二〇一七年）

古代日中関係史 関連年表

西暦	倭国／日本（七〇一年以降）	中国（東アジアにも言及）
二六五		西晋建国
二八〇		西晋が呉を滅ぼして中国を統一
三一六		西晋滅亡
三一七		東晋建国
三七二		中国から高句麗に仏教公伝
三八四		中国から百済に仏教公伝
四一〇		東晋が南燕を滅ぼし、山東半島が東晋の版図に入る
四二〇		東晋が滅び宋が建国される。高句麗王・百済王などに一斉進号
四二一	初めて宋に遣使。讃に除授が加えられる	
四二五	宋に遣使して方物を献上	

四三〇	宋に遣使して方物を献上	訶羅陀国が仏教用語を多用する上表文を宋に送る
四三八	宋に遣使。宋は珍を安東将軍・倭国王とし、倭隋ら13人を珍の要請に従い平西・征虜・冠軍・輔国将軍とした	
四三九		北魏が華北を統一
四四三	宋に遣使。宋は済を安東将軍・倭国王に任じた	
四四六		北魏で廃仏が起こる
四五一	宋に遣使。宋は済に使持節・都督倭新羅任那加羅秦韓慕韓六国諸軍事を加え、安東大将軍とした。済の要請に従い、23人に軍事権や郡支配にかかわる称号を与えた	
四五二		北魏で廃仏が終了
四六〇	宋に遣使して方物を献上	
四六二	宋に遣使。宋は興を安東将軍・倭国王とした	
四七一	稲荷山古墳出土鉄剣銘文が作成される	
四七七	宋に遣使して方物を献上	
四七八	宋に遣使。宋は武を使持節・都督倭新羅任那加羅秦韓慕韓六国諸軍事・安東大将軍・倭王とした	

四七九	南斉に遣使。南斉は武の称号を鎮東大将軍に進めた	宋が滅び南斉が建国される
五〇二		南斉が滅び梁が建国される
五一八		梁の武帝が菩薩戒を受ける
五二七		梁の武帝が第一回目の捨身 百済が、梁の年号大通にちなみ、大通寺を建立 新羅が仏教公認
五二九		梁の武帝が第二回目の捨身
五三一	第26代継体天皇死去	
五三四		北魏が東西に分裂
五三九	第29代欽明天皇即位	
五四〇頃		梁で「職貢図」作成される
五四一		梁の武帝が『摩訶般若波羅蜜経』を講じる。百済の使者も参加し、武帝撰述の「涅槃等の経義」を下賜品に要求して許される
五四五	百済が梁で得た文物を送ってくる	
五四六		梁の武帝が第三回目の捨身
五四七以前	倭国が仏教を公的に「導入」	
五四七		梁の武帝が第四回目の捨身 侯景が東魏に反乱を起こして梁に降る

五四八		梁で侯景が乱を起こす
五四九		梁の武帝が死去
五五〇		東魏が滅んで北斉が建国される
五五七		西魏が滅んで北周が建国される 梁が滅んで陳（南朝最後の王朝）が建国される
五六二	伽耶地域が新羅の版図に編入される	
五七二	第30代敏達天皇即位	
五七七		北周が北斉を滅ぼし華北を統一
五八一		北周が滅び隋が建国される 百済・高句麗などが初めて隋に朝貢
五八五	第31代用明天皇即位	隋が東突厥を臣従させる。文帝が菩薩戒を受ける
五八七	第32代崇峻天皇即位	
五八九		隋が陳を滅ぼして中国を統一
五九二	第33代推古天皇が即位。用明天皇の男子であった聖徳太子が摂政になる	晋王広（のちの煬帝）が菩薩戒を受ける
五九四		新羅が隋に朝貢を開始
五九八		隋が高句麗討伐を試みる
六〇〇	第1回遣隋使。文帝より訓戒を受ける	

古代日中関係史 関連年表

六〇一		舎利塔建立事業開始 高句麗・百済・新羅に舎利を分与
六〇二	百済と高句麗から僧侶が来日。舎利塔建立事業の情報を提供か	第2期舎利塔建立事業 マガダ国から舎利塔建立をたたえる使者がくる
六〇三	小墾田宮に遷居 冠位十二階制定	
六〇四	十七条憲法制定	第3期舎利塔建立事業 文帝死去、煬帝が即位
六〇七	第2回遣隋使。「日出処天子」で始まる書状を持参。留学僧を派遣	
六〇八	遣隋使が隋から帰国。宣諭のため裴世清が来日 裴世清を送るために第3回の遣隋使を派遣	煬帝が名僧を鴻臚寺に召し出し、諸国の僧侶に教授させることに
六〇九	第3回遣隋使帰国	
六一〇	第4回遣隋使派遣	洛陽で国際イベントを開催
六一二		第1次高句麗遠征
六一三		第2次高句麗遠征
六一四	第5回遣隋使派遣。ただし入国できたかは不明	第3次高句麗遠征
六一五	第5回遣隋使帰国	
六一七		唐の高祖李淵が太原で挙兵

六一八		煬帝が死去 李淵が即位して唐が建国される
六一九		高句麗が唐への朝貢を開始
六二一		百済・新羅が唐への朝貢を開始
六二二	聖徳太子死去	
六二三	遣隋留学僧・留学生が新羅経由で帰国。唐への朝貢を進言	唐が中国を統一
六二四		唐が高句麗王・百済王・新羅王を冊封 高句麗には道士も派遣される
六二六		太宗が即位
六二九	第34代舒明天皇即位	
六三〇	第1回遣唐使派遣	唐が東突厥を滅ぼす
六三二	第1回遣唐使が高表仁をともなって帰国。争礼が起こる	
六四二	第35代皇極天皇即位	
六四四		唐が高句麗討伐軍を派遣（六四八年まで）
六四五	乙巳の変。第36代孝徳天皇即位	
六四九		高宗が即位
六五〇	遣唐使船の建造開始	新羅が唐に高句麗・百済の侵攻を訴える

六五一	百済・新羅から使者が来る	唐が高句麗・百済に侵攻を停止するよう通告
六五二	百済・新羅から使者が来る	高句麗・百済・新羅が揃って唐に朝賀の使節を派遣し、唐の通告を受け入れたことを表明
六五三	第2回遣唐使派遣。留学生・留学僧を派遣	
六五四	第2回遣唐使帰国 第3回遣唐使派遣。使者団のトップであった高向玄理が唐で死去	
六五五	第37代斉明天皇即位（皇極天皇重祚） 第3回遣唐使帰国	高句麗と百済が新羅に侵入し、唐は高句麗討伐軍を派遣
六五九	第4回遣唐使が蝦夷をともなって入唐。使者団は唐による百済戦役を見据えて抑留される	
六六〇	抑留されていた遣唐使一行が帰国を許可される	百済が滅亡 百済復興運動が開始。余豊璋の帰国と派兵を倭国に要請
六六一	百済復興運動に介入するため朝倉に行宮を置く 第4回遣唐使が帰国 斉明天皇が死去	唐が高句麗討伐を本格化させる
六六三	白村江で百済復興軍と倭国から派遣された援軍が壊滅 敗れた倭国の援軍が、移住を希望した百済人をともなって帰国	

六六四	白村江で水軍を率いた劉仁願が配下の郭務悰を倭国に派遣。入京を許さず	
六六五	唐使劉徳高が来る 第5回遣唐使を派遣し、劉徳高を送る	百済の皇太子であった余隆（熊津都督）と新羅王の間で盟約が結ばれる
六六七	劉仁願が司馬法聡を派遣し、第5回遣唐使であった坂合部石積らを送る 司馬法聡を送るための使者を朝鮮半島まで派遣	
六六八	第38代天智天皇即位	唐が高句麗を滅ぼし、朝鮮半島すべてを都護府と都督府の統治下に置く
六六九	高句麗平定を祝う使者を派遣	
六七〇		朝鮮半島を統一しようとする新羅と唐との間で戦争が勃発
六七一	一四〇〇人の亡命百済人を受け入れ	
六七二	壬申の乱	
六七三	第40代天武天皇即位	
六七六		唐が朝鮮半島から撤退
六八六	天武天皇死去	
六八九	皇太子であった草壁皇子が死去 新羅から天武天皇の弔問使が来る 飛鳥浄御原令を頒布	

六九〇	第41代持統天皇即位	高宗の皇后であった則天武后が即位。王朝名が唐から周へ
六九四	藤原宮に遷居	
六九七	持統天皇が第42代文武天皇に譲位	
六九八		渤海建国
七〇一	第7回遣唐使任命	
七〇二	第7回遣唐使出発	
七〇四	第7回遣唐使帰国	
七〇五		クーデターにより則天武后が退位し、息子の中宗が即位。王朝名が唐に戻る
七〇七	第43代元明天皇即位	
七一〇		中宗が毒殺され睿宗が即位
七一二		睿宗が譲位して息子の玄宗が即位
七一四	首皇子が立太子（のちの聖武天皇）	
七一五	元明天皇が第44代元正天皇に譲位	
七一六	第8回遣唐使任命	
七一七	第8回遣唐使出発。鴻臚寺で儒教を教授される。孔子廟・寺観にも参拝	奚が玄宗に寺院と道観を参拝し、東西両市で交易したいと願い出て許可される
七一八	第8回遣唐使のトップが帰国	

七一九	朝賀の儀式に、第8回遣唐使らが唐皇帝に下賜された朝服を着て参加	
七二〇		南天竺が唐のために寺院を建立
七二四	第45代聖武天皇即位	
七二七	渤海から初めて使者が来る	
七二九	藤原光明子を立后	トハリスタンが唐に僧侶を使者として派遣し、種々の薬を献上
七三一		中天竺が唐に僧侶を使者として派遣
七三二	第9回遣唐使任命	
七三三	第9回遣唐使出発	カシミールが唐に僧侶を使者として派遣
七三五	第9回遣唐使のトップが帰国。吉備真備・玄昉が帰国	
七三六	中臣名代が帰国。帰国の便宜を得るため、玄宗が注を施した『老子道徳経』の下賜を願い出る。袁晋卿や道璿・菩提僊那・仏徹・波斯人李密翳などが来日	
七四二		鑑真が来日を決意
七四五		ギルギットが唐に僧侶を使者として派遣

七四六	遣唐使任命。ただし派遣せず	スリランカが唐に僧侶を使者として派遣し、貝葉に書写したサンスクリット語の大般若経などを献上
七四八		ギルギットから国王と僧侶が来朝。玄宗は僧侶には鴻臚員外卿を授けて帰国させ、国王は宿衛としてとどめた
七四九	聖武天皇が出家。第46代孝謙天皇に譲位	
七五〇	第10回遣唐使任命	カーピシーが唐に僧侶を使者として派遣し、唐の使者派遣を希望したので使者を派遣
七五二	第10回遣唐使出発	
七五三	新羅使と朝賀の席次を争う。玄宗に道士の渡日を勧められるが辞退。鑑真来日	
七五四	鑑真が聖武太上天皇・孝謙天皇・光明皇太后に菩薩戒を授ける	
七五五		安禄山が反乱を起こし、洛陽を陥落させる
七五六	聖武太上天皇が死去	安禄山が洛陽で即位。玄宗は蜀へ落ち延び、皇太子であった粛宗がクーデターにより即位
七五七		安禄山が息子に殺害される 唐軍がウイグルの援軍を得て長安・洛陽を奪回
七五八	孝謙天皇が第47代淳仁天皇に譲位 渤海から安禄山の乱について伝えられる	安禄山配下の史思明が軍をまとめ、唐軍と戦い唐軍が敗れる。再び洛陽を失う

七五九	藤原清河を迎えるためと称し第11回遣唐使を任命。渤海経由で入唐	史思明が洛陽で即位
七六一	藤原清河の帰国は許可されず、沈惟岳に送られて高元度ら帰国 唐の要請に応え、牛角を送るための遣唐使を任命	史思明が殺害される 吐蕃で仏教が「国教」となる
七六二	聖武太上天皇の孫となる他戸王が誕生 孝謙太上天皇と淳仁天皇が不和	上皇となっていた玄宗と粛宗が死去。粛宗の男子である代宗が即位 ウイグル軍の援助を得て唐軍が洛陽を奪還
七六三	渤海から使者が来て、いまだ唐が混乱状況にあると知り、牛角を送付して唐使を送るための遣唐使派遣を中止	史思明の男子である史朝義が、唐軍に追い詰められて自死し、安史の乱終結 吐蕃が一時長安を占拠
七六四	藤原仲麻呂の乱。淳仁天皇が退位させられ、孝謙太上天皇が重祚（第48代称徳天皇）	
七六五		密教僧の不空が五台山に皇帝の権威を強化するための寺院を建立開始。これ以降、唐皇帝は五台山仏教の最大の檀越となる
七七〇	称徳天皇が死去し、第49代光仁天皇即位	阿倍仲麻呂が唐土で死去
七七一	他戸親王が立太子	
七七二	他戸親王が廃太子	

古代日中関係史 関連年表

七七三	光仁天皇の長男である山部親王が立太子（のちの桓武天皇）	
七七五	他戸親王が死去 第12回遣唐使を任命	
七七七	第12回遣唐使が出発	
七七八	第12回遣唐使が唐使をともなって帰国。唐使を送るため、第13回遣唐使を任命	
七七九	第13回遣唐使が出発	徳宗が即位
七八一	光仁天皇が第50代桓武天皇に譲位 第13回遣唐使が帰国	
七八三		唐と吐蕃が会盟
七八四	長岡京遷都	
七八六		吐蕃が敦煌を落とし、河西回廊（中国からシルクロードへと向かう幹線ルート）を掌握
七九二		ウイグルが、シルクロード通交上の要地である北庭（天山山脈東部）を奪取
七九四	平安京遷都	
八〇一	第14回遣唐使を任命	
八〇三	第14回遣唐使が出発するも失敗	
八〇四	第14回遣唐使が再出発。最澄・空海が入唐	

八〇五	第14回遣唐使が元日朝賀に参加し、徳宗の死去に遭う 同年中に帰国	順宗即位。順宗が病のため憲宗に譲位
八〇六	第51代平城天皇即位	
八〇九	平城天皇が第52代嵯峨天皇に譲位	
八一〇	平城太上天皇の変	
八二一～八二二		唐・吐蕃・ウイグルの間で会盟が成立。アジア大陸部のほとんどが三つの帝国に分割される時代となる
八二三	嵯峨天皇が第53代淳和天皇に譲位、嵯峨太上天皇の男子（のちの仁明天皇）が立太子	
八三三	淳和天皇が第54代仁明天皇に譲位、淳和太上天皇の男子が立太子	
八三六	第15回遣唐使任命。出発するが吹き戻されて漂着	
八三七	再出発するが、吹き戻されて漂着	
八三八	3度目の出発。円仁・円載が入唐	
八三九	第15回遣唐使が新羅船をやとって帰国	
八四〇	淳和太上天皇が死去	唐・吐蕃とアジア大陸部を三分割してきたウイグル帝国が崩壊

古代日中関係史　関連年表

八四一以前	恵蕚が入唐	
八四一		会昌の廃仏が開始され、長安だけでも五〇〇〇人以上の僧侶が還俗
八四二	嵯峨太上天皇が死去 承和の変。淳和太上天皇の男子が廃太子となり、仁明天皇の男子が立太子（のちの文徳天皇） 恵蕚が帰国し五台山に日本国院を建立するための勧進を開始	吐蕃のツェンポであるランダルマが暗殺され、吐蕃が分裂 廃仏が他の宗教にまで対象を広げ、マニ教僧が処刑される
八四四	恵蕚が2度目の入唐を果たす	
八四五		50歳以下の僧侶と外国人僧侶はすべて還俗すべしとの命令が出る
八四六		廃仏を命じた武宗皇帝が死去し、宣宗が即位
八四七	恵蕚が義空を連れて帰国 円仁が帰国	会昌の廃仏が終了
八四八		敦煌が吐蕃の支配から独立
八四九	恵蕚が3度目の入唐を果たす	
八五〇	仁明天皇が第55代文徳天皇に譲位	
八五一		敦煌が唐に使者を派遣して帰義軍節度使の設置が認められる
八四九〜八五四	この間、恵蕚は4度目の入唐を果たす	

八五四	義空が帰国、恵蕚は義空を送り5度目の入唐	
八五八	第56代清和天皇即位。日本史上初の幼帝	
八六二	真如親王が入唐、恵蕚が付き添う	
八七五		黄巣の乱
八七六	清和天皇が第57代陽成天皇に譲位	
八八〇	清和太上天皇が死去	黄巣が洛陽と長安を落とし、長安で即位
八八一		僖宗が蜀に落ち延びる
八八二		黄巣軍の朱温が唐に降り、全忠の名前を賜る
八八三		沙陀の李克用が長安を奪回。皇帝が帰還
八八四	陽成天皇が第58代光孝天皇に譲位	黄巣が自死
八八七	第59代宇多天皇即位 阿衡の紛議が起こる	
八九三	宇多天皇が男子（のちの醍醐天皇）を立太子させる	
八九四	遣唐使の派遣が計画されるが、沙汰止みとなる	
八九七	宇多天皇が第60代醍醐天皇に譲位	
九〇〇		後百済が自立
九〇一	菅原道真が大宰権帥に左遷される	

九〇七		唐最後の皇帝となる哀帝が朱全忠に禅譲。後梁が建国される
九一一		甘州ウイグルとチベット系集団が後梁に使者を派遣し、後梁は使者の一員であった僧侶に紫衣を下賜
九一六		耶律阿保機により契丹が帝国として結集される
九一八		高麗が建国される
九二三		後梁が倒れ、後唐が建国される
九二四		後唐の建国と五台山仏教が西域に向かう僧侶によって敦煌に伝えられる この頃から、外国から使者として入朝する僧侶が増加し、彼らへの紫衣・大師号の授与も散見されるように
九二六	寛建が入唐を願い出る	契丹が渤海を滅ぼす
九二七	寛建ら入唐。寛建はすぐに死去	
九三〇	第61代朱雀天皇即位	
九三〇~九三三	寛建の従僧であった寛輔らが入京	
九三六	呉越から商人が来て呉越王に通交の意思があることを伝える	後唐が契丹に滅ぼされ、後晋が建国される 高麗が朝鮮半島を統一
九四六	朱雀天皇が第62代村上天皇に譲位	後晋が契丹に滅ぼされる

九四七	呉越国王と藤原実頼との間で書状が交わされる	契丹が後晋の都であった開封を占拠 契丹軍が開封を放棄 後漢が建国される
九五〇		後周が建国される
九五一	天台経典の送付を依頼する使者が来る	
九五三	呉越国王と藤原師輔との間で書状が交わされる	
九五五		後周の世宗により廃仏が行われる
九六〇		宋が建国される
九七二		開宝蔵の版木制作を蜀で開始
九七五		呉越国が領土を宋に献上
九七九		宋が中国を統一
九八三	奝然が入宋	
九八六	紫衣・大師号と大蔵経を下賜された奝然が帰国。 宋は奝然を通じて朝貢を促すが、日本は応えず	

河上麻由子（かわかみ・まゆこ）

1980（昭和55）年北海道生まれ．2002年北海道大学文学部人文科学科卒業．08年九州大学大学院人文科学府博士後期課程単位取得退学，博士（文学）．14年より奈良女子大学文学部准教授．専攻・日本古代史．

著書『古代アジア世界の対外交渉と仏教』（山川出版社，2011年）

共著『梁職貢図と東部ユーラシア世界』（勉誠出版，2014年）

『日本古代のみやこを探る』（勉誠出版，2015年）

『東アジアの礼・儀式と支配構造』（吉川弘文館，2016年）

『日本古代の交通・交流・情報2　旅と交易』（吉川弘文館，2016年）

『日本的時空観の形成』（思文閣出版，2017年）

他多数

古代日中関係史《こだいにっちゅうかんけいし》

中公新書 *2533*

2019年３月25日発行

著　者　河上麻由子

発行者　松田陽三

本文印刷　三晃印刷
カバー印刷　大熊整美堂
製　本　小泉製本

発行所　中央公論新社

〒100-8152
東京都千代田区大手町1-7-1
電話　販売　03-5299-1730
　　　編集　03-5299-1830
URL http://www.chuko.co.jp/

Published by CHUOKORON-SHINSHA, INC.
Printed in Japan　ISBN978-4-12-102533-3 C1221

中公新書刊行のことば

いまからちょうど五世紀まえ、グーテンベルクが近代印刷術を発明したとき、書物の大量生産は潜在的可能性を獲得し、いまからちょうど一世紀まえ、世界のおもな文明国で義務教育制度が採用されたとき、書物の大量需要の潜在性が形成された。この二つの潜在性がはげしく現実化したのが現代である。

いまや、書物によって視野を拡大し、変りゆく世界に豊かに対応しようとする強い要求を私たちは抑えることができない。この要求にこたえる義務を、今日の書物は背負っている。だが、その義務は、たんに専門的知識の通俗化をはかることによって果たされるものでもなく、通俗的好奇心にうったえて、いたずらに発行部数の巨大さを誇ることによって果たされるものでもない。現代を真摯に生きようとする読者に、真に知るに価いする知識だけを選びだして提供すること、これが中公新書の最大の目標である。

私たちは、知識として錯覚しているものによってしばしば動かされ、裏切られる。私たちは、作為によってあたえられた知識のうえに生きることがあまりに多く、ゆるぎない事実を通して思索することがあまりにすくない。中公新書が、その一貫した特色として自らに課すものは、この事実のみの持つ無条件の説得力を発揮させることである。現代にあらたな意味を投げかけるべく待機している過去の歴史的事実もまた、中公新書によって数多く発掘されるであろう。

中公新書は、現代を自らの眼で見つめようとする、逞しい知的な読者の活力となることを欲している。

一九六二年一一月

日本史

日本史

d2

- 608・613 中世の風景(上下) 阿部謹也・網野善彦・石井進・樺山紘一
- 1503 古文書返却の旅 網野善彦
- 1392 中世都市鎌倉を歩く 松尾剛次
- 2336 源頼政と木曽義仲 永井晋
- 2526 源頼朝 元木泰雄
- 2517 承久の乱 坂井孝一
- 2461 蒙古襲来と神風 服部英雄
- 1521 後醍醐天皇 森茂暁
- 2463 兼好法師 小川剛生
- 776 室町時代 脇田晴子
- 2443 観応《かんのう》の擾乱《じょうらん》 亀田俊和
- 2179 足利義満 小川剛生
- 978 室町の王権 今谷明
- 2401 応仁の乱 呉座勇一
- 2058 日本神判史 清水克行
- 2139 贈与の歴史学 桜井英治
- 2481 戦国日本と大航海時代 平川新
- 2343 戦国武将の実力 小和田哲男
- 2084 戦国武将の手紙を読む 小和田哲男
- 2350 戦国大名の正体 鍛代敏雄
- 1625 織田信長合戦全録 谷口克広
- 1782 信長軍の司令官 谷口克広
- 1907 信長と消えた家臣たち 谷口克広
- 1453 信長の親衛隊 谷口克広
- 2421 織田信長の家臣団―派閥と人間関係 和田裕弘
- 2503 信長公記―戦国覇者の一級史料 和田裕弘
- 784 豊臣秀吉 小和田哲男
- 2146 秀吉と海賊大名 藤田達生
- 2265 天下統一 藤田達生
- 2241 黒田官兵衛 諏訪勝則
- 2372 後藤又兵衛 福田千鶴
- 2357 古田織部 諏訪勝則
- 642 関ヶ原合戦 二木謙一
- 711 大坂の陣 二木謙一